트라우마,
소유하지 못한 경험

이 도서는 전남대학교 학술도서출판 지원을 받았음

Unclaimed Experience
Trauma, Narrative, and History

트라우마,
소유하지 못한 경험

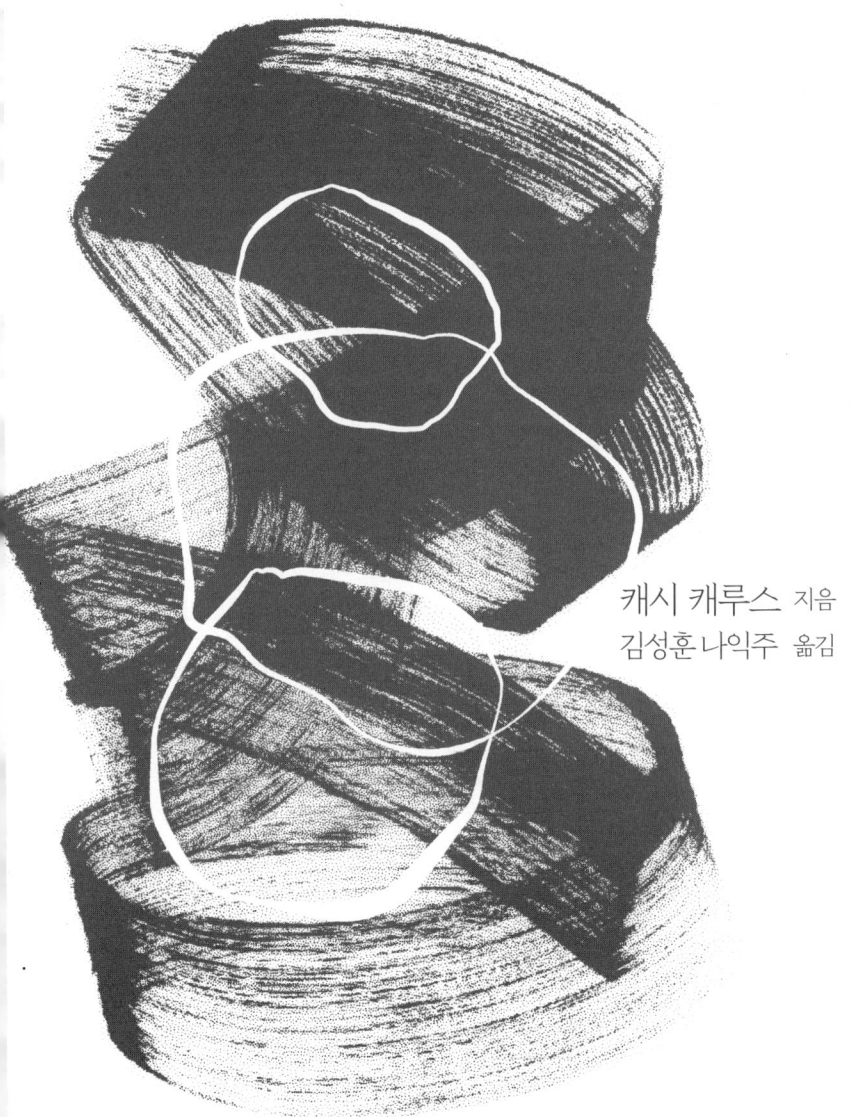

캐시 캐루스 **지음**

김성훈 나익주 **옮김**

앨피

옮긴이 글

《트라우마, 소유하지 못한 경험》은 1996년 초판 출간 이후 오늘날까지 국내외를 막론하고 인문학·사회과학·예술학을 아우르는 다양한 학문 분야에서 널리 읽히고 인용되는 트라우마 연구의 필독서이다. 저자 캐시 캐루스 자신도 20주년 증보판 〈후기〉에서 회고하듯, 이 책은 출간 당시 아직 독립된 연구 영역으로 자리잡지 못했던 '트라우마 연구'를 인문학의 중심 분야로 정립하는 데 결정적인 역할을 했다. 이러한 의의는 후속 연구자들의 폭넓은 수용과 변주에서 확인된다. 이를테면 증언의 장면과 독자의 윤리를 탐구한 연구(Phelan & Laub, Kelly Oliver), 임상적 논의를 구조적 폭력의 차원으로 확장한 서술(Judith Herman, Bessel van der Kolk), 역사 서술의 윤리를 재구성한 비평(Dominick LaCapra, Saul Friedländer), 트라우마 개념의 계보를 검토한 탐구(Ruth Leys, Allan Young), 세대 간 기억과 이미지 매개를 고찰한 연구(Marian Hirsch, Aleida Assmann) 등은 서로 다른 학문적 지평에서 캐루스의 통찰을 지속적으로 심화하고 확장해 왔다.

이처럼 이미 세계 학계에서 트라우마 연구의 고전으로 자리잡은 이 책이 한국어로 출간되기까지는 상당한 시간이 걸렸다. 이 책은 문학비평을 비롯해 정신분석, 문화비평, 해석학, 철학을 가로지르는 학제적 성격을 지니며, 이는 단일 학문 언어로는 온전히 설명되기 어렵다. 캐루스의 문장은 방대한 인용과 복잡한 논증 구조, 다층적 수사 장치가 결합된 밀도 높은 은유적 서사로 이루어져 있으며, 이러한 특성은 번역뿐 아니라 국내 학계에서 심층적 논의를 전개하는 데 걸림돌로 작용해 왔다. 실제로 다수의 연구는 캐루스의 '트라우마' 개념을 임상적 용어와 혼용하거나, 그 핵심을 '재현 불가능성unrepresentability'에 두는 것으로 단순 전제한 채 단편적으로 인용해 왔다. 이 '재현 불가능성' 논의는 폴 드 만으로부터 계승된 해체주의적, 또는 탈구조주의적 성향을 지닌 캐루스 텍스트의 모호성에 대한 비판적 의혹을 집약하기도 한다. 그러나 캐루스는 이러한 경향이 개념을 단순화한 데서 비롯된 오독, 곧 "오해"의 결과라고 지적한다. 그녀가 남긴 중요한 유산은 특정 개념어의 단일한 정의나 손쉬운 해답이 아니라, '어떻게 듣고, 어떻게 응답할 것인가'라는 복합적이고 지속적인 질문 그 자체다.

캐루스의 텍스트를 이해하는 과정은 단순히 사건을 서사적으로 읽는 데 그치지 않고, 경험이 시간 속에서 드러내는 역설적 구조를 면밀히 파악하는 데서 시작된다. 어떤 경험은 발생 당시에는 충분히 인지되지 않거나 무시되다가 시간이 흐른 뒤에야 우리를 붙잡고, 어떤 상처는 일정 시간이 지난 후에야 고통을 가져온다. 겉보기에 이미 지나간 '사고 accident'가 시간이 지난 후 악몽·플래시백·신체 반응으로 되살아나는 장면은 트라우마가 지닌 지연의 구조를 잘 보여 준다. 이때 '귀환하는' 것은 단순한 기억이 아니다. 그것은 아직 완전히 드러나지 않은 실재이며, 이야기는 그 실재가 드러나는 접점에서 발생하는 미세한 충격을 포착한다. 캐루스가 "지시성의 소재the locus of referentiality"라고 부르는 이 접점에서, 문장과 이미지, 침묵은 **"우리에게 말을 거는 시도"**로 결합된다. 이러한 '지연'의 순간들을 견디며 그 구조와 함의를 심층적으로 고찰하는 것이 이 책을 '통과'하기 위한 필수 과정이다. 캐루스는 사건을 단편적 의미로 환원하기보다, 지연된 '호소'와 복합적 의미망에 주의를 기울이며 반복적 청취와 응답의 윤리를 요청한다. 문학적 독해는 그 윤리를 실천하는 핵심 현장으로 제시된다.

《트라우마, 소유하지 못한 경험》은 서론과 다섯 장의 본문, 증보판 후기로 구성되어 있으며, 각 장은 트라우마의 시간적·구조적 특성, 언어와 서사의 문제, 그리고 개인과 집단 차원의 반복과 생존을 둘러싼 핵심 주제를 심층적으로 탐색한다.

서론에서는 타소의 시 장면과 프로이트의 반복강박 개념을 매개로 트라우마를 '**뒤늦게 도착하는 목소리**'로 조망하며 듣기의 윤리를 제기한다.

이어지는 장에서는 사고와 지연의 시간 구조를 통해 충격 장면이 사건 직후가 아니라 '뒤늦은 회귀'로 드러난다는 점을 논증한다. 캐루스는 이때 텍스트가 포착하는 것이 '사건의 전체'가 아니라 돌아오는 흔적과 궤적임을 강조하고, 그 흔적이 서사와 실재가 맞닿는 지점에서 독자에게 청취의 책임을 요청한다고 말한다. 이어 논의는 프로이트의 《모세와 유일신교》로 확장되어, 억압된 모세 살해의 기억이 '전통'이라는 무의식적 동력으로 역사를 구성하는 역설을 제시한다. 여기서 역사는 재현의 완결이 아니라 지연된 귀환의 운동으로 가능해지며, 개인의 생존 서사와 집단의 기억이 서로를 반영하여 후기적(사후적) 인식을 생산한다.

다음 장에서는 뒤라스/레네의 〈히로시마 내 사랑〉을 자세히 읽으며, 증언과 배반의 긴장이 우회와 번역을 통해 청취의 장면으로 조직되는 과정을 분석한다. 프랑스 여성의 네베르(개인적 상흔)와 일본 남성의 히로시마(역사적 상흔)가 교차할 때, 말해지는 것은 전부가 아니라 말해질 수 없음이 남겨 두는 잔여이며, 바로 이 잔여가 느리게 듣고 다르게 응답하라는 윤리적 요구를 촉발한다. 카루스에게 문학과 영화는 기억을 단순히 '묘사'하는 매체가 아니라 지금-여기에서 다시 작동시키는 실행enactment의 무대이며, 관객과 독자는 그 무대에서 뒤늦은 목소리의 호출을 감당하는 법을 훈련한다.

그다음 장에서는 《쾌락원칙을 넘어서》와 《인간 모세와 유일신교》를 교차해 읽으며, 개인의 생존 문제가 민족사적 전통과 역사 서사의 문제로 이행하는 양상을 탐구한다. 폴 드 만의 지시 개념을 칸트·클라이스트 독해와 접속시키면서, 이론이 스스로의 실패와 '추락'을 노출할 때 오히려 지시가 예리해지는 역설을 드러내는 논의도 이어진다. 그리고 프로이트와 라캉의 '불타는 아이의 꿈'을 통해 생존/반복강박/각성 사이의 관계망을 드러내며, 각성을 표상의 문제가 아니라 윤리적 명령으로 독해한다.

마지막으로 20주년 중보판 〈후기〉는 흔히 '재현 불가능성'으로 축약되어 온 트라우마 개념을 면밀히 재검토하고, 트라우마가 우리에게 보내는 윤리적 요청─'듣고 응답하라'─의 중요성을 강조한다. 동시에 문학적 서사와 삶의 경험을 접속시킴으로써, 트라우마의 목소리가 텍스트적 현상을 넘어 개인과 집단의 존재, 사회적 기억과 생존의 가능성을 사유하게 하는 함의를 제시한다.

이처럼 캐루스는 트라우마를 병리적 증상이나 임상적 분

류를 넘어서는 개념으로 제시하면서, 언어 · 역사 · 윤리의 교차점에서 그 복합적 구조와 작동 방식을 다시 사유하도록 이끈다. 캐루스의 은유적인 서술을 따라가다 보면 독자는 트라우마적 언어와 그것을 포함한 서사 속에서 '의식적' 요소와 '무의식적' 요소, 그리고 '아는 것'과 '모르는 것'이 어떻게 얽혀 드러나는지를 포착하게 된다. 이 미세한 상호작용을 따라가는 과정이 바로 텍스트 이해의 핵심이며, 이 과정을 통해 독자는 트라우마 경험의 복합적 구조와 작동을 정동적으로 인식할 수 있게 된다. 이를테면 프로이트의 개인사와 저작을 상호 참조하며 드러나는 역사적 트라우마의 세밀한 구조에 대한 논의, 타소의 텍스트를 매개로 '되돌아오는' 상처의 목소리(호소와 발화), 그리고 그 언어의 발생과 전승의 계보를 추적하는 수사학적 · 비교문학적 분석이 그러하다. (역자들과 편집자는 이 대목에서 깊은 감동을 받았다.)

《트라우마, 소유하지 못한 경험》은 트라우마적 서사가 지연되어 도착하는 방식에 주목하며, 상처 입은 목소리에 응답하는 언어를 모색하는 공간으로 이해되어야 한다. 프로이트가 분석한 '불타는 아이의 꿈'에서 나타나듯, 외상적 기억은 죽은 자의 목소리로 형상화되어 살아 있는 자에게 반복적으로 호출된다. 그러나 뒤늦게 도착한 이 목소리, 즉 어떤 외상적 진실의 파편은 온전하게 인식되거나 완전히 해석될 수 없다. 그럼에도 트라우마의 반복과 잔여는 단순한 재현의 실패나 기억의 결핍으로 환원될 수 없다. 오히려 그 불완전한 반복성과 도달 불가능성은, 캐루스가 지적하듯, 지연된 방식으로 도래하는 의미의 가능성이다. 트라우마적 경험의 본질적 불완전성은 재현의 한계가 아니라, 흔적과 목소리에 대한 더 심화된 청취와 성찰, 그리고 응답의 가능성을 열어 놓는 사유의 틀로 기능하는 것이다. 이 가능성은 개인적 서사와 집단적 기억이 교차하는 지점에서 형성되는 언어적 복잡성을 이해하고, 그러한 언어를 통해 타자의 고통에 응답하려는 윤리적 사유로 확장될 수 있다.

이러한 사유는 특히 한국의 역사적·사회적 시간과 긴밀히 맞닿아 있기 때문에 그 의미가 더욱 깊다. 일제강점기, 전쟁과 분단, 국가폭력과 민주화, 대형 재난과 상실 등 겹겹이 쌓인 기억 속에서 '지연'은 결코 낯선 개념이 아니다. 이처럼 한국 사회의 상처를 기록한 문학, 영화, 구술 자료는 이 책의 개념이 현실 속에서 구체적으로 작동하는 장을 제공한다. 대표적으로, 다성적 시점이 교차하는 가운데 산 자와 죽은 자의 목소리가 서로를 호출하고(때로는 사후의 2인칭 발화로) 죽음과 삶의 경계에서 솟는 발화를 포착하는 소설 《소년이 온다》가 그렇다. 체육관의 시신 번호표와 악취, 신원 확인 명부와 수습된 유품, 함께 부르는 노래와 추념 의례가 하나의 증언 아카이브처럼 작동해 사건의 흔적을 현재로 불러오고, 독자를 알지 못함의 윤리와 청취의 책임 앞에 세우는 장면이 바로 그렇다. 마찬가지로, 파편화된 시점과 공백, 침묵의 재현으로 말해질 수 없던 경험이 지연된 시간 속에서 발화로 틈입하는 과정을 드러내고, 카메라의 머뭇거림과 소리의 단절로 '호소'의 가능성을 가리키면서도 트라우마적 지시성의 현장으로 전환하는 영화나 다큐멘터리가 그러할 것이다. 증언이자 명령으로서의 호소를 보여 주고, 사진과 지명, 노래가 개인의 기억을 공적 청취의 리듬으로 바꾸어, '공식' 기록 문서가 포착하지 못하는 지연의 감각을 공동의 호흡으로 현재화하는 트라우마 생존자들의 구술이 그러할 것이다. 본 역서가, 캐루스가 제시한 것처럼, '불확실함의 자리'에서도 '문학적 공명의 힘'과 '삶의 가능성'을 지닌 '언어'를 배우는 출발점이 되기를 기대한다.

이 도전적인 책의 출간에 기여해 주신 엘피출판사에 깊이 감사 드린다. 공동 역자이신 나익주 선생님께도 각별한 감사를 표한다. 선생님은 번역과 편집 전 과정에서 든든한 파트너로 함께하며, 풍부한 번역 경험과 언어철학 및 인지언어학에 대한 폭넓은 이해, 그리고 '은유'의 수사적 활용에 대한 탁월한 감각으로 캐루스의 중층적 사유와 은유적 표현들이 담긴 번역을 명료한 어조와 일관된 리듬으로 완성하는

데 중요한 역할을 해 주셨다. 아울러 이 책의 미래 독자들께
도 미리 감사의 말씀을 드린다. 이 역서의 검토와 보완이 필
요한 요소들에 대해서는 독자와의 지속적인 소통을 통해 점
검하여 향후 개선해 나갈 것이다.

모두를 대신하여

김성훈

문학과 트라우마, 문화를 공부하는

모든 분들께

차례

상처와 목소리

그는 공포로 얼어붙었으나

칼을 한 번 더 내리치고는

그제야 살펴보기로 했다.

토르콰토 타소Torquato Tasso, 《해방된 예루살렘Gerusalemme liberata》

프로이트Sigmund Freud는 《쾌락원칙을 넘어서Jenseits des Lustprinzips》 3장에서 특정 개인의 삶에서 설명할 수 없을 정도로 지속되는 고통의 패턴을 묘사한다. 프로이트는 전장에서 살아남은 사람들의 말 그대로 끔찍한 악몽과 고통스러운 사건을 경험한 사람들의 반복적인 재연에 당황하고, 재앙적인 사건이 이 경험을 한 사람들에게 어떻게 독특하고 때로는 기이한 방식으로 반복되는지에 대해 경이로움을 느낀다. 프로이트는 어떤 경우에 이러한 반복이 특히 두드러지는 이유를 다음과 같이 지적한다. 이 반복은 개인의 행동에서 비롯된 것이 아니라 일부 사람들이 일종의 운명, 즉 일련의 고통스러운 사건에 완전히 사로잡힌 것처럼 보이기 때문이다. 그들은 특정 사건에 시달리며, 그 사건은 그들의 의지나 통제력 밖에 있는 것처럼 보인다. 프로이트는 "이와 같은 운명에 대한 가장 뭉클한 시적 묘사는 토르콰토 타소의 낭만적 서사시 《해방된 예루살렘Gerusalemme liberata》에서 찾을 수 있다"고 썼다.

이 시의 주인공 탄크레디는 적 기사의 갑옷으로 변장한 사랑하는 클로린다를 자신도 모르게 결투에서 죽인다. 장례를 치른 후 탄크레디는 십자군 군대를 공포에 떨게 하는 이상한 마법의 숲으로 들어간다. 그는 키 큰 나무를 칼로 벤다. 그러자 상처에서 피가 솟아나고, 나무에 영혼이 갇힌 클로린다의 목소리가 들려온다. 그녀는 자신이 사랑하는 사람에게 또다시 상처를 입었다며 탄식한다.[1]

전투에서 사랑하는 사람에게 상처를 입히고, 자기도 모르게, 마치 우연처럼 다시 상처를 입히는 탄크레디의 행동은, 프로이트의 텍스트에서 트라우마 경험이 생존자의 무의식적인 행위를 통해, 그리고 그의 의지에 반하여, 정확하고 끊임없이 반복되는 방식을 생생하게 보여 준다. 타소의 이야기가 극화하듯이, 파국의 핵심에 있는 반복, 즉 프로이트가 '외상성신경증traumatic neurosis'이라고 부르게 되는 경험은, 쉽게 잊을 수 없는 사건의 무의식적 재연으로 나타난다.

그러나 나는 여기서 프로이트의 사례가 주는 문학적 울림은 단순히 반복강박repetition compulsion에 대한 극적인 묘사를 넘어, 트라우마에 대한 프로이트의 개념적 또는 의식

---

[1]   지그문트 프로이트Sigmund Freud, 《쾌락원칙을 넘어서Beyond the Pleasure Principle》. 제임스 스트래치James Strachey가 아나 프로이트Anna Freud와 협업하여(앨릭스 스트래치Alix Strachey와 앨런 타이슨Alan Tyson 도움) 책임편집한 영어판 번역《프로이트 전집The Standard Edition of the Complete Psychological Works of Sigmund Freud》 24권(London: Hogarth, 1953-1974) 중 18권 3장에 실려 있음. 이후《프로이트 표준판》(SE)으로 인용 표시함.

적 외상 이론의 한계를 뛰어넘는다고 말하고자 한다. 타소의 예에서 특히 인상적인 것은, 단지 상처를 입히는 무의식적 행위와 그 무의식적 행위의 원치 않는 반복만이 아니라, 가슴 아프고 슬프게 소리치는 **목소리**, 즉 역설적으로 **상처를 통해** 발산되는 목소리이기 때문이다. 탄크레디는 자신의 행위를 반복할 뿐만 아니라, 그 과정에서 처음으로 자신이 저지른 일을 보라고 외치는 목소리를 듣는다. 사랑하는 사람의 목소리가 그에게 말을 걸고, 이 말을 듣고서야 자기도 모르게 반복했던 과거를 목격한다. 따라서 탄크레디의 이야기는 트라우마적 경험을 단순히 인간 행위자의 반복적이고 무의식적인 행동의 수수께끼로만 재현하는 것이 아니라, 상처 입고 울부짖는 인간의 목소리, 탄크레디 자신도 완전히 알 수 없는 진실을 목격하는 목소리의 타자성이라는 수수께끼로 재현한다.

마음을 울리는 이 문학적 이야기의 힘, 즉 무의식적인 상처의 반복과 울부짖는 목소리의 목격이 놀랍게 병치된 모습이야말로 프로이트가 트라우마적 경험을 직관하고 그것에 열렬히 매료된 방식을 가장 잘 보여 준다고 생각한다. 프로이트가 트라우마 경험을 묘사하기 위해 문학에 눈을 돌린 이유는, 정신분석학과 마찬가지로 문학도 아는 것과 모르는 것 사이의 복잡한 관계에 관심을 갖기 때문이다. 실제로, 아는 것과 모르는 것이 교차하는 바로 그 지점에서 문학의 언어와 트라우마 경험에 대한 정신분석 이론이 정확하게 만난다. 타소의 시가 제시한 예는, 실제로 단순한 문학적 사례를 뛰어넘는, 더 광범위한 정신분석학적 혹은 경험적 진실에 대한 것이다. 이 시적인 이야기는 프로이트의 저술에서 트라우마 이론이 함축하는 표현되지 않은 의미와, 다음 장에서부터 고찰할 문학과 이론 사이의 중요한 연결 고리에 대한 더 큰 비유로 읽힐 수 있다.

이중의 상처

상처를 반복적으로 입히는 탄크레디의 행위는 (영어에서나 독일어에서나) 정신적 외상의 본래 의미를 불러낸다. 그리스어 **트라우마**trauma 또는 '상처wound'는 원래 신체에 가해진 부상을 가리켰다.[2] 이후 의학 문헌과 정신의학 문헌에서, 특히 프로이트의 텍스트에서 **트라우마**라는 용어를 신체가 아닌 정신에 가해진 상처로 이해하게 됐다. 그러나 프로이트

---

[2] 이 책에서 분석하는 다양한 문학 텍스트와 심리분석 텍스트의 영어·독일어·프랑스어 원문에서는 각각 *trauma*(트라우마)와 *Trauma*(트라우마), 그리고 *traumatisme*(트라우마티즘)과 *trauma*(트라우마)라는 용어를 사용한다.

는《쾌락원칙을 넘어서》에서 트라우마라는 용어를 통해 다음을 제시하는 것처럼 보인다. 마음의 상처, 즉 시간과 자아, 세계에 대한 마음의 경험이 깨진다는 것은 신체의 상처처럼 단순하고 치유 가능한 사건이 아니라, 결투에서 변장한 클로린다에게 첫 번째 치명상을 입힌 탄크레디의 경우처럼 너무 빨리, 너무 예기치 않게 경험되어 완전히 알 수 없고, 따라서 생존자의 악몽과 반복 행동으로 스스로 다시 반복적으로 모습을 드러낼 때까지 의식에 포착되지 않는다는 것이다.[3] 탄크레디가 클로린다에게 두 번째 상처를 입힐 때까지

---

3) 장 라플랑슈Jean Laplanche는 고전적 저서 《정신분석에서의 삶과 죽음Vie et mort en psychanalyse》(Paris: Flammarion, 1970)에서 프로이트의 초기 텍스트에서 트라우마의 시간적 구조를 기술한다. 이 책의 영어판(*Life and Death in Psychoanalysis*)은 메흘만Jeffrey Mehlman 번역, 1976년 존스홉킨스대학 출판부 출간. 이 문제에 관한 더 일반적인 견해는 라플랑슈의 〈사후성에 관한 주석Notes on Afterwardsness〉, 《장 라플랑슈: 유혹과 번역, 동인Jean Laplanche: Seduction, Translation, Drives》, 존 플레처John Fletcher · 마틴 스탠턴Martin Stanton 편집, 현대인문학연구소(London: Institute of Contemporary Arts, 1992) 참조. 프로이트의 트라우마 이론에 관한 다른 저술들에서 라플랑슈는, 프로이트가 시간적인 이야기와 함께 물리적인 의미에서의 공간이라기보다는 '확장'에 관한 공간적 이야기를 병치시키는 방식을 강조한다(*Problématiques I, L'angoisse* [Paris: PUF, 1980], 216-29쪽; *La révolution copernicienne inachevée: Travaux*, 1967-1992 [Paris: Aubier, 1992]에 수록된 "Traumatisme, traduction, transfert et autres trans(es)" 참조). 이러한 이중 구조는 기억화의 가능성과도 연결되어 보인다. 자크 데리다Jacques Derrida는 프로이트 이론에서 기억(또는 아카이브)의 가능성을 위해선 지형학적 구조가 필수적이라고 제안한다(*Mal d'archive: Une impression freudienne* [Paris: Galilée, 1995] 참조). 타소의 예시는 트라우마 개념

그녀의 목소리를 듣지 못하는 것처럼, 트라우마는 개인의 과거에 일어난 단순하고 폭력적인 사건 자체에 있는 것이 아니라, 그 흡수되지 못한 본질, 즉 처음에는 정확히 인식되지 **않았던** 방식이 나중에 생존자를 괴롭히며 되돌아오는 방식에 있다.[4]

상처와 목소리 비유는 우리에게 무엇을 말해 주는가? 그리고 그 비유가 전하는 말에든, 부지불식간에 말하는 이야기에든, 프로이트가 트라우마에 관해 쓴 글의 핵심에는 무엇이 있는가? 그것은 바로 트라우마가 병리病理 또는 상처 입은 정신의 단순한 질병 그 이상으로 보인다는 것이다. 즉, 트라우마는 언제나 울부짖는 상처의 이야기며, 다른 방법으로는 알 수 없는 현실이나 진실을 말해 주고자 우리에게 말을

의 시간적 측면과 공간적 측면을 모두 보여 주는 사례인 듯하다.

4) 이와 관련해서 캐롤 제이콥스Carol Jacobs의 《시간을 말하다: 레비스트로스, 포드, 레싱, 벤야민, 드 만, 워즈워스, 릴케Telling Time: Lévi-Strauss, Ford, Lessing, Benjamin, de Man, Wordsworth, Rilke》(Baltimore: Johns Hopkins University Press, 1994)의 서문에 실린 시간적 위기에 관한 논리정연하게 표현된 아름다운 개념을 떠올리는 것이 도움이 된다. "시간이 바로 그들의 서사에서 다루는 내용이다. 반드시 주체로서가 아니라, 말할 수 있는 가능성의 조건으로서, 그 가능성이 지속되는 위기로서 말이다." 재난과 관련된 시간성과 경험에 대한 중요한 재고는 모리스 블랑쇼Maurice Blanchot의 《카오스의 글쓰기L'écriture du désastre》참조. 이 책은 1986년 앤 스모크Ann Smock가 영어로 《참사의 글쓰기 The Writing of Disaster》라는 제목으로 펴냈다.

거는 시도이다. 이 진실은 지연되어 드러나고 뒤늦게 말하는 만큼, 알려진 것뿐만 아니라 우리의 행동과 언어 속에 알려지지 않은 채 남아 있는 것과도 연결된다.

나는 이 책에서 특정 시기의 텍스트들, 즉 정신분석학과 문학, 문학이론 텍스트가 트라우마적 경험이라는 심오한 이야기를 어떻게 말하고, 또 어떻게 그 이야기를 통해 말하는지를 탐구한다. 이어지는 장에서는 트라우마 생존자들의 실제 사례 연구를 직설적으로 설명하거나 트라우마의 정신의학을 직접 설명하기보다, 아는 것과 모르는 것이 트라우마의 언어와 트라우마 관련 이야기 속에 복잡하게 얽혀 있는 방식을 탐구한다.

내가 독해하는 텍스트 내용은 두 가지다. 하나는 프로이트의 경우처럼 개인사나 집단 역사 속의 트라우마 이론이고, 다른 하나는 뒤라스Duras와 레네Resnais의 경우처럼 각자의 재앙적 경험을 중심으로 유대를 맺는 두 사람의 이야기다. 어떤 경우이든 이 텍스트들은 각각 고유한 방식으로 위기의 실제 경험에서 비롯된 듣기나 알기, 재현의 중심 문제와 관련이 있다. 프로이트는 트라우마적 경험이란 발생할 때 완전히 흡수되지 않는 경험이라고 미묘하게 암시한다. 만일 그렇다면 이 텍스트들은 차례로 위기를 전달하고 위기를 중심으로 이론화한다는 것이 무엇을 의미하는지 묻는다.

이 위기는 단순한 지식이 아니라, 우리의 증언을 거부하고 동시에 요구하는 방식으로 나타나게 된다. 나는 이렇게 주장할 것이다. 그러한 질문은 엄밀히 문학적인 텍스트 안에서 생겨나든 더 의도적인 이론 텍스트 안에서 생겨나든 결코 간명한 방식으로 제기할 수 없으며, 정말로 언제나 어떤 식으로든 문학적인 언어로 말해야 한다. 우리의 이해를 요청하면서도 그 이해를 거스르는 언어로 말이다.

정신분석 글쓰기에 관한 장은 물론이고, 문학이나 문학이론에 관한 장에서도 내 나름의 해석을 시도한다. 이때 트라우마 경험을 명시적으로 언급하는 각 저자의 주장을 그대로 따르지는 않을 것이다. (《쾌락원칙을 넘어서》와 《인간 모세와 유일신교》에 나타난 프로이트의 트라우마 이론과, 드 만과 클라이스트와 칸트의 지시 개념과 추락하는 몸의 비유, 뒤라스와 레네의 〈히로시마 내 사랑〉에 나타난 개인적인 파국에 대한 상호 서사, 그리고 프로이트의 텍스트를 해석한 라캉의 트라우마 재고에 그냥 동의하지는 않는다.) 그보다는 각 텍스트에서 다른 이야기, 즉 집요하게 반복되는 단어나 비유에 관한 이야기 또는 텍스트 여정을 추적하는 데 주력할 것이다.

내가 이 저자들의 주장에서 밝혀내고 강조하는 핵심 비유 ─떠남이나 추락, 불탐, 각성에 관한 비유─는 여기에서 그 수사적 잠재력과 문학적 공명에서 나오는 이야기를 만들어

낸다. 이는 텍스트의 주제적 내용이나 이론이 암호화하는 것으로 환원될 수 없고, 우리가 알거나 이론화할 수 있는 것 너머에서 잊힌 어떤 상처를 고집스럽게 중언하는 문학적 차원의 것이다.

사고accident 이야기

따라서 이러한 이야기의 중심에는 폭력적인 사건의 본질뿐만 아니라, 트라우마에서 단순한 이해에 저항하는 것이 무엇인지에 대한 수수께끼 같은 증언이 있다. 이 증언은 트라우마를 기술하고 개념화하고자 고심하는 프로이트의 반복적인 시도에서 핵심적인 교훈 중 하나를 읽어 낼 수 있는 방법에 속한다. 왜냐하면 프로이트의 《쾌락원칙을 넘어서》와 《인간 모세와 유일신교》에 대한 나의 해석에서 강조하는 바와 같이, 프로이트가 꼽는 주요한 트라우마 사례에서 트라우마 피해자에게 돌아와 괴롭히는 것은 단지 어떤 사건이 아니라, 충격적이고 예상치 못한 사고의 발생이기 때문이다. 기차 사고—분명히 멀쩡하게 걸어 나오지만 몇 주 후에 겪는 충격 증상의 근원이 되는 사고—의 예는 흔히 발생하는 격렬한 사건의 트라우마적 충격을 프로이트에게 가장 명확하게 보여 준다. 그중에서도 예상치 못한 일이나 우발적인 일의 실례로서 프로이트가 제시하는 사고의 반복적인 이미지는 특히 설득력 있게 다가오며, 트라우마의 전형적이면서도 **가장 대표적인** 장면이 된다. 왜냐하면 그 이미지가 트라우마적 사건에 대해 우리가 알 수 있는 것을 묘사하기 때문이고, 더 심오하게는 트라우마적 사건에서 정확히 파악할 수 **없는** 것이 무엇인지 알려 주기 때문이다. 다시 말해서, 사고 accident는 프로이트의 저작에 등장하고 다른 트라우마 서사를 통해 전승되어서 충돌의 폭력성을 재현할 뿐만 아니라 사고 자체의 불가해성에 대한 충격도 전달한다. 이러한 이야기는 다음을 말해 준다. 피해자에게 되돌아와 계속 괴롭히는 것은 바로 폭력적인 사건의 실재일 뿐만 아니라, 그 폭력성이 아직 완전히 알려지지 않은 방식의 실재이다.

따라서 사고 이야기는 간접적으로 우리에게 트라우마적 이야기의 예상치 못한 실재―지시성의 소재the locus of referentiality―를 알려 준다. 폴 드 만의 지시성 개념, 즉 지시를 충격, 특히 추락의 충격에 연결하는 개념을 다루는 장에서 내가 탐구하는 것이 바로 서사와 실재 사이의 이 연결이다. 나는 특히 이마누엘 칸트의 철학 텍스트와 하인리히 폰 클라이스트의 문학 텍스트를 드 만이 읽는 방식으로 드 만의 저작을 분석한다. 이를 통해 드 만의 비판적 지시 이론이 궁극적으로 어떻게 하나의 서사가 되는지, 그리고 (아마도 트

라우마 개념/경험에 대한 드 만 자신의 번역인) 추락한다는 것
이 무엇을 의미하는지의 문제와 불가분의 관계가 있는 서사
가 되는지 보여 주고자 한다. 따라서 내가 드 만의 글을 통해
지시의 충격에 관한 이야기로 읽는 추락하는 몸에 관한 이
야기는 뜻밖에도 어떤 트라우마 이야기와 마주치고, 트라우
마 이야기는 필연적으로 지시의 귀환과 결부된다.[5] 따라서

5) 바로 사고 사례의 이러한 반복 출현과, 사고와 연계된 문학적 이야기의 환원 불
가능성 때문에도 이 문제를 다루고 싶다. 이 문제는 트라우마와 그 구체성과 특
이성을 연구하는 데 가장 중요하다. 한편으로는 트라우마가 예기치 못하게 다
가오는 것이라는 개념 그 자체가 트라우마적 이야기가 경험을 능가하거나 그
자체로 경험의 예외인 사건을 전한다는 것을 암시하기 때문이다. 다른 한편으
로는 트라우마가 과거를 가장 분명하게 특징짓는 것이라는 개념과 트라우마가
지연된 경험이라는 구조적 기술은 경험 그 자체가 트라우마와 엮이게 되는 외
견상 보편화된 기술로 이어진다. 이 보편화된 기술에서는 경험 그 자체가 트라
우마와 묶이게 된다. 《쾌락원칙을 넘어서》에서 프로이트는 일상 경험의 예외
인 전투와 생명 위협 사고의 사례로 논의를 시작한다. 하지만 그의 논의는 트라
우마적 경험을 기술하기 위해 자신이 사용해 온 용어와 구조적으로 유사한 용
어로 의식의 기원과 삶의 기원, 동인을 기술하면서 끝난다. 그리고 2장과 3장, 4
장에서 펼치는 나의 논의에서는 트라우마 개념을 '역사의 가능성' 그 자체라는
더 거대한 발상에 연결한다. 하지만 나는 프로이트 내의 기원을 향한 이동이든
가능성에 대한 나 자신의 언어를 향한 이동이든, 다 경험을 트라우마와 동일시
하는 시도가 아니라, 오히려 경험 내에서 트라우마적 사고가 형성하는 경험의
예기치 못한 개입을 허용하려는 시도라고 주장할 것이다. 왜냐하면 트라우마
를 경험 내에 새겨지는 가능성이라기보다 그냥 외부로부터 오는 것이라고 정
의한다면, 그것은 본질적으로 경험과 트라우마의 차이를 정의하고 그에 따라
그 차이를 예상할 가능성에 대한 주장이 될 것이기 때문이다. 즉, 사고를 범주
화하고 명명하고 이론적으로는 그에 따라 예상할 수 있다고 주장할 것이기 때
문이다. 오히려 트라우마는 인간의 경험 내에 새겨진 트라우마적 가능성이다.

트라우마를 통해 지시를 이렇게 해석하는 것, 즉 지시와의 간접적 관계를 통해 트라우마를 이해하는 것은 지시의 가능성을 부정하거나 배제하는 것이 아니라 뒤늦은 충격의 불가피성을 정확히 강조한다.[6]

트라우마와 역사

그렇다면 뒤늦은 경험에 관한 서사로서 트라우마 이야기는 결코 현실로부터의 도피─죽음으로부터의 도피나 죽음

이 가능성은 언제나 그 자리에 있지만 결코 확실하지 않은 가능성으로 그 실제 출현에서 가장 우연적이고 따라서 가장 특이한 것을 전달한다. 트라우마의 특정성에 관한 문제는 미국정신분석학회의 《정신장애 진단 및 통계 편람》에 실린 트라우마 정의에서 살펴볼 수 있다. 이 편람에서 트라우마를 정의하는 기준은 트라우마를 초래하는 특정한 유형의 사건(논란의 여지가 있는 "범주 a")과 증상 반응이다. 증상 반응이 특정 유형의 사건과 명시적으로 연결되지는 않는다. 이 문제에 관해서는 내가 1995년에 편집한 《트라우마: 기억 속 탐구Trauma: Explorations in Memory》 1부에 실린 나의 서문과 이 책에 실린 로라 브라운Laura Brown의 글 〈사거리 밖에 있지 않아: 정신 트라우마에 관한 한 여성주의 시각 Not Outside the Range: One Feminist Perspective on Psychic Trauma〉 참조.

6) 플래시백이 어떤 방해─어떤 혼란스러운 힘이나 영향력을 지닌 무언가─로 되돌아오는 것은 플래시백을 단지 표상으로 간주할 수 없다는 것을 암시한다. 드 만에서 지시를 비표상적으로 (더 정확히는 표상 양식의 방해를 통해서) 재고한 견해는, 트라우마를 "보는 것seeing"이라기보다 오히려 "깨어나는 것waking" 으로 보는 라캉의 사유에 대한 나의 연구와 밀접히 연결된다. 드 만의 견해는 4장에서 검토하고 나의 연구는 5장에서 논의한다. 나의 연구는 나 자신이 수행성the performative 개념에 암시적으로 연결하는 이론이다.

의 지시적 힘으로부터의 도피—에 대해 말하지 않으며 오히려 트라우마가 삶에 미치는 끝없는 영향을 입증한다. 정말로 타소의 이야기에서 탄크레디는, 프로이트의 저작에서 읽을 수 있는 것처럼, 죽음의 충격—상처를 입히는 사고와 클로린다의 죽음—이라는 실재에서 벗어나지 못하고, 오히려 그 충격을 두 번 견디며 살아야 한다. 프로이트와 뒤라스, 라캉에 대한 내 독해에서 구체적으로 드러나는 것처럼, 많은 트라우마 서사의 핵심에 있는 위기는 정말로 종종 다음의 긴급한 질문으로 나타난다. 트라우마는 죽음과의 조우인가, 아니면 죽음을 견뎌 낸 생존의 지속적인 경험인가? 따라서 나는 다음 주장을 펼칠 것이다. 이러한 이야기의 핵심에는 일종의 이중적 이야기, 즉 **죽음의 위기**와 그에 상응하는 **삶의 위기** 사이의 진동이 있다. 이 진동은 어떤 사건의 견딜 수 없는 본질에 관한 이야기와 그 사건의 견딜 수 없는 지속에 관한 이야기 사이에 있다. 양립할 수도 없고 절대 분리할 수도 없는 이 두 이야기는 궁극적으로 내가 독해하는 텍스트에서 **역사**라고 부르는 것의 복잡성을 분명히 정의한다. 구체적으로 보면,《인간 모세와 유일신교》에서는 유대인들의 이야기와 기독교인들의 이야기가 복잡한 관계를 맺고,《쾌락원칙을 넘어서》에서는 죽음과의 대립과 삶과의 대립이 얽히고 설켜 있으며,〈히로시마 내 사랑〉과 불타는 아이의 꿈에 대한 라캉의 해석에는 사랑하는 사람의 죽음과 살아남은 사람의 계속되는 삶 사이의 심오한 연결이 있다. 내가 주장하듯이, 이러한 텍스트에서 역사적 증언을 구성하는 것은 한 사람의 삶에 관한 이야기와 죽음에 관한 이야기의 분리 불가능 관계, 즉 불가능하면서도 필요한 이중적 말하기이다.[7]

7) 사울 프리들랜더Saul Friedlander는 《기억과 역사, 유럽 유대인 박멸Memory, History, and the Extermination of the Jews of Europe》(1993), 〈트라우마와 전이 Trauma and Transference〉 장에서 부분적으로는 《인간 모세와 유일신교》에 관한 내 연구와의 관계 속에서 트라우마의 반복이 역사의 가능성을 통해서 사고하는 더 긍정적인 방식을 고려하는지의 문제를 제기한다. 이것은 플래시백이나 반복이 의식에 동화될 수 없는 상태로 남아 있는 한 정말로 역사적이라고 간주될 수 있는지라는 까다로운 문제를 가볍게 언급한다. 이 경우에 지시성과 역사성의 구별이 가능할 수도 있다고 주장할 것이다. 그러면 사건의 귀환은 지시적이라 간주할 수 있지만 역사적으로 경험할 수도 있다. 역사적 경험은 생존 이야기나 그에 따라 또 다른 경험으로 넘어갈 가능성(즉, 기념식의 가능성)과 관련이 있을 것이다. 그러면 더욱이 아마도 이 역사적 경험은 어떤 연설 개념이나 연설 가능성 개념과 연계해야 할 것이다. 따라서 〈히로시마 내 사랑〉을 다룬 장과 불타는 아이의 꿈에 관한 라캉의 해석을 다룬 장에서는 어떤 트라우마의 귀환이 플래시백으로 남아 있고, 생존자를 일깨우고, 생존자에게 연설을 일깨워 준다는 것이 무엇을 의미하는지를 파악하려고 시도한다.

어떤 사람의 죽음이나 어떤 사람의 생존을 통해서 기념하거나, 죽음과 삶의 관계를 통해 어떤 사건을 기념하는 문제는 아마도 또 다른 문제에 연결될 것이다. 즉, 어떤 사람이 (삶 또는 죽음을) 불러내고자 한다는 것이 무엇인가의 문제이다. 이 문제에 대해서는 제임스 영James Young의 《기억의 질감: 홀로코스트 기념과 의미The Texture of Memory: Holocaust Memorials and Meaning》(1993)와, 《홀로코스트와 인종학살 연구Holocaust and Genocide Studies》 9권 2호에 실린 제프리 하트만Geoffrey Hartman의 〈생존자들로부터의 학습: 예일 증언 기획 Learning from Survivors: The Yale Testimony Project〉(1993), 《국제 정신분석 리뷰 International Review of Psychoanalysis》 11권에 실린 〈알려지지 않은 자들을 기억

타자의 목소리

따라서 이 책의 이론적·문학적 핵심은 울부짖는 상처에 대한 타소의 이야기(와 프로이트의 예시)를 통해서 다른 방식으로도 설명할 수 있다. 자신도 모르게 계속 칼을 휘두르고 들리는 목소리를 통해 고통을 인식하는 탄크레디의 이야기는 과거에 트라우마를 겪는 개인의 경험—반복되는 트라우마가 그의 삶을 형성하는 것—을 나타낸다. 그러나 정확히는, 그 말하는 상처란 탄크레디 자신이 입은 상처가 아니라 다른 사람의 상처, 즉 트라우마이다. 물론 이 비유적인 예에서 클로린다의 목소리라는 다른 목소리는 과거의 '무의식적인' 트라우마 사건의 기억을 간직한 자아 내의 타자를 나타낸다고 이해할 수 있다. 그러나 우리는 여기서 그 목소리의 말을 자신의 과거 사건과 관련이 있는 개인의 이야기가 아니라, 자신의 트라우마가 다른 사람의 트라우마와 얽혀 있는 방식의 이야기로 읽을 수도 있다. 이 방식은 다른 사람의 상처를 듣는 바로 그 가능성과 놀라움을 통해 트라우마가 다른 사람과의 만남으로 이어질 수 있는 방식을 말한다.

하기Remembering the Unknown〉참조.

타자의 상처가 전하는 그 목소리와 말에 귀를 기울이는 것은 실제로 트라우마 이론에 관한 프로이트 자신의 텍스트에서 발생한다고 할 수 있다. 트라우마 이론을 저술하는 바로 그 시기에 프로이트 자신도 직접 트라우마를 겪는 것이다. 따라서 탄크레디의 이야기도 정신분석적인 글쓰기 그 자체에 관한 이야기라고 할 수 있다. 다시 말해, 말하는 상처의 목소리를 듣는 탄크레디의 모습은 트라우마와 그 기괴한 반복의 우화일 뿐만 아니라 더 일반적으로는 정신분석 이론 자체의 우화가 된다. 정신분석 이론은 자신이 완전히는 알수 없지만 그럼에도 자신이 목격하는 그 목소리에 귀를 기울이기 때문이다.[8]

---

8) 따라서 타소의 사례는 다음과 같이 암시한다. 트라우마 충격을 정신분석 이론에서 보급하는 이유는 두 가지다. 이 이론에서 트라우마 경험을 설명했거나 충분히 이해했기 때문이고, 트라우마와의 조우로 정신분석 글쓰기의 언어 그 자체가 변화했고 유리되었기 때문이다. 나의 주장대로 정말로 부상 이야기가 트라우마적 경험의 우화를 제공한다면, 이 이야기는 이 부상의 모습을 펼칠 때 트라우마라는 용어 그 자체의 우화 역할, 담화 그 자체의 복잡성의 우화, 즉 프로이트의 이론적 (이거나 사변적)인 언어의 우화 역할도 한다. 왜냐하면 클로린다의 최초 부상에서 나무의 상처로의 이동 이야기도 트라우마의 의미가 그 신체적 지시물에서 그 정신적 외연으로 출현하는 이야기로 읽힐 수 있기 때문이다(각주 3과 거기에 언급된 라플랑슈의 연구 참조). 그리고 그 자체로, 타소의 사례는 트라우마의 언어가 단지 트라우마 밖에 위치하는 이론적 지식에서 시작하는 것이 아니라, 그 경험 자체 내로부터 똑같이 출현할 수 있다는 것을 암시한다. 하지만 트라우마 경험과 그 이론 사이 또는 생존자들의 언어와 이론적 기술 언어 사이의 이 내적인 연결

타인의 말, 즉 여전히 수수께끼이지만 듣기와 응답을 요청하는 말에 이렇게 귀 기울이는 것은 다른 측면에서 뒤라스와 라캉 텍스트의 핵심이기도 하다. 영화〈히로시마 내 사랑Hiroshima mon amour〉(1959)에서는 이것이 프랑스 여자와

은 진실의 객관성 결여가 아니라, 단지 알려질 수 없거나 동화될 수 없는 위기의 내부로부터 말할 가능성 그 자체를 암시할 필요가 있다.

언어와 트라우마의 관계는 트라우마의 치료학적인 처리에서 언어가 하는 역할을 가지고 분투하는, 언어와 트라우마에 관한 수많은 논의에서 임상적 시각에서 검토된다. 이러한 논의는 대부분 트라우마를 치료하려면 트라우마를 유의미(해서 분별 가능)한 이야기로 병합해야 한다고 제안한다. 추정컨대 이것은 치료학적 연구로부터 나오는 트라우마의 이론화로 이어질 것이다. (예컨대《심리치료Psychotherapy》31권 3호에 실린 위그렌Jodie Wigren의 논의〈트라우마 치유에서의 서사적 완결Narrative Completion in the Treatment of Trauma〉(1994) 참조.) 여기에서 그리고 이 책의 끝까지 나는 다음을 주장한다. 트라우마와 언어 사이의 이 관계를 (다시) 생각할 또 다른 방식이 가능하다.

트라우마가 언어에 미치는 영향력을 검토하는 흥미로운 시각은 로버트 제이 리프턴Robert Jay Lifton이 주도한 1993년의 '웰플릿Wellfleet' 세미나가 제시했다. 이 세미나에서 낸디Ashis Nandy는 전문가로서 트라우마를 증언하는 문제는, 생존자가 제공하는 용어로 트라우마에 대해 말하는 어려운 과제를 학습하는 것이라고 제시했다.

트라우마 이론이 그 대상 자체 내에 있다는 암시, 즉 트라우마 이론을 그 이론이 기술하는 바와 분리해 낼 수 없다는 암시는 일부 저자들이 끝까지 다음 사실을 고수하는 태도와 간접적으로 연결될 수 있다. 트라우마 이론—이 이론의 반복 출현과 반복 소멸—이 트라우마 회상 현상 그 자체와 아주 비슷해 보인다는 사실 말이다. 예컨대《미국 정신의학 저널American Journal of Psychiatry》142권에 실린 브렛Elizabeth A. Brett과 오스트로프Robert Ostroff의 논문〈영상과 외상후스트레스증후군: 개괄Imagery and Posttraumatic Stress Disorder: An Overview〉(1985)과 허먼Judith Herman의《트라우마와 회복Trauma and Recovery》(1992) 참조.

일본 남자 간 만남의 핵심을 이룬다. 프랑스 여자는 전쟁 중 독일인 연인의 죽음을 지켜봤으며, 일본 남자는 히로시마 원폭에 가족을 다 잃고, 심오하고 의미심장하게도, 문화의 차이를 넘어, 또 서로 다른 트라우마의 영향을 통해 여자의 말을 듣고 수용할 수 있는 유일한 사람으로 밝혀진다. 마찬가지로, 우리에게 말을 거는 타인에게 귀를 기울이는 것은 라캉Jacques Lacan이 프로이트의 '불타는 아이의 꿈' 서사를 다시 읽으며 전개한 재해석의 중심에 자리한다. 라캉의 이 재해석은 고열로 죽은 아이와 잠자는 아버지의 만남을 강조한다. 아이의 시신은 우연히 넘어진 촛불에 불타고, 아버지는 불이 난 것을 알지 못하고 옆방에서 자다가 꿈에서 죽은 아이의 목소리가 "아버지, 제가 불타고 있는 게 보이지 않으세요?"라고 속삭이며 불을 보라고 애원하는 소리를 듣는다.

이 책에서 읽으려는 텍스트 전체에서 다양한 방식으로 공명하는 것은, 보고 들으라고 요청하는 타인의 이 호소, 즉 우리에게 깨어나라고 (실제로 깨어나서 불타고 있음을 보라고) 명령하는 이 요구이다. 그리고 이 책은 이 호소, 요구가 트라우마의 언어와 말없이 반복되는 그 고통의 침묵이 심오하고 절실하게 요구하는 새로운 읽기 방식과 듣기 방식을 구성한다고 해석한다.

1장

소유하지 못한 경험

:트라우마와 역사의 가능성

프로이트,《인간 모세와 유일신교》

전쟁을 겪고 나서야 우리는
우리 자신이 하는 모든 행동에 책임이 있듯이
우리 자신이 보는 모든 것에도
책임이 있다는 것을 알게 되었다.
그래도 문제는 남았다.
나중에 어쩌면 몇 년이 지난 뒤에야 내가 무엇을 보고 있는지
이따금 알 수 있었고, 그중 상당수는 전혀 눈에 들어오지 않은 채
그냥 눈에 저장되어 있었다.

마이클 헤어Michael Herr, 《긴급보고Dispatches》

최근의 문학비평은 포스트구조주의 비평이 제기한 인식론적 문제가 필연적으로 정치적·윤리적 마비를 초래한다는 우려를 보여 주었다. 지시가 간접적이어서 결과적으로 다른 사람의 역사나 심지어 우리 자신의 역사에 직접 접근할 수 없을지도 모른다는 가능성은, 다른 문화에 접근할 수 없고 따라서 정치적 판단이나 윤리적 판단을 내릴 수 있는 어떤 수단도 마련할 수 없음을 암시하는 것 같다.[1] 나는 문학이나 철학 텍스트를 읽을 때뿐만 아니라 더 넓은 역사적·정치적 영역에서 가장 두드러지게 나타나는 현상, 즉 트라우마의 독특하고 역설적인 경험을 이러한 주장과 대조해 보고자 한다.

가장 일반적으로 정의할 때, 트라우마는 갑작스럽거나 치명적인 사건의 압도적인 경험으로서, 종종 지연되어 아무런 통제 없이 반복적으로 출현하는 환각과 여타의 침입 현상으로 사건에 대한 반응이 일어나는 것을 말한다.[2] 예를 들어, 주변 사람의 갑작스러운 대규모 죽음을 직접 목격한 군인이

---

[1] 이 견해의 최근 표현으로는 모한티Satya P. Mohanty의 〈우리와 그들Us and Them〉(1989) 참조.

[2] 트라우마trauma에 대한 확고한 정의는 없다. 트라우마는 시대에 따라 다양한 기술과 상이한 이름을 제시받았다. 이 개념의 역사와 이를 정의하려는 최근의 시도에 대해서는 피글리Charles R. Figley가 편저한 《트라우마와 그 각성Trauma and Its Wake》(1985-1986) 2권 참조.

이 광경을 무감각한 상태에서 겪은 후, 나중에 반복되는 악몽 속에서 이 광경이 되살아나는 경험을 하는 것은 20세기 트라우마의 중심적이고 반복적인 이미지다. 지난 20년 동안 이러한 당혹스러운 전쟁 경험과 여타의 재앙적인 반응이 증가하자, 의사와 정신과 의사들은 신체적·정신적 경험을 달리 생각하기 시작했다. 가장 최근에는 강간, 아동학대, 자동차 사고, 산업재해 등 방대한 다른 경험에 대한 반응도 **외상후스트레스장애**의 영향이라는 관점에서 이해하기 시작했다.

나는 다음 주장을 펼치고자 한다. 트라우마를 똑같이 광범위하고 당황스럽게 조우하는 바로 이 지점에서 (이러한 조우가 일어날 때이든 이러한 조우를 이해하려고 시도할 때이든) 우리는 더 이상 손쉽게 지시할 수 없는 (즉, 더 이상 단순한 경험과 지시 모델에 기반하지 않은) 역사의 가능성을 인식하기 시작할 수 있다. 트라우마 개념을 통해 우리가 지시를 재고하는 목적은 역사 지우기에 있지 않고, 역사의 위치를 우리의 이해 속에 다시 정하는 데 있다고 할 수 있다. 다시 말해, **즉각적인 이해**가 불가능한 바로 그 지점에서 **역사가** 발생하도록 하는 것이 우리의 목적이다.

역사에 관한 물음은 트라우마를 다룬 20세기 최초의 저술 중 하나인《인간 모세와 유일신교Der Mann Moses und die monotheistische Religion》라는 프로이트의 유대인 역사 관련

저작이 가장 시급하게 제기한다. 이 책은 유대인의 과거를 허구화한 것처럼 보인다는 이유로 그 역사적·정치적 지위에 대한 지속적인 의문을 일으켰다. 그럼에도 불구하고 이 책이 대면하는 트라우마는 우리의 역사적 현실과 긴밀히 결부되어 보인다. 내가 이 텍스트를 분석 대상으로 선택한 이유도, 이 텍스트가 우리 자신의 파국적인 시대와 그 안에서 역사를 쓰는 어려움을 이해하는 데 유용할 수 있다고 믿기 때문이다. 나는 프로이트가 이 저서에서 제시한 역사 개념 속에서, 또 그의 글쓰기 자체가 역사적 사건을 마주하는 방식 속에서, 우리가 '역사'의 가능성과 윤리적·정치적 관계를 다시 사유할 필요가 있다고 생각한다.

출애굽기, 그 떠남의 역사

프로이트의 《인간 모세와 유일신교》가 그 자체로 긴박한 역사적 맥락과 얽혀 있음은, 그가 이 책을 집필하던 1934년 나치의 유대인 박해가 빠른 속도로 진행되던 당시에 아놀드 츠바이크Arnold Zweig에게 보낸 편지에서 잘 드러난다. 프로이트는 이렇게 말한다.

새로운 박해에 직면하면, 사람들은 다시 한 번 이렇게 자문하지. 유대인들은 어떻게 지금의 모습이 되었을까? 그들은 왜 이 끝없는 증오를 받게 되었을까? 나는 곧 공식을 발견했지. 모세가 유대인을 창조했다는 공식을 말이야.[3]

이 문장들은 《인간 모세와 유일신교》의 기획이 나치의 유대인 박해를 설명하려는 시도와 분명히 연결된다는 것을 보여 준다. 그러나 프로이트에 의하면, 분명히 이 연결은 과거, 특히 모세로 대표되는 과거를 언급해야만 가능하다. 그리고 프로이트는 히브리인들을 이집트에서 이끌고 나온 해방자 모세의 이름에 자기가 마주한 역사의 무게를 둠으로써, 암묵적으로 또 역설적으로 유대인 박해에 대한 설명을 그들의 그 해방, 즉 포로에서 자유로의 귀환과 연결한다. 그렇게 모세 이야기의 중심에는 귀환이라는 주제의 핵심적 의미가 놓여 있다. 히브리인들이 이집트에 정착해 속박받기 전에 살았던 가나안으로의 귀환 말이다. 《인간 모세와 유일신교》에서 이 저술이 갖는 현재의 역사적 맥락을 제시하는 가장 직

---

[3] 1934년 5월 30일 〈프로이트가 츠바이크에게Freud to Zweig〉. 프로이트가 편저한 《지그문트 프로이트와 아놀드 츠바이크의 편지들The Letters of Sigmund Freud and Arnold Zweig》에 실려 있다.

접적인 언급과 설명은 포로(즉, 유배)와 귀환 이야기에 대한 프로이트의 새로운 이해에서 찾을 수 있다.[4]

유대인의 역사를 귀환의 역사로 보는 발상은 정신분석학자의 시각에서 그리 놀라운 일이 아닐 수도 있다. 정신분석학자들은 다양한 종류의 귀환이 필수적이라는 데 연구의 초점을 맞추니까 말이다. 예컨대 그들은 기억 속 근원으로의 귀환과 "억압된 것들의 귀환return of the repressed"을 강조한다. 그러나 프로이트는 자신의 발견을 묘사하면서 츠바이크에게 "모세가 유대인을 창조했어."라는 간명하고 짧은 문구를 갈겨써 보냈다. 이 문구로 프로이트는 유대인의 역사가 어떤 단순한 귀환 개념을 뛰어넘는다는 것을 암시한다. 만일 모세가 실제로 그의 해방 행위를 통해 유대인을 "창조했다"면,[5] (즉, 만일 이집트 탈출 덕택에 이전에 가나안에 살았던 **히브리인**의 역사가 오직 포로 상태를 벗어나는 행위를 할 때야 비로소 진정한 민족이 되는 **유대인**의 역사로 변모한다면,) 그 시작의 순간

---

4) 유대 역사의 맥락에서는 '유배exile'가 엄밀히 말해서 바빌론 유수를 가리키지만, 이집트 포로 생활은 이 후기 사건의 대표적 사례로 간주되었다. 따라서《유대주의 백과사전The Encyclopedia of Judaism》에서는 표제어 '유배'를 이렇게 서술한다. "랍비의 마음속에서 '유배'(Galut; exile)의 범례가 된 것은 바로 이 태아기의 이집트 노예 상태이다."(Geoffrey Wigoder(1989) 참조).

5) '창조된created'은 독일어 원문 "hat ... geschaffen"의 정확한 번역어이다.

인 이집트 탈출은 더 이상 단순한 귀환이 아니라 오히려 진정한 의미의 떠남이기 때문이다. 프로이트가 자기 텍스트의 틀을 구성하는 질문이자, 유대인의 역사적 상황과 그 상황에 유대인 작가로서 참여하는 것을 모두 설명할 질문은 따라서 다음과 같다. 한 문화의 역사와 그 역사 대 정치의 관계는 어떤 측면에서 떠남의 개념과 뗄 수 없는 관계에 있는가?[6]

실제로 유대인 역사에 대한 프로이트의 놀라운 해석은 포로 상태에서 벗어난 히브리인의 귀환의 본질과 의미에 대한 재해석으로 이해할 수 있다. 성경 이야기에서 모세는 포로로 잡혀 있던 히브리인 중 한 사람으로, 결국 그들의 지도자가 되어 그들을 이집트에서 다시 가나안으로 인도했다. 그런데 프로이트는 책의 서두에서 모세가 히브리 민족의 해방자인 건 맞지만, 사실 그는 히브리인이 아니라 이집트 파라오와 파라오의 태양 중심 유일신교를 열렬히 추종한 이집트

---

6) 《인간 모세와 유일신교》의 정치적 차원을 파악하려는 더 흥미로운 시도 중에는 구Jean-Joseph Goux의 〈프로이트와, 나치즘의 종교적 구조Freud et la structure religieuse du nazisme〉(1981)와 라쿠 라바르트Philippe Lacoue-Labarthe와 낭시Jean-Luc Nancy의 〈유대 민족Le peuple juif ne rêve pas〉(1981), 윈터Jean-Pierre Winter의 〈반유대주의의 정신분석Psychanalyse de l'anti-sémitisme〉이 있다. 구의 글은 그의 저서《성상 파괴론Les Iconoclastes》에 실려 있고, 후자의 두 글은 아델리 라시알·장 자크 라시알이 편집한《정신분석은 유대 역사에 실재하는가?La Psychanalyse est-elle une histoire juive?》에 실려 있다.

인이었다고 주장한다. 프로이트에 따르면, 파라오가 살해당한 후 모세는 히브리인들의 지도자가 되어 쇠퇴해 가는 유일신교를 보존하고자 그들을 이집트에서 데리고 나왔다. 따라서 프로이트는 귀환의 이유 그 자체를 바꾸어 해석한다. 귀환이 히브리인의 자유를 보존하기 위함이 아니라 유일신교 신을 보존하기 위함이라는 것이다. 달리 말하면, 그것은 과거의 자유를 향한 귀환이 아니라 새롭게 확립된 미래, 즉 유일신교의 미래를 향한 출발이다.[7] 유대인의 기원을 이렇게 보는 재해석에서는 미래가 더 이상 과거와 연속되지 않고 심오한 불연속성을 통해 과거와 통합된다. 유대인의 과거에 대한 의미를 형성하는 이집트 탈출은 급진적인 단절이자 역사의 확립인 출발이다.

프로이트의 두 번째 설명 부분은 귀환을 이렇게 재고하는 관점을 확장하고 강화한다. 프로이트는 이집트인 모세가 히브리인들을 이끌고 이집트에서 나온 후, 히브리인들이 반란을 일으켜 모세를 살해하고 그 행위를 억압했다고 주장한다. 그리고 두 세대가 지나면서 모세의 신을 야훼Yahweh라

---

7) 흥미로운 점은, 이 미래가 "약속의 땅promised land"에 대한 신의 제안이라는 측면에서도 생각될 수 있고, 따라서 약속의 미래지향적 시간성의 관점에서 이해될 수 있다는 것이다.

는 화산신volcano god에 동화시켰고, (히브리인들을 자유롭게 한) 모세의 해방 행위 역시 (역시 모세라는 이름을 지닌) 야훼 사제의 행위에 동화되었다. 시간적으로나 공간적으로 후자의 모세는 전자의 모세와 다른 인물이었다. 따라서 프로이트에 따르면, 유대 역사의 가장 중요한 순간은 글자 그대로의 자유로의 귀환이 아니라 살인의 억압과 그 결과이다.

모세의 해방 행위가 그의 이야기에 기록되었을 때 …… 야훼 신은 과분한 명예를 얻었지만, 이 탈취에 대해 비싼 대가를 치러야 했다. 야훼 신이 대신한 신의 그림자가 (야훼 신) 본인보다 강해졌고, 역사 발전의 마지막에는 잊힌 모세 신의 그림자가 야훼 신의 존재를 넘어섰다. 이스라엘 민족이 모든 고난을 극복하고 우리 시대까지 살아남을 수 있었던 것이 이 다른 신 개념 때문이었다는 것을 의심할 사람은 아무도 없다. (62; 50-51)[8]

8) 《인간 모세와 유일신교》의 인용문에는 다음 두 집합의 쪽수가 따른다. 첫 번째 집합은 지그문트 프로이트의 《인간 모세와 유일신교》를 캐서린 존스 Katherine Jones가 번역하여 빈티지 북스 출판사에서 1939년에 펴낸 판본을 가리킨다. 이 글에서 나는 이 번역판을 사용한다. 두 번째 집합은 SE에 실린 제임스 스트래치James Strachey의 번역판 23권을 가리킨다.

만일 자유로의 귀환이 유대인 역사의 축자적인 출발점이라면, 이 역사의 본질을 이루는 것은 모세의 행위에 대한 억압과 이 행위의 귀환이다. 따라서 축자적인 귀환의 성질은 또 다른 종류의 재등장이 지닌 성질로 대체된다.

〔유대인〕역사의 잘 알려진 **이중성**에 …… 우리는 두 가지 새로운 이중성을 추가한다. 바로 새로운 **두 종교**의 창시와 성격이 다른 두 명의 종교 창시자이다. 첫 번째 종교는 두 번째 종교에 밀려났지만 의기양양하게 재등장하고, 종교 창시자는 둘 다 같은 이름인 모세로 불리지만 서로 구별해야 하는 성격을 지녔다. 그리고 이러한 모든 이중성은 첫 번째 이중성의 필수적인 귀결이다. 일단의 사람들은 사실 트라우마적 경험이라 칭할 만한 시련을 통과했지만, 다른 일단의 사람들은 그러한 시련을 모면했다. (64-65; 52)

포로 생활과 귀환은 유대인 역사의 시작이지만, 유대인들은 이를 트라우마 경험을 통해서만 정확하게 이해할 수 있다. 오래된 신을 새로운 신과 통합하고 이집트를 떠나는 사람들과 궁극적으로 유대 민족을 구성하는 사람들을 통합하는 고리를 형성하는 것은 바로 그 트라우마, 즉 모세 행적의 망각(과 그 귀환)이다. 프로이트는 이야기의 중심을 트라우마로 이루어진 떠남과 귀환의 성질에 두면서, 역사의 가능성 자체의 위치를 다시 트라우마적 떠남의 본성에 둔다. 그렇다면 역사와 그 정치적 귀결 사이의 관계에 대해 프로이트가 마지막으로 파고드는 핵심적인 질문은 다음과 같다고 말할 수 있다. 역사가 트라우마의 역사라고 하는 말은 정확히 무엇을 의미하는가?

많은 독자에게 역사에 관한 프로이트의 문제 제기, 즉 해방적 귀환의 이야기를 트라우마 이야기로 대체한 그의 인식은 역사의 암묵적인 부정으로 보였다. 사실적인 역사를 트라우마의 기이한 역학으로 대체함으로써 프로이트가 역사적 지시의 가능성을 이중으로 부정한 것처럼 보인다. 다음두 가지 측면에서 그렇게 보인다. 첫째, 프로이트는 실제로 역사적 사실을 자신의 추측으로 대체한다. 둘째, 그는 역사적 기억, 적어도 유대인의 역사적 기억이 항상 왜곡의 문제, 즉 트라우마적 억압이라는 허구로 원래 사건을 걸러내는 여과 작용이라고 주장함으로써 원래 사건은 간접적으로만 파악할 수 있게 된다는 것을 암시한다.

실제로 프로이트는 후기 저술에서 히브리인의 트라우마적 경험을 거세 위협으로 어머니에 대한 욕망을 억압하는 오이디푸스 콤플렉스 소년의 트라우마에 비유한다. 이렇게 할 때, 실제로 많은 독자는 프로이트 텍스트에 담긴 유일한 지시적 진실이 그 자체의 무의식적 삶일 수 있다고 가정하게 된다. 이 삶은 많은 이들이 프로이트의 "해결되지 않은 아버지 콤플렉스"에 대한 이야기로 읽어 온 일종의 자기 지시적 역사이다.[9] 그리고 이 분석은 떠남과 귀환의 비유를 아버지나 유대교를 떠난 프로이트의 행위로 간단하게 재해석한다. 많은 비평가의 시각에서, 역사를 명백히 무의식적으로 만들거나 역사에서 지시적인 축자성을 박탈한 프로이트의 인식은 대가를 치른다. 그 대가는 텍스트가 기껏해야 프로이트 무의식에 대한 예측 가능한 드라마로 남거나, 더 나아가 정치적·문화적 이탈에 대한 이야기를 들려주는 드라마로 남는다는 사실이다.[10]

---

9) 《정신의학Psychiatry》 40권에 실린 월리스Edwin R. Wallace의 논문 〈《인간 모세와 유일신교》의 정신역학적 결정소들〉(1977) 참조. 모세에 관한 프로이트의 저술을 정신분석학적으로 해석한 오랜 역사가 있다. 더 흥미로운 해석 중에 로버트Marthe Robert의 해석 《오이디푸스에서 모세에게로D'Oedipe à Moïse: Freud et la conscience juive》(1974)가 있는데, 1977년 만하임Ralph Manheim이 'From Oedipus to Moses: Freud's Jewish Identity'라는 제목으로 번역했다. 발마리Marie Balmary의 《정신분석을 정신분석하기Psychoanalyzing Psychoanalysis》(1982)도 모세와 관련한 흥미로운 정신분석학적인 해석으로, 룩캐처Ned Luckacher가 영어로 옮겼다. 이 맥락에서 응용정신분석 전통에 대한 비평과 비판은 《인간 모세와 유일신교》에 관한 예루살미Yosef Hayim Yerushalmi의 뛰어난 연구 《프로이트의 모세: 유대주의의 유한과 무한Freud's Moses: Judaism Terminable and Interminable》(1991)에서 확인할 수 있다.

10) 물론 이 표준 해석에 대한 수많은 예외가 있다. 대표적인 사례로 구Goux의

열차 충돌,
혹은 사고로서의 역사

그렇지만 트라우마를 설명하려는 프로이트의 시도를 자세히 들여다보면, 떠남과 귀환의 의미에 대해 다소 다른 이해를 발견할 수 있다. 비록 오이디푸스 콤플렉스적 개인에 대한 유추가 설명 대부분을 차지하지만, 프로이트는 인간 역사와 비교하기에는 이상하게도 어울리지 않지만 그 자신이

〈프로이트와 나치즘의 종교적 구조Freud et la structure religieuse du nazisme〉와 라쿠 라바르트와 낭시의 〈유대 민족은 꿈을 꾸지 않는다Le peuple juif ne rêve pas〉, 윈터의 《반유대주의의 정신분석》, 앞에서 인용한 예루살미의 《프로이트의 모세》가 있다. 시걸Edward Timmsand Naomi Segal이 편집한 《프로이트식 유배Freudin Exile》에 실린 로버트슨Ritchie Robertson의 〈프로이트의 증언: 《인간 모세와 유일신교》Freud's Testament: *Moses and Monotheism*〉(1988)나, 본인의 편저 《역사의 쓰기Writing of History》에 실은 미셸 드 세르토Michel de Certeau의 뛰어난 논문 〈역사의 허구: 《인간 모세와 유일신교》 저술The Fiction of History: The Writing of *Moses and Monotheism*〉(1988)도 표준 해석에서 벗어난 뛰어난 예외이다. 프로이트와 유대주의를 다룬 유용한 논의에는 예루살미의 《프로이트의 모세》, 필립 리에프Philip Rieff의 《도덕주의자의 마음The Mind of the Moralist》(1961), 《이스라엘 정신의학 및 관련 분야 연감Israel Annals of Psychiatry and Related Disciplines》 14권에 실린 베르그만Martin S. Bergmann의 〈모세와 프로이트의 유대인 정체성 진화Moses and the Evolution of Freud's Jewish Identity〉(1976)가 있다. 유용한 참고문헌은 피터 게이Peter Gay의 《프로이트: 우리 시대를 위한 삶Freud: A Life for Our Time》에서 찾아볼 수 있다. 게이의 저서에 실린 프로이트의 유대인 정체성과 《인간 모세와 유일신교》 저술에 관한 논의는 많은 것을 조명한다.

이야기했던 특정 역사와는 묘하게 공명하는 또 다른 사례로 논의를 시작한다. 바로 사고의 예이다.

예를 들어 열차 충돌 같은 충격적인 사고를 우연히 당한 사람이 겉보기에는 멀쩡하게 현장을 떠날 수 있다. 그러나 그 후 몇 주 동안 그 사람은 일련의 심각한 심리적·운동적 증상을 보이는데, 이는 오직 그 사람이 받은 충격이나 사고 당시 일어난 그 밖의 다른 사건 때문일 수밖에 없다. 그는 '외상성신경증 traumatic neurosis'에 걸린 것이다. 이것은 매우 이해하기 어려운 일로 보이며, 따라서 진기한 사실이다. 사고 발생 후 증상이 처음 발현할 때까지의 기간을 '잠복기incubation period'라고 하는데, 이 용어는 전염병의 병리를 분명하게 암시한다. 나중에 생각해보니 다음 생각이 문득 떠오른다. 외상성신경증의 문제와 유대교적 유일신 신앙의 문제는 근본적으로 서로 다른 두 경우(Fälle)이지만, 한 지점에서 서로 맞닿아 있다. 바로 **지연**이라 일컬을 수 있는 특징이다. 유대교의 역사에는 모세의 종교에서 분리된 이후 오랜 기간 동안 유일신교적 사상의 흔적을 찾을 수 없다고 생각할 만한 가장 유력한 근거가 있다.······따라서······우리 문제의 해결책은 특수한 심리적 상황에서 찾아야 한다. **(84; 67-68, 번역 수정)**

프로이트는 경험의 영향이 분명하지 않은 기간을 가리키

는 **지연**latency이라는 용어를 사용함으로써 이 사고를 사건으로부터 억압과 귀환에 이르는 유대인 역사 속의 연속적인 이동에 비유하는 것으로 보인다. 그러나 사고 피해자의 사건 경험이 지닌 정말로 놀라운 것과 프로이트의 예에서 드러나는 핵심적인 수수께끼를 실제로 구성하는 것은, 사고 후 발생하는 망각의 기간이 아니라 오히려 사고 당시에 충돌 피해자가 결코 온전히 인식하지 못했다는 사실이다. 프로이트는 그 사람이 "겉보기에는 멀쩡하게" 벗어난다고 말한다. 따라서 트라우마의 경험, 즉 지연이라는 사실은 이후에도 결코 완전히는 알 수 없는 현실에 대한 망각이 아니라, 경험 자체에 내재하는 지연으로 구성되는 듯하다.[11] 트라우

---

11) 흥미롭게도 충돌하는 두 열차는 한데 결합하면 모세라는 이름의 두 사람, 그리고 고대도시 카데시에서 사라진 회의에서 함께 오는 두 사람과 유사하게 보인다. 프로이트는 이 사건을 일종의 공백으로도 묘사한다. "나는 이 두 사람의 상호 분리가 정당화되고, 이집트의 모세는 결코 카데시에 있은 적이 없고, 그 당시 야훼의 이름을 결코 들어 본 적이 없는 반면에 미디안의 모세는 결코 이집트에 발을 들여놓은 적이 없고 아톤Aton 신에 대해 몰랐다는 우리의 가정이 정당화된다고 생각한다. 이 두 사람을 하나로 만들기 위해서 전통이나 전설은 이집트의 모세를 미디안으로 데려와야 했다. 그리고 이에 대한 둘 이상의 설명이 이미 제시되어 있다는 것을 우리는 이미 확인했다."(49: 41)
　　《모세와 유일신교》가 프로이트 초기의 트라우마 사고를 새롭게 갱신하는 저작이라는 점은, 그가 트라우마의 지연을 설명하기 위해 '잠복기' 개념을 사용한 데서 드러난다. 프로이트는 이 비유를 《히스테리 연구Studies on Hysteria》(1895)에 실린 초기 논문에서 사용했다(SE 2권 참조).

마의 역사적 힘은 망각한 후에도 그 경험이 반복된다는 것뿐만 아니라, 오직 내재적인 망각 속에서 그리고 그 망각을 통해서만 처음으로 그 트라우마 경험이 드러난다는 데 있다. 그리고 유대인의 역사적 경험의 독특한 시간적 구조, 즉 뒤늦음을 역설적으로 설명하는 것은 바로 이러한 사건의 내재적 지연성이다. 모세의 살해를 그것이 발생하는 그대로 경험하지 못하며, 따라서 다른 장소나 다른 시간과 관련해서만 완전히 분명해지기 때문이다. 그렇다면 트라우마가 귀환을 대체한다면, 이것은 그 떠남—무의식의 공간—이 역설적이게도 바로 그 사건을 문자 그대로 보존한다는 점에서 중요한 의미가 있다. 역사가 트라우마의 역사라는 것은, 역사가 발생하는 순간에는 그것이 완전히 인식되지 않는다는 정도로만 지시적이라는 것을 의미한다. 또는 조금 달리 말하면, 역사는 그 발생 자체에 접근할 수 없다는 점을 통해서만 이해될 수 있다는 것을 의미한다.

나는 역사의 간접적 지시성이 또한 프로이트가 반유대주의와 반복적으로 맞서는 유대문화의 정치적 형태를 이해하는 방식의 핵심이라고 본다. 프로이트가 주장하듯이, 모세의 살인은 사실 인류 역사상 가장 이른 시기에 일어난 살인, 즉 원시적 역사에서 원시적 아버지가 반항적인 아들에게 살해당한 사건의 반복이다. 그리고 유대교와 기독교인 유대교적대자들을 둘 다 설명해 주는 것이 바로 이 사실의 무의식적인 반복과 인정이다. 실제로 프로이트는 바울(로)이 그리스도의 죽음을 원죄에 대한 속죄로 해석할 때, 유대인의 역사에서 여전히 무의식 속에 묻혀 있는 모세 살해를 뒤늦게 무의식적으로 기억했다고 주장한다. 뒤늦게 아버지 살해에 대해 아들로서 속죄하는 과정에서 기독교인들은 유대인 형들과 오이디푸스적 경쟁의식을 느낀다. 그것은 유대인의 할례에 기인한 지속적인 거세불안이고, 결국 기독교인들이 그리스도의 죽음을 공인하는 가운데 인정한 죄를 유대인들은 인정하지 않을 것이라는 불만이다. 그렇다면 프로이트의 텍스트는 트라우마의 역사적 효과는 뒤늦게 등장함으로써 궁극적으로 기독교인의 역사에 항상 묶여 있는 역사에 유대인을 새겨 넣는 것임을 보여 준다. 히브리인의 떠남, 즉 그들의 유대 민족으로서의 도착은 더 이상 그들만의 것이 아닌 역사 속의 도착이기도 하다.

따라서 나는, 프로이트가 다른 역사와의 뗄 수 없는 정치적 유대를 발견하는 곳이 바로 역사 속 지연성의 구성적 기능 그 자체라고 말하고 싶다. 조금 다르게 표현하면, 역사의 트라우마적 성격은 사건이 타인을 연루시키는 한도에서만 역사적이라는 것을 의미한다고 말할 수 있다. 바로 이러한 측면에서 유대인의 역사는 지금까지 타인의 트라우마로 인

한 고통이었다.[12]

재난의 글쓰기

그렇지만 이러한 역사 개념의 완전한 영향을 파악할 수 있는

12) 다음 사실을 주목해야 한다. 프로이트는 결코 어떤 특별한 종류의 박해가 필수적임을 함축하지 않는다. 즉, 프로이트는 트라우마의 일종의 보편성으로 보이는 무언가를 계속 주장하지만, 트라우마에 대한 대응이 필연적으로 타자他者 학대여야 한다고 주장하지 않는다. 사실 프로이트는 기독교인의 유대인 혐오와 나치의 유대인 박해를 구별하며, 전자의 결정 요인을 오이디푸스 콤플렉스식 구조라고 기술한다. 반면에 나치의 유대인 박해에 대해서는 이렇게 말한다. "우리는 현재 반유대주의 실천에 탁월한 사람들이 다 비교적 최근에야 비로소 기독교인이 되었고, 때로는 살벌한 강요를 받아 그렇게 개종했다는 점을 망각하지 말아야 한다. 어떤 사람은 그 반유대주의자들이 다 '세례 상태가 형편없'으며 기독교 신앙의 엷은 포장 아래에서 지금까지 조상들의 정체성 그대로 남아 있는 여전히 미개한 다신론자들이라고 말할지도 모른다. 그들은 아직 강요받아 온 새로운 종교에 적대적인 악의를 이겨 내지 못했고, 자신들에게 기독교를 전해 준 그 근원에 이 악의를 투사해 왔다. …… 유대주의 혐오가 본질적으로는 기독교 혐오이고, 독일의 국가사회주의 혁명에서 두 유일신교의 이렇게 긴밀한 연결이 유대주의와 기독교를 향한 적대적 태도에서 그토록 분명하게 표출된 것은 놀라운 일이 아니다."(117: 91-92)
   다섯 명의 저자가 아브라함 이야기의 귀향 문제에서 출발해 유대교와 기독교의 관계를 탁월하게 탐구한다. 이 탐구는 질 로빈스Jill Robbins의 《탕자와 형: 성 아우구스티누스와 페트라르카, 키르케고르, 카프카, 레비나스Prodigal Son and Elder Brother: Augustine, Petrach, Kierkegaard, Kafka, Levinas》(1991)에서 찾아볼 수 있다.

것은, 프로이트의 글쓰기를 역사적 행위로 간주하는 것이 이 맥락에서 무엇을 의미하는가 하는 질문에 주의를 기울일 때뿐이다. 프로이트는 저작에 덧붙인 다양한 서문에서 텍스트 자체의 저술 역사와 출판 역사에 우리의 주의를 유도함으로써 이 질문을 던진다. 프로이트가《인간 모세와 유일신교》를 실제 집필한 시기는 그가 빈에서 보낸 마지막 몇 해인 1934년에서 1938년 사이로, 그는 나치가 가족과 정신분석을 박해하자 1938년 6월 런던으로 이주했다. 모세의 역사를 담은 책의 첫 두 부분은 오스트리아를 떠나기 전인 1937년에 출판했고, 종교 전반에 대한 더 광범위한 분석이 담긴 세 번째 부분

세 번째 부분의 중간에 프로이트는 이른바〈요약과 반복〉(문자 그대로 '반복'을 뜻하는 Wiederholung)을 삽입하여 자기 책의 이야기를 자신만의 방식으로 들려준다.

이 글의 다음 부분〔3부의 두 번째 부분〕은 장황한 설명과 사과 없이는 세상에 내놓을 수 없다. 이 부분은 첫 번째 부분의 충실한 반복, 때로는 문자 그대로의 반복에 불과하기 때문이다. …… 나는 왜 이 반복을 피하지 않았는가? 이 질문에 대한 답은 …… 받아들이기 다소 어렵다. 이 책을 쓰게 된 특이한 방식의 흔적을 지울 수 없었기 때문이다.

사실 나는 이 책을 두 번이나 썼다. 처음은 몇 년 전 빈에 있을 때였는데, 거기서는 이 책을 출판할 수 있으리라 믿지 않았다. 나는 출간을 포기하기로 했지만, 이 책은 마치 진정하지 못하는 유령처럼 나를 괴롭혔다. 그래서 책의 두 부분을 출판하기로 타협했다. …… 그러던 1938년 3월, 예상치 못하게 독일이 (빈을) 침략했다. 그 때문에 나는 집을 떠나야 했지만, 한편으로는 두려움에서 벗어날 수 있었다. 이 책을 출판하면 정신분석이 여전히 허용되는 나라에서 정신분석을 금지당할지도 모른다는 두려움에서 말이다. 영국에 도착하자마자, 나는 숨겨 둔 나의 지식을 세상에 알리고 싶은 유혹을 떨쳐 버릴 수 없었다. …… 이전에 출판한 두 부분을 완전히 포기할 수는 없었기에, 첫 번째 판의 전체 내용을 변경하지 않고 두 번째 판에 추가하는 절충안을 만들었다. 이것은 반복이 많다는 단점이 있는 방식이었다. (131-32; 103-4)

프로이트는 자신의 저술, 즉 그 흔적을 지울 수 없으며 유령처럼 자기를 따라다니고 마침내 여러 저서에서 광범위하게 반복되어 나타나는 역사에 대해 말한다. 이 이야기를 읽다 보면 히브리인들의 이야기를 어렵지 않게 인식할 수 있다. 모세 살해와 그 사건의 삭제, 그리고 그 사건의 무의식적인 반복으로 구성된 이야기를.

프로이트는 우리에게 이렇게 말하는 것처럼 보인다. 이 책 자체가 트라우마의 현장이다. 더욱이 이 경우에는 프로이트가 말하듯이, 책을 두 부분으로 나누는 사건의 역사적인 흔적으로 보이는 트라우마의 현장이다. 먼저, 나치즘이 오스트리아에 침투해서, 프로이트는 세 번째 부분을 보류하거나 억압해야 했다. 그 후 독일이 오스트리아를 본격 침략해서 프로이트는 떠나야만 했으며, 결국은 이 세 번째 부분이 빛을 보게 되었다. 따라서 억압과 반복적 재현의 트라우마적 형태를 띤 그 구조와 역사로 인해 이 책은 그 자체로 유대인과 박해자들의 정치적 얽힘과 관련된 역사적 진실의 전달자가 된다.

그러나 중요한 것은 다음이다. 독일의 침략과 나치의 박해라는 배경에서 프로이트의 트라우마에 즉각적인 지시적 의미를 부여하고 싶은 유혹에도 불구하고, 실제 트라우마 소재가 실은 프로이트의 저작에 있다고 말할 수 있는 근거는 사실상 독일의 침략에 대한 **직접적인 언급**이 아니다. 왜냐하면 이 침략의 특성을 규정하는 관점은 프로이트 가족에게도 실제로 해당하는 (이 침략의) 부수적인 박해와 위협이 아니라, 간단한 다음 문장의 다소간 다른 강조이기 때문이다. "그 (침략) 때문에 집을 떠나야 했지만, 한편으로는 두려움에서 벗어날 수 있었다."[13] 프로이트 텍스트 내의 트라우마는 무엇보다도 떠남, 즉 **버림**verlassen의 트라우마이다. 실제로 바로 이 단어가 3부의 서두에 추가된 이전의 두 서문에 대한 암묵적인 **소개**에서, 이 〈요약과 반복〉 자체를 이 책의 트라우마적 구조화에 실제로 연결한다. (프로이트가 여전히 빈에 있었던) "1938년 3월 이전"과 (프로이트가 런던에 재정착한 후인) "1938년 6월"이라는 부제가 붙은 두 서문은 각각 책을 출판하지 않았던 이유와 마침내 출판하기로 한 결정을 서술한다. 두 번째 서문은 다음과 같이 선언한다.

모세를 다룬 이 글을 쓰는 동안 나를 짓눌렀던 유난히 큰 어려움은 …… 서로 모순되고 심지어 서로를 무효화하는 두 개의 서론이 2부와 3부에 실리게 된 이유이다. 짧은 간격을 두고 두 서문을 쓰는 동안 저자의 외부 조건이 급격히 바뀌었다. 이전에 나는 가톨릭교회의 보호 아래 살았고, 이 글을 출판하면 그 보호를 잃게 될까 봐 두려웠다. …… 그러던 중 갑작스러운, 독일의 침략으로 …… 박해받을 것이 확실해지자

---

13) 《모세와 유일신교》의 독일어 인용문은 프로이트의 《논문 선집Studienausgabe》 (1982) 9판에서 가져왔다.

…… 나는 어린 시절부터 78년 동안 내게 집과도 같았던 도시를 많은 친구들과 함께 **떠났다**(verliess ich). (69-70; 57)

프로이트가 명시적으로 언급한 두 서문 사이의 간격은 문자 그대로 "1938년 3월 이전"과 "1938년 6월" 사이의 공간이다. 동시에 이 간격은 암묵적으로 어떤 트라우마의 공간을 표시한다. 이 트라우마는 단순히 "독일의 침략"이라는 어구로는 **나타내지** 못하고, "**나는 떠났다**(verliess ich)"라는 말에 **담겨 있다**. 프로이트의 글은 역사를 자기 텍스트의 틈새 안에, 그리고 자신의 떠남에 대한 말 안에 보존한다. 이 말은 어떤 역사의 영향을 단순히 지시하지 않으며, 이후의 〈요약과 반복〉에 다시 사용되어 이 역사의 영향이 바로 떠남에 관해 **포착할 수 없는** 그 무언가라는 어감을 전달한다.

포로에서 자유로,
혹은 프로이트의 탈출

실제로 트라우마에 대한 프로이트의 이론적 설명에 따르면, 사고의 예에서 사고의 수수께끼 같은 가장 중요한 핵심을 구성하는 것은 결국 **떠나는 행위**이다.

예를 들어 열차 충돌 같은 충격적인 사고를 우연히 당한 사람이 겉보기에는 멀쩡하게 현장을 떠날(die Städte verlässt) 수 있다.

사고의 트라우마, 바로 그 무의식은 떠남의 행위에서 비롯된다. 이 떠남은 그 역사성의 완전한 힘 속에서도 어떤 의미에서는 떠나는 사람에게도, 그 경험을 밝히려는 시도로 고통받는 사람과 연결된 이론가에게도 절대적으로 불투명하게 남아 있다. 그러나 동시에 바로 이 불투명성이 놀라운 지식의 힘을 만들어 낸다. 이 예에서 끌어낸 프로이트의 이론적 통찰에서 공명하는 것은 바로 사고, 즉 독일어로는 Unfall(재난)이기 때문이다. 이 단어는 독일어에서 다른 형태의 fallen(떨어지다)과 연결된다.

나중에 생각해 보니 다음 생각이 문득 떠오른다. 외상성신경증의 문제와 유대교적 유일신 신앙의 문제는 근본적으로 서로 다른 두 경우이지만, 한 지점에서 서로 맞닿아 있다. 바로 지연이라 일컬을 수 있는 특징이다. 유대교의 역사에는 모세의 종교에서 분리된 이후 오랜 기간 동안 유일신교적 사상의 흔적을

찾을 수 없다고 생각할 만한 가장 유력한 근거가 있다.[14]

사고를 뜻하는 Unfall과 통찰의 순간적인 발현을 뜻하는 auffallen 사이에는 추락의 힘이 있다. 이 추락은 바로 무의식적인 떠남 행위로 전달되는 떨어짐이다. 역사의 영향을 담는 것은 바로 이러한 **떠남의 무의식**이다. 그리고 마찬가지로, 무엇보다도 프로이트가 자신의 텍스트에서 자신의 떠남을 무의식적으로 언급하는 데서 우리는 처음으로 그 역사적 진실에 접근한다고 할 수 있다.

그렇지만 이 역사의 완전한 영향은 떠남이라는 행위의 또 다른 측면, 즉 프로이트가 "자유"라고 부르는 것에서 우리에게 나타난다. 〈요약과 반복〉에서 프로이트는 다음과 같이

---

14) 여기에서 "나중에 생각해 보니as an afterthought"라는 번역 어구의 독일어 낱말은 nachträglich(나중의, 뒤늦은)이다. 이 낱말은 프로이트가 심리적 삶 내의 트라우마적 사건의 "지연된 행위"나 반작용적 의미를 기술하기 위해 다른 어딘가에서 사용하는 낱말이다. 여기에서 무엇이 nachträglich인지는 프로이트의 이론적 통찰이며, 따라서 이 통찰은 트라우마 구조에도 관여한다.

프로이트 초기작에 들어 있는 트라우마의 구조나 시간성에 대한 뛰어난 논의는 다음 두 연구에서 확인할 수 있다. 하나는 신시아 체이스Cynthia Chase 의《비유의 해체: 로마 전통에서의 수사적 읽기Decomposing Figures: Rhetorical Readings in the Romantic Tradition》(1986)에 실린 〈오이디푸스 콤플렉스적 텍스트성Oedipal Textuality〉이고, 다른 하나는 장 라플랑슈의《정신분석에서의 삶과 죽음》에 실린 〈성과 생명 질서〉이다.

말한다.

그 때문에 나는 집을 떠나야 했지만, 한편으로는 두려움에서 벗어날 수 있었다. 이 책을 출판하면 정신분석이 여전히 허용되는 나라에서 정신분석을 금지당할지도 모른다는 두려움에서 말이다.

집을 떠나는 것은 프로이트에게 일종의 자유이다. 이 자유는 영국에서 책을 출판할 자유, 즉 자신의 목소리를 다른 곳으로 가져갈 수 있는 자유이다. 이 행위의 의미는 이 대목과 공명하는, 〈요약과 반복〉 속 편지 내용에 암시되어 있다. 1938년 5월, 프로이트는 빈을 떠날 마지막 준비를 하며 아들 에른스트Ernst에게 편지를 썼다.

두 가지 전망 덕택에 나는 이 암울한 시기를 계속 버틴다. 너희들 모두와 재회할 가능성과 자유 속에서 죽을 가능성 말이다.[15]

---

15) 프로이트가 에른스트 프로이트에게 보낸 편지, 1938년 5월 12일. 에른스트 L.

역설적이지만 프로이트가 말하는 떠날 자유는 살 자유가 아니라 죽을 자유, 죽을 때 사람들에게 자기 목소리를 낼 자유이다. 즉, 프로이트의 목소리는 떠남으로서 출현한다.[16] 그리고 우리에게 말을 거는 것은 바로 이 떠남이다.

프로이트가 아들에게 쓴 편지글에서 마지막 네 낱말 "to die in freedom"〔자유 속에서 죽다—옮긴이〕은 해당 문장의 나머지 부분과 달리 독일어가 아니라 영어로 쓰여 있다. 프로이트의 자유 및 죽음 선언은, 그가 자기 목소리를 내보내는 새로운 장소의 사람들이 알아들을 수 있는 언어로 우리에게 주어진다. 정신분석학의 유산을 물려받은 우리에게 말이다. 더욱이 이 메시지를 단순히 새로운 언어인 영어로 전달하는 것이 아니라, 정확히 독일어와 영어 사이에서, 즉 자기 고국 독자의 언어와 새로운 독자의 언어 사이를 이동하며 전달한

프로이트가 편집하고, 타니아 스턴과 제임스 스턴이 번역해 1960년 출간한 《지그문트 프로이트의 편지들Letters of Sigmund Freud》.

16) 에른스트에게 보낸 편지와 《모세와 유일신교》의 공명은 이 인용문에 이어 나오는 몇 줄에서도 분명히 드러난다. "때로 나는 나 자신을 토마스 만Thomas Mann이 다음 소설에서 묘사할 것처럼, 아주 나이 들어서 자녀들에게 이끌려 이집트로 간 늙은 야곱에 비유한다. 부디 출애굽이 뒤따르지 않기를. 아하수에로 왕이 어딘가에서 안식을 찾을 때가 되었다." 이 글의 맥락에 대해서는 피터 게이가 쓴 《프로이트: 우리 시대의 삶Freud: A Life for Our Time》의 탁월한 마지막 장 〈자유 속에서 죽다To Die in Freedom〉 참조.

다는 것은 의미심장하다. 바로 여기에서, 독일어에서 영어로 이동할 때, 프로이트 텍스트의 언어 안에서 그 떠남을 다시 쓸 때, 우리는《인간 모세와 유일신교》에 담긴 프로이트의 핵심적인 통찰에 가장 완전하게 참여한다고 할 수 있다. 트라우마와 마찬가지로 역사는 결코 우리 자신만의 것이 아니라는 통찰, 즉 역사가 바로 우리가 서로의 트라우마에 연루되는 방식이라는 통찰 말이다. 독일어권 독자이든 영어권 독자이든, 스스로 떠나지 않고는 이 문장을 읽을 수 없기 때문이다. 이 떠남에서, 즉 우리의 듣기와 작별할 때, 우리는 아마도 아직은 완전히 이해할 수 없는 방식으로 프로이트 텍스트를 처음으로 온전히 듣게 된다. 그리고 우리가 문화적 · 정치적 분석의 가능성을 고려하는 만큼, 나는 이렇게 주장하고 싶다. 완전히 의식적이지는 않은 이 발언의 영향은 타당한 출발점이자 정말로 필요한 출발점일 수 있다.[17]

---

17) 로버트 제이 리프턴의 〈생존 경험과 트라우마 증후군Survivor Experience and Traumatic Syndrome〉(1979)은 프로이트 안의 트라우마를 다룬 경이로운 논의이다. 이 논의는 1983년에 나온 그의 책《끊어진 연결: 죽음과 삶의 연속성에 관하여Broken Connection: On Death and the Continuity of Life》에 실렸다. 이 논의에서 리프턴은 트라우마 개념의 최근 전개와 제1차 세계대전 사이의 관계를 지적한다. 트라우마 개념이 전쟁의 충격을 프로이트의 이론적 작업에 어떻게 새기는지를 들여다보는 탐구는 흥미로울 것이다.

2장

문학 그리고 기억의 재연

뒤라스, 레네, 〈히로시마 내 사랑〉

그리고 이제 각자 안다. 살아남는 그 순간, 자신이 수십 번의 삶을 살았으며, 생각했던 것보다 훨씬 더 많은 죽음을 보았다는 것을. 그러나 동시에, 그들 모두는 아무것도 알지 못했다.

존 허시John Hersey, 《히로시마Hiroshima》

1959년 프랑스 영화 〈히로시마 내 사랑Hioshima mon amour〉 (감독 알랭 레네, 각본 마르그리트 뒤라스)의 놀라운 오프닝 시퀀스는 제목과 크레딧 이후, 우리는 완전히 이해할 수 없는 두 개의 교차 숏으로 시작된다. 첫 번째 숏에서는 두 개의 팔꿈치와 팔, 손이 맞물려 있고, 그 축 처진 피부는 재와 땀으로 뒤덮여, 천천히 껴안으며 움직인다. 히로시마에 투하된 첫 번째 원자폭탄의 희생자들인 것처럼 보인다. 그다음 숏에는 두 개의 온전한 팔꿈치와 팔, 손이 나오는데, 처음에는 매끄럽다가 다음에는 땀으로 젖어 사랑의 행위를 한다. 곧 밝혀지듯이, 히로시마에서 우연히 만난 프랑스 여성과 일본 남성 사이에서 벌어지는 이 친밀한 만남이 영화 내러티브의 핵심을 이룬다.

이 교차하는 두 숏과 대면하는 순간, 영화는 우리의 시각과 이해력에 몇 가지 근본적인 질문을 던진다. 과거의 죽어 가는 몸들, 즉 히로시마의 죽어 가는 몸들은 현재의 살아 있는 몸들과 무슨 관련이 있는가? 이 각기 다른 몸들 사이의 관계를 설정하는 데 우리 시각의 역할은 무엇인가? 이러한 질문을 통해 영화의 내러티브를 전개하는 〈히로시마 내 사랑〉은 역사와 몸의 관계에 대한 탐구로서 역사에 대한 질문을 열어젖힌다. 이것이 내 주장이다.

그렇지만 이 영화에서 역사를 묻는 문제는 우리가 무엇을 보고 아는가만이 아니라, 무엇을 말하는 것이 윤리적인가의 문제이기도 하다. 영화의 전개 자체가 '말하기'의 이야기이다. 즉, 히로시마에 영화를 찍으러 온 한 프랑스 여배우가 일본인 남자와 우연하고도 격정적인 만남을 갖게 되면서, 생애 처음으로 자신의 과거를 말하는 이야기이다. 그녀는 나치 점령 기간 중 느베르에서 독일군 병사와 연애를 하고, 그 병사는 둘이서 함께 도망치기로 한 날 죽고 만다. 그날은 바로 해방의 날이었다. 이후 그녀는 프랑스 마을 사람들에게 삭발을 당하고, 부모에 의해 지하실에 갇힌다. 이 처벌로 그녀는 결국 미쳐 버린다.

영화가 끝나 갈 무렵, 여자는 일본인 연인에게 처음으로 자기 이야기를 들려주고, 죽은 독일인 연인에게 자신의 행동을 한탄한다.

> 우리 이야기를 했어요.
> 오늘 밤 이 낯선 사람 때문에 당신을 배신했어요.
> 우리 이야기를 했어요.
> 이건, 알다시피, 말할 수 있는 이야기였어요.[1] (73)

---

1) 이 장은 〈히로시마 내 사랑〉의 영화 판본과 문자 판본 둘 다 참고한다. 영어 인

이 여자에게 독일인과의 연애 이야기, 구체적으로 그의 죽음을 이야기하는 것은 살아서 그 이야기를 듣는 사람과 함께 사랑하는 그 사람, 즉 죽은 사람을 배신하는 것이다. 여자가 슬퍼하는 것은 성적인 배신뿐만 아니라, 정확하게는 말하는 행위, 즉 죽음의 특수성을 지워 버리는 이해의 전달 행위를 통한 배신이다. 따라서 이 영화에서 역사를 인지할 가능성은 심오한 윤리적 딜레마, 즉 **어떻게 과거를 배반하지 않을 것인가**라는 관한 끊임없는 문제로 제기된다.

이 영화만의 혁신적인 방식의 중심에도 이 배신 문제가 자리하고 있다. 이런 식으로 영화는 제목에 히로시마를 언급하면서도 1945년 히로시마 이야기를 하지 않고, 오히려 재건된 히로시마를 또 다른 이야기, 프랑스 여자가 느베르 이야기를 하는 배경으로 사용한다. 영화감독 알랭 레네는 원래 히로시마에 관한 다큐멘터리 제작을 의뢰받았지만, 몇 달 동안 기록 보관 영상을 수집한 후 그런 영화는 이전에 자신이 만든 강제수용소 다큐멘터리(《밤과 안개Nuit et

용문은 마르그리트 뒤라스Marguerite Duras와 알랭 레네Alain Resnais의 〈히로시마 내 사랑〉을 리처드 시버Richard Seaver가 1961년 영어로 옮긴 판본을, 프랑스어 인용문은 1960년 파리 갈리마르 출판사 판본을 인용했다.

brouillard)$^{2)}$와 크게 다르지 않을 것이라며 제작을 거부했다. 레네는 히로시마 다큐멘터리 제작을 거부함으로써, 역설적으로 직접적인 기록 영상으로는 이 사건의 특수성을 보존할 수 없다는 것을 암시한다. 그리고 똑같이 역설적으로, 레네와 뒤라스는 다음과 같이 믿는 듯하다. 히로시마에 관한 이야기가 아니라 히로시마 현장에서 벌어지는 허구적 이야기야말로 그러한 역사적 특수성을 전달할 수 있다고. 나는 〈히로시마 내 사랑〉이 흥미로운 점은, 바로 이러한 간접적인 이야기 속에서 어떻게 충실한 역사의 가능성을 탐구하는가에 있다고 본다.

시각의 배반

영화 초반, 프랑스 여자와 일본 남자의 만남은 역사 소통 가능성에 대한 의견 불일치로 나타난다. 이 불일치는 보는 것의 본질, 구체적으로 몸을 보는 것에 정확히 초점을 맞추는 갈등이다. 사랑을 나누는 몸들이 등장하는 오프닝 숏 위로

---

2) 제임스 모나코James Monaco의 《알랭 레네Alain Resnais》(1979) 참조.

(영화의 언어인) 프랑스어로 말하는 남자의 목소리와 이어서 여자의 목소리가 들린다.

> **남자** 당신은 히로시마에서 아무것도 못 봤어요. 아무것도.
> **여자** 나는 **모든 걸** 봤어요. 모든 걸. (15)

여자가 본 것을 히로시마의 일본 남자가 부정하는 것은 암묵적으로 그 남자가 실제로 **본** 것에 대한 강력한 주장이기도 하다. 게다가 그가 분명히 본 것은 영화가 계속되면서 우리 앞 스크린에, 박물관의 훼손된 시체들 장면에, 기록 영상에, 그리고 여자가 방문했다고 말하는 병원에 나타난다. 그러나 역설적이게도, 이 배경에서 남자는 여자가 본 것을 부정하며, 이 부정은 그녀가 보지 못하는 것과 그가 정말로 보는 것의 차이가 단지 경험적 지각 문제가 아님을 암시한다.

> **여자** 예를 들어 병원이요. 봤어요. 정말 봤어요. 어떻게 달리 볼 수 있을까요?
> **남자** 히로시마에 있는 병원은 못 봤어요. 당신은 히로시마에서 아무것도 못 봤어요.
> **여자** 박물관에서 네 번이나 …….
> **남자** 히로시마의 무슨 박물관이요? (15-17)

남자의 부정은 여자를 겨냥할 뿐만 아니라 스크린 속 상처 입은 몸들의 장면 그 자체를 겨냥한다. 이 부정은 여자의 시각이 지닌 문제가 그녀가 무엇을 인식하지 못하는지가 아니라, 정확히 그녀가 어떤 **무엇**을 인식한다는 **것을** 암시한다.

> **여자** 나는 히로시마의 운명 때문에 울었어요, 항상.
>
> **남자** 아니요, **무엇** 때문에 운 것일까요?(Non. Sur quoi aurais-tu pleuré?) (18; 26)

부상자들 사진을 배경으로 펼쳐지고, "난 봤어요"라는 말의 반복을 겨냥하는 남자의 부정은, 보는 행위가 신체적 지시 대상을 설정하는 바로 그 순간, 공허한 문법처럼 사건의 실재를 지운다는 것을 암시한다.[3] 집요한 시각의 문법 속에서, 남

---

3) 영화의 시각 영상과 구어 표현 사이의 복합적 관계에 대해서는 다음의 두 논의 참조. 먼저 그론호브Anne-Marie Gronhovd와 반더보크William C. Vanderwolk의 〈존재론적 분열로서의 기억: 포스트모던 작품으로서의 〈히로시마 내 사랑〉 Memory as Ontological Disruption: *Hiroshima mon amour* as a Postmodern Work〉 참조. 이 논의는 크랜스턴Mechthild Cranston이 편저한 《언어로 그리고 사랑으로: 말할 수 없는 것들, 마르그리트 뒤라스를 위한 에세이In Language and in Love: Marguerite Duras: The Unspeakable, Essays for Marguerite Duras》(1992)에 실려 있다. 그리고 《분절학Diacritics》 1985년 봄호, 위유미에Marie-Claire Ropars-Wuilleumier(1985)의 〈텍스트의 영화 독본Film Reader of the Text〉 참조.

자는 몸이 자신의 죽음이라는 사건을 지운다고 제시한다.

여자의 시각과 이해를 통해 히로시마 사건이 이렇게 지워지는 것은, 첫 대화에서 그녀가 프랑스 민족사의 관점에서 본 히로시마 이해를 나타내기도 한다.

남자 프랑스에서 당신에게 히로시마는 뭘 의미했나요?

여자 전쟁의 종식이요. 그러니까, 확실한 끝이요.

남자 전 세계가 기뻐했지요. 당신도 전 세계와 함께 기뻐했어요. (33-34)

프랑스인들에게 히로시마는 일본인들의 고통의 시작이 아니라, 오히려 바로 그들 자신의 고통의 끝을 의미했다. 프랑스인들에게 히로시마 관련 지식은 일본인을 향한 이해할 수 없는 핵폭탄 투하 사건이 아니라, 그들이 "종식"이라고 부르는 지식으로 이해된다. 이 지식은 일본의 과거 사건을 삭제하고 이 사건을 프랑스 역사의 내러티브에 지시 대상으로 새겨 넣는다. [4] 그리고 프랑스 역사에 일본 사건을 이렇게 새

---

4) 〈히로시마 내 사랑〉에 나오는 전쟁 종결에 관한 언급의 맥락에서, 〈밤과 안개 Nuit et brouillard〉의 마지막 행은 흥미롭다. "그리고 우리 중에는 그런 사람이 있다. 마치 그 옛날 수용소 괴물이 잿더미 아래에서 죽었던 것처럼 이 폐허를

긴 것, 즉 죽음의 소거에 근거한 이해 행위의 필연적인 자기
지시적 역전은 대화 속에서 시각 행위 내의 일종의 **도덕적** 배
반, 더 나아가 프랑스 여자가 배우로서 하게 된 히로시마 촬
영과 연관된다.

남자 어떤 영화에 출연하나요?
여자 평화에 관한 영화예요. 평화에 관한 영화 말고 사람들이
　　히로시마에서 뭘 만들 거라고 기대해요? (34)

프랑스인들이 히로시마 사건을 자국 전쟁의 종식으로 이
해하듯이, 국제사적 관점에서 히로시마 자체에 대한 인식은
재난의 현실 그 자체를 평화라는 익명의 서사로 바꾸어 놓
는다.[5] 재난적 사건을 타자의 역사라는 일반성 속에 필연적
으로 새겨 넣을 수밖에 없다는 점을 강조함으로써, 〈히로시
마 내 사랑〉은 그렇게 시각의 불가항력 속에서 배반의 필연

진지하게 응시하는 그런 우리들과, 마치 수용소 전염병에서 치유받을 수 있는
것처럼 사라져 가는 이 영상 앞에서 희망이 있는 체하는 그런 우리들, 이 모든
것이 한때의 것이자 한 나라의 것이라 믿는 체하는 그런 우리들, 우리 주변을
돌아보며 생각하지 않는 그런 우리들, 끝없는 외침을 듣지 않는 그런 우리들이
있단 말이다."
5)　지시 구조에 대한 분석은 4장 참조.

성을 드러내는 것처럼 보인다.

정말이지 어떤 역사를 이해하는 데는 특정 과거에 대한 배반이 필수적이다. 바로 이 배반이 프랑스 여자가 남자에게 들려주는 이야기를 구성하고, 느베르 이야기를 히로시마에서 말할 수 있는 하나의 이야기로 만드는 역할을 한다. 여자가 마침내 드러낸 이야기의 중심에는 실제로 이런 아이러니가 있다. 프랑스에서 함께 도망치기로 한 독일인 연인은 여자를 만나러 오기 직전에 총에 맞는다. 그날은 바로 프랑스 해방일이었다. 그녀 이야기의 초점은, 해방이라는 사건과 그의 죽음이라는 사건이 동시에 발생했다는 것이다.

나는 그날은 온종일, 다음 날은 밤새 그의 시신 곁에 있었어요. 그다음 날 아침 그들이 그를 데리러 와서 트럭에 실었어요. 바로 느베르가 해방된 날 밤이었어요. 생테티엔st. Etienne의 종이 울리고 또 울렸어요. …… 그의 시신은 내 밑에서 조금씩 차가워졌어요. (65)

연인의 죽음은 시간상 해방의 날과 동시에 일어났을 뿐만 아니라, 이론적으로 해방을 가능하게 한 것, 즉 '적'의 살해라는 사건의 일부분이기도 하다. 살인을 해방의 지식으로 바꾸는 이 전환은 그녀의 이야기에서 종소리로 표현된다. 이는 해방의 시간이자 연인의 몸의 죽어 감, 즉 그의 죽음 사건을 덮는 역사의 순간에 대한 지식이다.

마찬가지로, 프랑스 사람들에게 처벌받아 지하실에 강제로 갇힌 여자의 이야기는 필연적으로 스스로 광기 속으로 들어가서 해방에 대한 이해에 반하여 죽음이라는 사건을 유지하려는 그녀의 시도를 표상한다. 연인의 죽음에 대한 이 충실함은 그녀가 자기 몸을 훼손하는 것으로 일어난다. 그때 그녀는 지하 감방 위에서 연주되는 "귀청이 터질 듯한" 〈라 마르세예즈〉 소리를 듣는다.

지하실에서는 손이 쓸모없어져요. 손들은 긁기만 해요. …… 벽에다 대고 …… 문질러서 피부가 벗겨져요. …… 기분이 좋아지도록. …… 그리고 기억하려고. …… 그게 할 수 있는 전부예요. 나는 당신 피를 맛본 후로 피를 좋아했어요. (55)

죽은 독일 연인에 대한 여자의 충실함은 일본인 남자가 히로시마에서의 그녀의 시각을 부정하는 것("당신은 아무것도 보지 못했어요.")과 다르지 않으며, 시각과 이해의 부정을 통해 발생한다. 하지만 그 부정은 남자의 부정과 달리, 말 그대로 그녀 자신의 몸과 관련하여 발생하는 것이다. 그녀의 거부는 몸을 파편화할 때와 나머지 육체적 자아로부터 손을 분리할 때, 자기 피를 빨아먹음으로써 연인의 죽음과 교감할 때 이루어진다. 이렇게 시각과 이해를 완전히 박탈당하고, 오직 파편으로서만, 몸은 여자에게 죽음에 대한 충실한 기념비가 될 수 있다.

마찬가지로 그녀의 손이 회복되면서 신체의 재통합은 불가피하며, 이 이야기에서 더 거대한 역사의 시선과 이해가 부과하는 망각 속의 배반을 나타내는 것은 바로 이 신체의 재통합이다.

내 머리카락이 다시 자라고 있어요. 매일 손으로 느낄 수 있어요. 상관없어요. 하지만 그럼에도 머리카락이 다시 자라고 있어요.

여름과 겨울 저녁 여섯 시에 생테티엔 대성당의 종소리가 울려요. 어느 날은 정말로 그 소리가 내게 들려요. 예전에, 예전에, 우리가 사랑했을 때, 우리가 행복했을 때, 그 소리를 들은 기억이 나요.

이제 보이기 시작해요.

예전에 이미 본 기억이 나요. 예전에, 우리가 사랑했을 때, 우리가 행복했을 때.

기억이 나요.

잉크가 보여요.

햇빛이 보여요.

내 삶이 보여요. 당신의 죽음이.

계속되는 내 삶. 계속되는 당신의 죽음 ……

아, 끔찍해! 당신을 더 잘 기억하지 못하겠어요. 당신을 잊기 시작했어요. 그토록 많은 사랑을 잊었다는 생각에 몸이 떨려요. …… (61, 63-64)

이 과거 이야기에서 사랑의 배신, 즉 연인의 죽음을 잊는 망각으로 작용하는 것은 타인에 대한 잘못된 지식이 아니라 여자 자신의 의식의 움직임이다. 정말이지 이 망각은 그녀가 "보다(to see)"라는 의미의 voir를 사용할 때 발생한다. 이 낱말은 문자 그대로의 지각인 "잉크가 보여요(I see the ink)"로 시작해서 앎의 비유인 "내 삶이 보여요. 당신의 죽음이(I see my life. Your death)"로 끝난다. 히로시마를 향한 그녀의 집요한 시선을 상기할 때, 이 이야기 속에서 그녀가 본다는 주장은 문자 그대로의 시각이나 이해에서 비유적인 시각이나 이해로의 불가피한 이동으로서, 죽음 사건을 그녀 삶의 연속적인 역사에 넣는다. 이처럼 본다는 것은 그녀가 연인의 죽음이라는 지시적 특수성을 망각함으로써 연인의 특이성을 망각하는 것의 시작을 나타낸다. 그녀가 지하실에서 나오는 이야기는 프랑스어 cave(지하실)에서 플라톤의 동굴cave 이야기와 공명한다. 지하실로의 들어감이 광기의 충실성을 나타내듯이, 지하실에서 떠남의 이야기는 망각이 실제로 이해의 필수적인 부분이라는 완전하고 더 참된 지식으로의 출현을 의미하게 된다.[6]

여자에게는 또한 이 진실이 이해와 특정한 종류의 거짓 자유 사이의 공모이다.

> 그때가 내가 증오심을 극복한 때로 보여요. 더 이상 소리 지르지 않아요. 정신을 차리고 있어요. 사람들이 말해요. "여자가 점점 정신을 차리고 있어"라고요. 어느 공휴일 밤, 그들은 나를 밖에 나가게 해 줬어요. (66)

여기서 정신을 차린다는 것은 더 이상 연인의 죽음에 대한 기억에 미친 듯이 집착하는 것이 아니며, 망각의 자유 속으로 떠나는 것이다.[7] 그녀의 보는 행위와 마찬가지로, 이 자유

6) 이 필연성의 파토스를 기 르쿠베트Guy Lecouvette는 다음과 같이 표현한다. "어떤 사람은 …… 레네의 활동이 하나의 중심축에 의존한다는 것을 깨닫는다. 바로 살기 위해 망각할 필요성과 망각의 공포이다."(《영화 앞부분L'Avant-scène du Cinéma》(1961년 2월), 〈알랭 레네 또는 기억Alain Resnais ou le sou-venir〉).

7) 프랑스어 Raisonnable(이성적)은 연인에 대한 기억에 충실하기 위해 여인이 아주 오랫동안 무엇을 거부하려고 했던가를 기술하는 낱말이다. 이 낱말은 레네

도 그녀 자신만의 언어로 구현되며, 그 덕택에 지하실로부터의 문자 그대로의 떠남이 증오로부터의 비유적인 떠남으로 전환된다. "그때가 내가 증오심을 극복한 때로 보여요. 난 그때 증오에서 빠져나온 것 같아요 [Je crois que c'est a ce moment-la que je suis sor de la méchanceté; that I exited from my hate]." 따라서 광기로부터의 자유는 망각과 동일시되며, 이 망각으로부터 그녀의 제정신 상태에서의 보기와 알기가 시작된다. 이 망각은 근본적으로 과거에 대한 배신인 자유이다.

이 자유의 이동은 또한 어떤 도착, 프랑스 역사의 공통된 장소이자 공통된 순간에 일어난 여자의 상징적인 도착으로 특징지어진다. 그녀는 "어느 공휴일," 추정컨대 해방과 같은 사건을 기념하는 날에 풀려난다. 특히, 그녀가 국가적 시간 속으로 들어가는 것은 그녀에게 타인들의 역사, 구체적으로는 히로시마 사건과의 관련성을 나타낸다.

이틀 후 파리에 도착했을 때, 모든 신문에 히로시마라는 이

의 언어 사용과 흥미롭게 공명한다. 레네는 이 영화와 나중의 한 영화에서 거부하는 서사 형식을 기술하기 위해 이 낱말을 사용한다. "두 영화에는 여러 사건을 합리적으로 보이는 순서로 제시하는 연대기적 서사에 대한 거부가 있다." 1961년 8월 29일, 이본 바비Yvonne Baby의《르 몽드》인터뷰 참조.

름이 실려 있었어요(Quand j'arrive a Paris, le surlendemain, le nom Hiroshima est sur tous les journaux). (67; 101-2)

여자는 자기가 파리에 도착한 "때"를 자신이 히로시마에 대해 알게 된 순간이라 말하고, 자신의 도착, 즉 프랑스의 집단적인 시간 속에 삽입된 것을 일본의 재앙에 대한 사실적 지식과 연결한다. 이 재앙은, 그녀가 예전에 말했던 대로, 그녀에게는 "전쟁의 종식"만을 의미했다. 따라서 국가적 역사 속으로의 도착은 그녀의 과거뿐만 아니라 다른 나라의 과거까지 지운다. 자전거를 타고 파리에 도착하는, 여자의 재통합된 몸의 결정적인 행동으로 이야기가 끝날 때, 이 이야기는 사건의 삭제가 통합된 몸의 역사적·사회적 상황에서 발생한다는 것을 암시한다.[8] 그리고 바로 이러한 과거 지우기를 통해 그녀는 다른 사람들의 과거, 느베르의 과거만큼 히로시마의 과거도 보고 "알" 수 있다. 느베르에 관해 이야기

---

8) 여자의 느베르 이야기에 나오는 '해방'의 복잡성과 히로시마에서 그 이야기를 전하는 그녀의 행위 사이의 공명은 수많은 비평가들의 용어에서 분명히 드러난다. 비평가들은 이 영화가 여자의 '해방'을 느베르에 관한 그녀의 과거로부터 기술한다는 것을 암시한다. 예컨대, 1965년 《영화학 연구Etudes Cinématypographies》 40/42호, 미즈라시François Mizrachi의 〈알랭 레네 작품 속 초현실주의 주제Thèmes sur-réalistes dans l'oeuvre d'Alain Resnais〉 참조.

할 때, 여자는 따라서 히로시마를 보고 안다는 자신의 이전 주장을 남자의 부정否定과 본질상 하나라고 재해석하는 듯하다. 히로시마와 느베르는, 바로 그 도시들의 망각 속에서, 육체적 시각의 끊임없는 배반을 통해 연결되는 것이다.

"내 말 좀 들어 봐요"

그러나 이 영화는 모든 광기와 망각의 전무全無 안에서 기억을 분리하는 것처럼 보이지만, 대화의 바로 그 시작 부분에서 또한 이러한 극단極端을 불러낸다. 그리고 단순히 히로시마(혹은 느베르)에 **관한** 담론만이 아니라 히로시마에서 일어나는 우연한 만남, 즉 **재앙의 현장**에서 발화되는 담론 안에서 무엇이 가능할 수도 있는지 묻는다. "나는 모든 걸 다 봤어요"라는 말은, 여자가 자신의 이야기 맥락 속에서 한 이 말은 단순히 히로시마에 관한 모든 것을 다 안다는 주장이 아니라, 느베르를 충실히 기억해 왔다는 주장이다. 그렇다면 남자의 "아무것도"와 여자의 "모든 것" 사이에 있는 것은, 단순히 그녀가 히로시마의 무엇을 보는가 안 보는가의 대립이 아니라, 충실함에 관한 절대적인 두 주장의 결합이다. 히로시마에 관한 충실한 주장과 느베르에 관한 충실한 주장의 결합 말이다. 히로시마를 아는 문제는 단순히 외부자가 다른 사람의 경험 내부를 아는 문제가 아니다. 더 심오하게, 이 영화는 완전히 서로 다른 두 경험이 결합될 때 발생하는 일을 극화한다.

> **여자** 내 말 좀 들어 봐요.
>> 당신처럼, 난 잊는다는 것이 무엇인지 알아요. ……
>> 당신처럼, 난 기억이 있어요. 잊는다는 것이 무엇인지 알아요.
>> ……
>> 당신처럼, 난 잊지 않으려고 온 힘을 다해 애썼어요.
>> 당신처럼, 난 잊어버렸어요. 당신처럼, 슬픔을 가눌 수 없는 기억을 가지고 싶었어요. 그림자와 돌에 대한 기억을 말이에요.
>> 나로서는, 매일 온 힘을 다해 몸부림쳤어요. 기억해야 할 어떤 이유도 더 이상 결코 이해하지 못할 수 있다는 공포에 맞서서요. 당신처럼, 난 잊어버렸어요. 기억은 분명히 필요한 건데 왜 부정하세요? (22-23)

히로시마와 느베르 사이의 유사성은 "당신처럼"이라는 유추일 뿐만 아니라, 또한 "내 말 좀 들어 봐요."라는 말 걸기이다. 이 말 걸기 안에서 히로시마와 느베르를 망각하는 것은, "난 잊는다는 것이 무엇인지 알아요(Je connais l'oubli)"라는, 완전히 이해할 수는 없는 발견된 지식을 겨냥한 주장이기도 하다. 말하자면, 여기서 망각에 관한 지식은 소유되는 것이 아니라 **다른 사람에게 전달되는 것**이다. 단지 사실로서만 언급되는 것이 아니라 명령("내 말 좀 들어 봐요.")으로나 질문("기억은 분명히 필요한 건데 왜 부정하세요?")으로도 전달되는 것이다. 말하자면, 재난의 맥락에서 발화하는 "당신처럼"이라는 어구는 반드시 이미 주어진 유사성에 관한 진부한 진실만을 진술하는 것이 아니라, 경청을 요구하고 질문으로서 기억을 요구한다. 히로시마 **이후**뿐만이 아니라 히로시마 **현장에서** 발화될 때, 이 조우遭遇의 말은 그 의미를 통해서뿐만 아니라 그 의미를 깨뜨리는 명령의 수행과 그 혼란이 열어젖히는 질문으로도 기회를 만든다.

따라서 히로시마에서의 조우는 영화에서 펼쳐지는 그대로 역사의 교환으로서가 아니라, 느베르의 이야기를 들려주는 여자의 시각과 지식의 분열로서 나타난다.

아니요. 잊는다는 것이 무엇인지 당신은 몰라요. …… 아니요. 당신에겐 기억이 없어요. (23)

여자의 기억에 대한 남자의 도전은 그녀가 한 일이나 기억할 수 있는 일에 대한 단순한 부정이 아니라, 역설적으로 그녀의 기억과 그녀의 망각 둘 다에 대한 부정이다. 즉, 그녀가 기억과 망각의 차이를 단순히 알고 말할 수 있다는 사실을 부정하는 것이다.

마찬가지로, 이 관점에서 볼 때, 그녀가 히로시마에서 "아무것도 보지 못했다"는 남자의 주장은 자기 시각의 명확성을 재확인하는 것이 아니다. 오히려 이 주장은 보는 것과 관련해 무엇이 그녀 내부에서 **단순하지 않은지** 지적한다. 실제로 그녀의 이야기가 처음 펼쳐지는 장면은 정확히 기억하기도 망각하기도 아닌 보기 방식과의 조우로 시작된다.

> **여자** 무슨 꿈을 꾸고 있었어요?
> **남자** 기억이 안 나요. 왜요?
> **여자** 당신 손을 보고 있었어요. 자는 동안 당신 손이 움직여요.
> **남자** 아마 꿈꾸는지도 모르고 꿈을 꾸는 때인가 봐요. (29)

여기서 남자의 꿈 망각은 사람들이 자신이 **무슨** 꿈을 꾸었는지 모른다는 사실과 관련이 있기보다, 자신이 꿈을 꾸고 있다는 **사실** 그 자체를 모를 수 있다는 가능성을 열어 준다. 즉, 무엇인지 모른 채 볼 수도 있는 가능성 말이다. 게다가, 여자의 이야기에서 시간의 흐름에 따라 나타나고 사라지는 보기seeing와 달리, 이 보기는 그 자체로 모르는 것**에 관한** 시간을 구성한다. "아마 꿈꾸는지도 모르고 꿈을 꾸는 때인가 봐요(C'est quand on rêve, peut-être, sans le savoir)."

　사실, 바로 그러한 시선이 영화적으로 여자가 잠자는 일본 남자를 바라보는 방식, 특히 그녀가 그의 몸, 구체적으로는 그의 손을 보는 방식에서 나타났다. "난 당신 손을 보고 있었어요." 이 대화에 앞선 일련의 장면에서 영화는 먼저 남자를 바라보는 여자의 응시와 연결된 보는 행위의 불확실성을 시각적 장면에 삽입한다. 그녀의 얼굴 이미지에서, 그녀가 응시하는 잠든 남자의 미세하게 움직이는 손으로 넘어간 뒤, 장면은 갑자기 정말 순간적으로 땅바닥에 있는 다른 남자의 경련하는 손으로 바뀌고, 그다음은 피범벅이 되어 누운 얼굴에 키스하는 젊은 여자에게로 바뀌고, 그다음은 침대 위에 잠든 남자에게로 돌아간다. 손의 병치—여자가 본다고 추정되고 관객이 제대로 파악하지도 이해하지도 못한 채 보는 일련의 이미지—에서, 우리는 처음으로 그녀의 이야기를 형성하는 사건, 즉 여자가 일본 남자의 손을 보면서 독일 연인의 죽음을 본다는 사건을 시각적으로 접하게 된다.[9] 그러나 여기에서 여자가 보는 것을 통해 과거에 눈

9)　손의 이미지는 영화에서 중요한 역할을 한다. 어쩌면 영화가 철학적 전통

을 뜬다면, 그것은 히로시마의 살아 있는 몸이 그녀에게 죽은 자에 대한 지식을 어떻게 나타내는지, 즉 살아 있는 몸의 시각이 죽은 자의 몸을 어떻게 나타내고 대체하는지에 있는 것이 아니라, 보이는 몸, 즉 손이 잠자는 무의식과 죽어 가는 무의식 사이에서 드러내는 기이한 유사성에 있다.[10] 여기서 몸을 본다는 것으로서의 보는 것은, 사는 것과 죽는 것 사이의 차이를 구분하지 못하는 것이다. 어떤 죽음의 실재에 대

에서 손이 하는 역할을 짚어내기 때문일 것이다. 여러 손 영상을 병렬한 이 장면에 대한 흥미로운 해석은 다음 두 논의를 참조. 윌리엄스Linda Williams 의 〈히로시마와 마리앙바드: 은유와 환유Hiroshima and Marienbad: Metaphor and Metonymy〉(1976), 《스크린Screen》 17권 참조. 그리고 메드허스트Martin J. Medhurst의 〈〈히로시마 내 사랑〉: 도상학에서 수사학까지Hiroshima, Mon Amour: From Iconography to Rhetoric〉(1982), 《계간 저널 오브 스피치Quarterly Journal of Speech》 68권 참조. 이 글에서 메드허스트는 이 영화 속 손의 이미지를 추적한다. 버치Noel Burch는 〈저 새로운 물결은 무엇이지?Qu'est-ce que la Nouvelle Vague?〉(1959), 《계간 영화Film Quarterly》 1959년 겨울호에서 영화 속 대화로부터 직접적인 동기를 부여받지 않은, 이른바 여자가 직접 말하는 '플래시백flashback'의 중요성에 대해 논평한다.

10) 여기에서 시각과 이해의 혼란이 또한 청중의 시각에서 어떤 역할을 수행한다는 데 주목해야 한다. 우리는 이 독일 병사의 신체 파편들이 나오는 첫 장면들을 시청할 때, 이 장면들이 무엇을 지칭하는지 또는 이 장면들이 일본 남자의 몸과 무슨 관계인지 알지 못한다. 이러한 파편을 '플래시백'이라고 간주해서는 안 된다고 했을 때, 알랭 레네는 청중의 입장에서나 등장인물의 입장에서나 앎의 결여를 강조했다. "나는 낱말 flashbak(플래시백)을 사용하기 좋아하지 않는다. 나에게 〈히로시마 내 사랑〉은 언제나 현재이다."(이본 바비의 〈알랭 레네와의 대담Un entretien avec Alain Resnais〉, 1966년 5월 11일자《르 몽드》).

한 축자적인 보기에서 비유적인 보기로 이동할 때 그 실재를 지우는 것이 아니라, 여자의 축자적인 보기는, 그 근본적인 혼란 속에서, 그녀가 바라보는 남자의 살아 있는 몸의 모습에 독일 연인의 죽음을 정확히 기입한다. 조우의 과정에서 일어나는 것처럼, 여자의 보는 행위는 이전에 알려진 죽음의 삭제가 아니라, 그녀가 제대로 파악하지 못한 죽음의 반복적인 재출현, 그녀가 삶과 죽음의 차이를 **알지 못한다**는 사실이 눈앞에 다시 나타나는 것이다.

삶과 죽음의 문제

여자의 폐쇄적인 기억/망각 서사의 틀을 구성하면서 그녀의 역사를 여는 것은 바로 이러한 차이의 문제이다. 그렇지만 이 문제가 그 역사를 여는 방식은, 여자가 그녀의 이야기 안에 소유하고 있고 따라서 간단히 진술할 수 있는 지식을 요구하는 것이 아니라 그녀가 말하는 그 언어 속에서 그녀가 알지 못하는 움직임을 불러내는 것이다. 남자는 여자의 마지막 이야기를 끌어내는 질문을 시작할 때, 연인의 죽음에 대해 그녀가 알 수 있는 사실로 묻지 않는다. 오히려, 자신이 그 연인의 역할을 함으로써, 남자는 여자에게 산 사람과 죽은 사람을 구별할 수 없는 그 불가능성을 통해 연인의 죽음에 대해 말해 달라고 요청한다.

당신이 지하실에 있을 때 내가 죽었나요?(Quand tu es dans la
cave, je suis mort?) (54; 87)

마치 대답할 수 있는 것처럼 물을 때, 이 질문은 먼저 여자
의 과거 이야기 전체, 즉 그녀 역사의 진실 전체를 한 시점,
연인이 죽은 때인 "언제"로 축소한다. 이 "언제"는 **바로** 역사
의 문제로서 삶과 죽음의 차이이다. 그러나 살아 있는 사람
이 죽은 사람의 목소리를 취해서 말할 때, 그 질문은 간단히
답할 수 없다는 점과 이 지식의 가능성이 이 지식을 부정하
는 바로 그 행위 속에서만 생겨날 수 있다는 점을 인정한다.
즉, 남자에게 이 지식을 공유하고 또 이 이야기를 전하지 않
고서는 여자가 자기 연인의 죽음을 알 수 없다는 점 말이다.
남자의 질문이 불러일으키듯이, 그녀가 모른다는 것은 죽은
연인에게 끝없이 말을 거는 일이다. 그리고 그녀의 이야기
는 듣는 남자가 취한 이 죽음의 관점에서만 들을 수 있다.
　마찬가지로 여자가 말하게 되는 것은 그녀가 연인의 죽음
을 대면하는 이야기와 그러한 대면의 불가능성에 대한 호소
둘 다이다.

우리는 정오에 루아르강 부두에서 만나기로 했어요. 나는 그와 함께 떠나려고 했어요. 내가 정오에 루아르강 부두에 도착했을 때, 그는 아직 죽지 않은 상태였어요. 누군가가 정원에서 그에게 총을 쐈어요.

나는 그날 온종일 그리고 다음 날 새벽까지 그의 몸 옆에 있었어요. 다음 날 아침 그들이 그를 데리러 와서 트럭에 실었어요. 바로 그날 밤, 느베르가 해방되었어요. 생테티엔의 종이 울리고 또 울렸어요. …… 그는 내 밑에서 조금씩 차가워졌어요. 아! 그가 죽는 데 얼마나 걸렸는지! 언제요? 잘은 모르겠어요. 그의 몸 위에 누워 있었어요. …… 그래요. …… 그가 죽던 순간이 제 기억에서 사라져 버렸어요. 왜냐하면 …… 바로 그 순간에도 그 후에도, 맞아요, 심지어 그 후에도 이 시체와 내 몸 사이에 어떤 차이도 느낄 수가 없었으니까요. 그 몸과 내 몸 사이에서 내가 볼 수 있는 건 명백히 비슷한 점뿐이었어요. 아시겠어요? (소리치며) 그 사람은 내 첫사랑이었다고요. …… **(64-65)**

그녀가 그 죽어 가는 병사를 처음 본 순간에 대해 말하며 실제로 이야기하는 것은 죽음 그 자체의 광경이 아니라, 오히려 더 끔찍하게도 삶에서 죽음으로 넘어가는 순간을 마주한 충격이다. "내가 정오에 루아르강 부두에 도착했을 때, 그는 아직 죽지 않은 상태였어요(Quand je suis arrivée à midi sur le quai de la Loire il n'était pas tout à fait mort)." 정말로 그 틀이 단순한 서사의 시작("내가 정오에 루아르강 부두에 도착했을 때")으로 구성되지만, 이 광경의 즉시성, 즉 발생한 때가 "언제"인지는, 그녀의 말에 의하면, 그의 죽음 순간을 알 수 없다는 그 자체가 된다. "언제요? 잘은 모르겠어요.······ 그가 죽던 순간이 제 기억에서 사라져 버렸어요(Quand? Je ne sais plus au juste . . . le moment de sa mort m'a échappé vraiment)." 그가 죽는 것을 "언제" 보았는가와 그가 실제로 "언제" 죽었는가 사이에는 좁힐 수 없는 심연이 있다. 이 심연은 바로 눈앞의 상대방이 죽는 순간을 포착하는 지식의 본질적인 간극이다.

시각의 충격 속에서 "언제"를 이렇게 놓치는 것은 또한 몸의 혼란으로서 경험된다. 그의 죽음 순간을 놓칠 때는 여자 역시 자기 삶의 지속을 인식할 수 없었기 때문이다. "이 시체와 내 몸 사이에 어떤 차이도 느낄 수가 없었으니까요. 그 몸과 내 몸 사이에서 내가 볼 수 있는 건 명백하게 비슷한 점뿐이었어요. 아시겠어요?" 그녀 이야기의 정점인 몸은, 그녀가 말하듯이 "정오에 부두에 도착했을 때(Quand je suis arrivee a midi sur le quai)"라는 완전히 독특하고 반박할 수 없는 순간에 도달한 충격에서 "그 몸과 내 몸 사이에 어떤 차이도 느낄 수 없었다 (Je n'arrivais pas a trouver la moindre difference entre ce corps mort et le mien)"라는 끝없는 도달 불가능으로 변모하는 바로 그 순간을 나타낸다. 말하자면, 그녀의 육체적 삶은 연인의 죽음을 목격하려는 끝없는 시도가 되었다.[11] 이 오래된 시간 속에서 들려오는 그녀의 마지막 말 "아시겠어요?"는 더 이상 상실의 역사를 진정으로 알지 못한다. 오히려 그 말은 그녀가 자신만의 역사를 가질 수 없음을 자신도 모르게 전달한다.

어느 역사의 시작

그렇게 여자 이야기의 진실은, 이 이야기가 지닌 지시의 힘뿐만 아니라 그녀의 역사가 불가능함을 부여하는 말에서도 드러난다. 그러나 또 다른 역사의 가능성이 열리는 곳도 이말이 완전히는 알 수 없는 것의 바로 그 안이다. "아시겠어

---

11) 많은 비평가들은 이 여자의 과거와 현재 사이의 관계를 반복과 망각의 관점에서 기술한다. 예컨대 버치Burch의 〈저 새로운 것이 무엇이지?Qu'est-ce que la Nouvelle Vague?〉(1977)와 마리니Marcelle Marini(1977)의 《여성 영토와 마르그리트 뒤라스Territoires du féminin avec Marguerite Duras》, 그리고 《로랑스어 리뷰Romanic Review》 78권 4호(1987년 11월)에 실린 에티엔Marie-France Etienne의 〈망각과 반복: 〈히로시마 내 사랑〉L'oubli et la répétition: *Hiroshima mon amour*〉(1987) 참조. 프리먼Barbara Freeman은 일본인 남성과 프랑스 여성 간 욕망의 관계 자체가 일종의 망각이자 증언의 형태일 수 있음을 시사하는 흥미로운 분석을 제시한다("Epitaphs and Epigraphs," *Arms and the Woman*, H. M. Cooper, A. A. Munich, S. M. Squier, Chapel Hill: University of North Carolina Press, 1989 참조).

요?"라는 호소는, "당신"을 시체와 순간적으로 구별할 때, "내가 죽었나요?"라는 일본인 남자의 질문 자체에 담긴 또 다른 암시적 차원에 응답하기 때문이다.

프랑스 여자에게 말을 걸고 느베르의 소녀를 돈호법으로 불러내는 그 질문은 독일 병사와 일본인 남자 사이에 혼동을 만들어 낸다. 바로 이 혼동 속에서 "내가 죽었나요?"라는 말은 아주 흥미롭게도 그 대화 속에 일본 남자 자신의 현실을 도입한다. 이 일본 남자는 비유적으로 죽은 독일 병사의 "나"인 체할 뿐만 아니라, 자신을 여전히 의문인 무언가로 지칭한다. 자신의 삶에서 결정되지 않은 무언가라고 말이다. 영화의 앞선 대화에서 알 수 있듯이, 여자가 히로시마에서 아무것도 보지 못했다고 주장하는 남자는 정확히 자신이 보는 위치에서 그렇게 말하는 것이 아니기 때문이다.

여자 당신은 여기 히로시마에 있었지요. ……
남자 아니요. …… 물론 없었어요.
여자 맞아요. …… 내가 참 멍청하기도 하지.
남자 하지만 내 가족이 히로시마에 있었어요. 나는 전쟁터에 나가 있었고요. (28)

일본 남자 자신은 히로시마의 참사를 피했다. 따라서 그가 프랑스 여자와 대화를 시작하면서 자기 이야기에 대해 알고 있는 바는, 그 자신이 히로시마에서 "아무것도 보지 못했다"는 것이다. 그러나 여자가 놓친 것과 다르게 그가 이 사건을 놓친 것은 그 주장의 열정에서나 가족에 대한 언급에서 그녀가 놓친 것과 공명한다. 바로 이 놓침을 통해 그의 이야기는 그녀의 이야기처럼 트라우마의 영향을 받는다.

그렇다면 남자가 삶과 죽음에 관한 질문을 던질 때 여자의 이야기에 참여할 수 있는 유일한 이유는, 그가 여자에게 자신의 생존에 대해 "당신이 지하실에 있을 때 내가 죽었나요?"라는 질문을 할 수 있고, 어쩌면 어떤 식으로든 그 질문을 해야 하기 때문이다. 다시 말해서, 그는 자신이 알지 못해서, 자신의 과거를 직면할 수 없어서, 또 자신의 질문에서 언급하는 자아가 없어서 그녀의 말을 듣는다. 그리고 바로 이 불가능한 지점에서 말하고 자신조차 온전히 소유하지 못한 질문을 던지기 때문에, 그는 그녀의 이야기 속으로 들어가 그 이야기에 대한 대답이 본래 말할 수 있는 것보다 더 많은 것을 말하게 할 수 있다. 그녀의 진실을 알기 때문이 아니라 자신의 진실을 **모르기** 때문에, 남자는 여자가 자기 삶이 불가능하다고 자기에게 말할 때조차도, 그녀 반응의 이중적인 증언에서 그녀가 자기도 모르게 대변하는 다른 사람의 생존을 발견할 수 있다.

대화의 의미

이 연인들은 그렇게 트라우마의 상실로 연결되기 때문에, 그들의 대화에서 드러나는 바가 각자의 역사를 확립하는 것이다. 그렇지만 이러한 역사 확립은 단순히 공감이나 이해 행위가 아니다. 영화의 시작부터 남자는 히로시마의 운명에 대한 여자의 눈물을 여자가 이전에 자기 삶에서 어머니를 부정했던 것과 거의 같은 방식으로 부정한다.

> **여자** 나는 항상 히로시마의 운명 때문에 눈물을 흘렸어요. 항상요.
> **남자** 아니에요. 무엇 때문에 울었을까요? (18)[12]

여기서 공감의 눈물을 남자는 일종의 오해로 부정한다. 그러나 우리가 보아 온 것처럼, 이 대화에서 부정은 단순히

---

12) 이 대화의 어느 한 시점에, 여자는 남자에게 이렇게 말한다.
  여자: 어느 날, 난 스무 살이에요. 지하실에 있어요. 엄마가 와서 내게 말해 줘요, 내가 스무살이라고. (기억하는 것처럼, 잠시 멈춘다.) 엄마가 울고 있어요.
  남자: 어머니 얼굴에 침을 뱉었나요?
  여자: 네. (58)

두 개의 대립적인 고정된 이해를 분리하는 것이 아니다. 오히려 이 부정은 두 사람을 연결하는 핵심이 된다. 실제로 여자의 이야기 서술이 절정에 달할 때 여자의 이해 요청과 남자의 거부는 둘의 연결 가능성을 정확히 보여 준다.

······ 그 몸과 내 몸 사이에서 볼 수 있는 건 명백하게 비슷한 점뿐이었어요. 아시겠어요? (소리치며) 그 사람은 내 첫사랑이었다고요. ······ (일본인 남자는 여자의 뺨을 때린다 ······ 여자의 행동은 그 손이 어디서 날아왔는지 모르는 모습이다. 하지만 곧바로 정신을 차리고서 여자는 그것이 필요했음을 깨달은 것처럼 행동한다.) (65-66)

시체와 자기 몸을 구별하는 것이 불가능함을 이해해 달라는 그녀의 요청에 대한 응답으로서, 남자가 뺨을 때린 것은, 즉각적인 경험과 감정의 수준에서 폭력 행위로 경험되는 이해의 거부, 공감의 거부이다. 그러나 독백의 수준과 대화의 중요성에서 볼 때 뺨을 때리는 것은 삶과 죽음을 구별하라는 명령이 된다. 사실 이 명령의 경험은 그 결정적인 차이를 **아는** 것이 아니라 돈호법 내의 **중단**이다. 이 중단은 살아 있는 몸에 대한 여자의 시각에서나 일본 남자를 죽은 병사로 보는 그녀의 말 걸기에서 나타나는 돈호법적(이거나 의인법적)인 혼동을 방해하는 것이다. 이 방해로 인해 일본 남자와 프랑스 여자는 둘 다 역사를 제거당하고, 각자의 이야기 안에서 자신들이 부재할 때만 서로 결합한다.[13)]

그렇다면 뺨 때림의 혼동에서 일어나는 일은 바로 역사의 시작이다. 더욱이 이 시작은 보이는 몸에서 일어난다. 정확히는 여자의 얼굴로 들어 올려져서 더 이상 그녀의 삶과 독일 병사의 죽음 사이의 혼동을 허용하지 않는 손에서 일어난다. **왜냐하면** 이 시작이 독일 병사의 죽음과 일본 남자의 삶 사이의 혼동을 허용하지 않기 때문이다. 이러한 차이의 표시는 실제로 교정된 시각에서나 보이는 손의 단순한 물리적 실재에서 발생하는 것이 아니라, 뺨을 때리는 손이 시각에 충격을 주고 역사 없는 서사에 갇힌 연인들의 대면 만남의 연속성을 가로막는 바로 그 방식으로 일어난다. 뺨 때림

---

13) 창조적인 청취 행위이기도 한 이해에 대한 비슷한 거절은 어쩌면 (이 주제들 사이의 차이를 인정하는) 클로드 란츠만Claude Lanzmann의 말로 들어 볼 수 있다. 란츠만은 자신의 재난영화에 대해 이렇게 기술한다. "이 질문을 아주 단순화하는 것만으로 충분하다. 유대인들은 왜 살해당했는가? 그 외설성을 바로 드러내 주는 질문으로 말이다. 바로 그 이해 기획에는 절대적인 외설성이 있다. 이해하지 않는 것이 나치가 유대인 대학살을 자행한 11년의 전 기간 동안 나의 철칙이었다. 이해에 대한 이러한 거절이야말로 가능한 유일한 윤리적 태도이자 동시에 가능한 유일한 작업 태도라는 데 매달렸다. 이 맹목성은 나에게 창조의 결정적인 조건이었다."(란츠만, 〈여기에는 어떤 이유도 없다Hier ist kein Warum〉, 《나치의 유대인 대학살에 대해: 클로드 란츠만의 영화Au sujet de Shoah: Le film de Claude Lanzmann》(1990) 참조.)

은 ("그 사람은 내 첫사랑이었다고요"라는) 외침 속에 담긴 파토스와 비역사적인 '최초성'의 의미를 가로막고, 따라서 최초의 것들이라는 서사의 고립된 자기 폐쇄성을 단절시킨다. 즉, 최초의 원자폭탄이 투하된 장소로서의 히로시마를 우연히도 담고 있을 서사의 자기 폐쇄성 말이다.

이 방해와 **시각 충격**은 그렇게 영화 속에서 아직은 실제로 일어나지 않은 역사의 서막을 확립한다. 역사의 가능성은 영화의 이러한 움직임 속에서, 느베르의 역사를 히로시마의 역사와 불가피하게 연결하는 잔혹한 시각 충격 속에서 이해의 중단으로 생겨난다. 말하자면 두 연인의 트라우마적 역사는 오직 서로의 관계 속에서만, 그리고 이 관계가 정확하게는 둘의 이야기에 대한 상호 이해에 단절을 초래하는 방식으로만 출현할 수 있다.[14]

---

14) 이 영화를 논쟁적으로 만든 비교 문제, 즉 일부 사람들이 이 영화를 대참사와 역사적으로 덜 중요한 개인적 상실 사이의 환원 방정식이라고 생각했던 문제가 이 영화로 대체되거나 이 영화로 인해 다시 생각하게 되었다는 데 주목해야 한다. 트라우마 경험의 경우, 즉 전적으로 소유되거나, 완전히 파악되거나, 완전히 기억되는 사건이 아니라, 더 복합적으로는 부분적으로 동화되지 않거나 '놓친' 사건에 대한 경험의 경우, 어떤 단순한 의미로도 비교를 정당하게 말할 수 없다. 별개의 두 상황에서 완전히 통달하지 **않은** 것이나 놓친 것을 비교할 수 있는가? 이러한 경험의 연결은 경험의 동일시나 방정식을 암시하는 유추나 은유가 아니다. 전통적으로 유추와 은유는 현상적으로 지각되었거나 지각될 수 있는 것 또는 인지 가능하거나 가능해질 수 있는 것의 관점에서 이해

타자의 이야기

그렇지만 영화는 여자 이야기의 완결로 끝나지 않는다. 영
화의 다소 수수께끼 같은 마지막 장면은 오히려 히로시마를

되어 왔기 때문이다. 트라우마의 연결, 또는 트라우마를 통한 의사소통이나
조우가 가능하려면, 의사소통이나 수용을 보장할 뿐만 아니라 차이를 유지하
는, 또는 차이를 완전히는 제거하지 않는, 조우遭遇를 가능하게 하는 다른 사
유 모델이나 사유 방식이 있어야 한다.

약간 다른 맥락에서, 나는 이 영화에 대한 변증법적 해석에 이의를 제기한
다. 예컨대 고델리브 메르켄 스파스Godelieve Mercken-Spaas의 해석이 그렇
다. 메르켄 스파스는 히로시마와 네브레 사이의 상충이 일종의 부인으로 마
지막 장면들에서 해소된다고 암시한다(메르켄 스파스, 〈〈히로시마 내 사랑〉 속
파괴와 재건Destruction and Reconstruction in *Hiroshima, mon amour*〉, 《계간 문학/
영화Literature/Film Quarterly》 8권). 일부 변증법적 해석 유형은 비평문학에 아
주 흔하다. 예컨대 다음의 두 논의를 참조. 먼저 레이먼드 레이버 외Raymond
Ravar et al의 《〈"히로시마에서 아무것도 보지 못했어요!" 위대한 영화 〈히로시
마 내 사랑〉"Tun'as rien vu à Hiroshima!" Un grand film *Hiroshima mon amour*》
에 실린 핑고Bernard Pingaud의 〈시간: 기억의 변증법Le temps: Dialectique de
la mémoire et de l'oubli〉(1962). 그리고 모세John W. Moses의 〈〈밤과 안개〉
와 〈히로시마 내 사랑〉에서 부인되는 시각Vision Denied in *Night and Fog* and
Hiroshima Mon Amour〉(1987), 《계간 문학/영화》 14권. 모세는 'dialectic'(변증
법적)이라는 용어를 사용하지만, 그의 해석은 이 텍스트의 다른 가능성을 열
어 놓는다. 이러한 명시적인 개방 시도는 쥘리아 크리스테바Julia Kristeva의
〈고통의 병: 뒤라스La maladie de la douleur: Duras〉, 《검은 태양: 우울증과 멜
랑콜리Soleil noir: Mélancolie et dépression》(1987) 참조. 레네는 이 영화의 변증
법적 경향에 대해 논평하며, 그럼에도 불구하고 어떤 형태의 해결에도 저항
한다고 주장한다. "어쨌든 이 영화는 변증법적이고 모순이 끊임없이 나타나
는 영화이다."(미셸 피르크Michèle Firk와의 인터뷰, 1959년 5월 14~20일, 《프랑스
문학Lettres françaises》).

떠날 준비를 하면서 새로운 연인과 헤어지려는 여자의 조용한 시도에 초점을 맞춘다. 카페에서 고백하고 뺨을 맞는 클라이맥스 장면 이후 두 사람은 기차역에서 재회한다. 여자는 홀로 배회하고, 여자를 계속 뒤따르던 남자는 여자에게서 멀지 않은 벤치에 앉는다. 둘 사이에 일본 노파가 있다. 남자는 노파가 끼어들 때까지 묵묵히 연인을 바라본다. 남자와 노파가 나눈 일본어 대화는 영화에 자막 없이 번역되지 않은 채 나온다. 공개된 활자 대본에는 다음과 같이 기록되어 있다.

> **노파** 이 여자는 누구요?(Qui c'est?)
>
> **남자** 프랑스 여자입니다(Une Francaise).
>
> **노파** 무슨 일이요?(Qu'est-ce qu'il y a?)
>
> **남자** 그녀는 잠시 후에 일본을 떠납니다. 저희는 서로를 떠나야 해서 슬픕니다(Elle va quitter le Japan tout a l'heure. Nous sommes tristes de nous quitter). (120, 80)

이 장면에서 재현되는 그대로, 영화 속 남녀의 이별은 결말일 뿐만 아니라 암묵적으로 새로운 이야기와 새로운 언어의 도입으로도 이어진다. 이 도입은 일본 남자가 자신에게는 모어이지만 영화에서는 새로운 언어이고, 프랑스 여자는 물론 영화가 겨냥하는 관객 대부분에게 낯선 언어로 말하는 이야기이다. 남자의 이야기는 자신의 동포에게 들려주는 그대로 영화 자체가 들려주는 이야기, 즉 여자와 자신의 관계, 더 구체적으로는 여자와의 이별 이야기이다. 그러나 이 결말의 이야기가 우리에게 번역되어 다가오듯이, 그 언어인 일본어는 여자의 언어나 여자의 이야기와의 단순한 단절을 나타내지 않는다. 이 언어는 또한 그녀 자신의 이야기와 공명하여 또 다른 출발 언어가 된다. 예컨대 "그녀는 잠시 후에 일본을 떠납니다. 저희는 서로를 떠나야 해서 슬픕니다 (Elle va quitter le Japon tout à l'heure; nous sommes tristes de nous quitter)."라는 말에서처럼 **포기**와 **떠남**의 언어가 된다. 그렇다면 여자가 떠나는 이야기의 끝은 곧 남자에 관한 질문의 개시이다. 말하자면, 떠난다는 것의 의미가 무엇인지를 듣는 사람들이 정확하게 이해할 가능성, 즉 일본 남자의 트라우마의 언어를 이해할 가능성에 관한 질문의 개시이다.[15]

15) 일본어가 (많은 관객들이 즉각적으로 이해하기 어렵게 만들면서도) 이 영화에 새로운 가능성을 여는 방식 중 하나는, 남자가 자신과 연인의 상황을 일본인 노파에게 설명하는 장면에서 '떠남'이라는 중요한 행위를 두 개의 다른 동사로 표현한다는 점이다. ("그녀는 잠시 후에 일본을 떠날 것이다. 우리는 서로를 떠나야 해서 슬프다"라는 의미의 "Elle va quitter le Japon tout à l'heure. Nous sommes tristes de nous quitter"에 나타나듯이) 프랑스어 텍스트에서 quitter로

관객과 언어의 문제

그렇지만 일본어 소리가 도입한 이해 불가능성의 요소는 단순히 다른 문화에 대한 접근 불가능성을 넘어, 관객을 영화 서사의 참여자로, 히로시마를 알(거나 알게 되)고자 하는 복합적인 시도의 일부로 끌어들인다. 무엇보다도 남자가 말을 거는 일본 노파는 두 연인 사이의 관계를 지켜보는 관객이며, "이 여자는 누구요?"라는 노파의 질문은 이 영화를 보

번역되는 것과 ("She's leaving Japan in a little while. We're sad at having to leave each other"에 나타나듯이) 영어에서 to leave라고 번역되는 것이 일본어에서는 tatsu(ui)(떠나다)와 wakareru(ui)(분리하다)의 두 동사로 구성된다. (이 정보를 제공해 준 미치코 시마코베에게 감사한다.)

　남자의 이야기를 이렇게 여는 것은 결연한 서사로 보이는 떠남의 구조를 여는 것이기도 하다. 이 측면에서 (조우에서, 더 일반적으로는 트라우마의 본성에서) 우연chance의 역할은 의미심장하다. 뒤라스는 레네의 영화 촬영에 앞서 레네에게 요청받았던 영화에 대한 논평에서, 프랑스어 hasard(운명)의 역할에 대해 다음과 같이 말한다. "그들은 이 정원에서도 총을 쐈다. 느베르의 다른 어떤 정원에서도 그랬을 수 있듯이. 느베르의 다른 모든 정원에서처럼. 다만 우연만이, 이 정원이 그 장소가 되도록 결정했을 뿐이다. 이때부터 이 정원은 그의 죽음을 지닌 진부함의 징표로 남는다."(126: 87) 이 영화와 이 영화제작 속의 hasard 개념에 대해서는 1960년 6월 장 카르타Jean Carta와 미셸 메스닐Michel Mesnil의 인터뷰 〈금욕주의 영화인: 알랭 레네를 인터뷰하다 Un cinéaste stoïcien: Interview d'Alain Resnais〉(《에스프리Esprit》)와 1964년 1월 장 클로드 퀴랭Jean-Claude Quirin의 인터뷰 〈알랭 레네와의 대화Dialogue avec Alain Resnais〉(《알레티아Alethia》) 참조. 이 영화와의 관계에서 뒤라스의 영화 논평이 하는 역할에 관해서는 보르고마노Madeleine Borgomano의 《마르그리트 뒤라스의 영화 쓰기L'écriture filmique de Marguerite Duras》(1985) 참조.

고 질문하는 것이 무엇을 의미하는지를 영화에서 처음으로 드러내는 명시적 표현이다. 특히 이러한 관찰과 질문이 영화의 서사에 완전히 속하지 않는 언어로 이루어진다는 점이 주목할 만하다. 암시적으로는, 카페에서 여자의 이야기가 절정에 달했을 때 남자가 뺨을 때리는 장면에서 이미 유사한 재현이 일어났다. 뺨을 때리는 순간, 카메라는 카페에 있는 일본인 손님들의 얼굴을 빠르게 비춘다. 다들 예상치 못한 시끄럽고 폭발적인 소리에 놀라서 두 연인을 향해 고개를 돌린다. 뺨 때리는 소리는 그렇게 두 연인의 사적 유대를 깨뜨리면서 다른 사람들의 눈과 귀를 두 사람의 열정적인 친밀함 쪽으로 이끈다.

역설적으로, 이 낯선 사람들은 바로 그들이 이해하지 못하는 것을 통해 연인들과 연결된다. 정말이지 뺨을 때리는 소리의 놀라움은 이 장면에 먼저 들어온 다음, 일본 남자와 그 동포들 사이의 관계를 영화 전체 내에 병합한다. 남자의 동포들은 남자가 그들이 보기에는 자신의 언어가 아닌 어떤 (다른) 언어로 말하는 것을 듣는다. 동시에 이 장면은 영화 관객을 관람뿐만 아니라 청취도 하는 사람들로서 끌어들인다. 그들의 히로시마 이해는 영화의 허구를 통과하고 영화에서 말하는 다양한 언어를 통과해야 한다. 실제로 뺨 때리는 장면 이후의 여러 장면은 영화의 서두에서 제기한 질문,

즉 히로시마를 몸으로 보고 이해할 수 있는 것뿐만 아니라 그 몸을 통해 말하는 목소리로 듣고 이해할 수 있는 것으로 인지하는 문제를 다시 도입한다고 할 수 있다.

그렇지만 관객의 언어는 일본어만이 아니다. 기차역 장면 이후에, 남자는 프랑스 여배우를 따라 히로시마의 거리 곳곳을 지나 카사블랑카Casablanca라는 칵테일 라운지 카페로 들어간다. 그는 여자와 떨어져 앉아서, 다른 일본 남자가 여자에게 다가가는 모습을 지켜보고 귀를 기울인다. 낯선 남자는 여자가 관광객인 줄 알고 다가가 영어로 말을 걸며 작업을 건다. 이 말도 영화에서는 번역되지 않은 채 제시된다. (이 말은 프랑스어와 영어 텍스트에서 다음과 같이 나타난다.)

혼자세요?

혼자 있기에는 너무 늦었습니다.

앉아도 될까요? 히로시마를 그냥 방문하고 계신 건가요?

일본을 좋아하세요?

파리에 사세요? [16] (81)

16) 프랑스어 판본에는 "혼자 있기에는 너무 늦었습니다." 뒤에 의문부호가 붙어 있다. 하지만 영화 속 억양이나 《"히로시마에서 아무것도 보지 못했어요!""Tu n'as rien vu à Hiroshima!"》〔프랑스 여배우 역할을 맡은 배우 에마뉘엘 리바 등이 관련 자료

기차역에서 남자와 노파가 일본어로 말하는 소리 바로 뒤에 나오는 영어 소리는 두 연인에게 다 속하지 않는 언어의 침입으로 여자의 이별과 임박한 떠남의 또 다른 신호로 작용한다. 일본어와 마찬가지로 영어는 다른 사람의 침입을 통해, 그리고 일본 남자와 일본인의 관점을 연결함으로써, 두 연인의 이별을 재현하는 듯 보인다. 이 일본인 관점으로 인해 남자는 여자에게서 분리된다. 그러나 분명히 그 언어를 잘 모르는 카페의 일본 남자가 짧은 여행 안내서 문구를 외워서 말하는 영어와, 그 언어를 알 수도 있고 모를 수도 있는 일본 남자가 관찰하게 되는 영어는, 일본인의 관점(과 실제로 영화의 관점)이 그 자체의 접근 가능한 단일 언어를 가지고 있지 않을 수도 있음을 암시한다. 앞선 여러 장면들과 같이 이 장면이 프랑스 여자의 떠남을 넘어 일본 남자의 역사에 대한 가능성을 열어 준다면, 그것은 또 다른 언어를 사용하고 이 이야기(와 영화)를 또 다른 과거의 관점에서 바라보는 사람들을 향한 말 걸기 내에서만 가능하다.

를 모아 펴낸 책—옮긴이)에 실린 대본 버전을 보면 의문부호가 필요할까 싶다. 의문부호는 분명히 오타이다.

카사블랑카 카페,
혹은 영화적 과거

이 언어와 이 과거 그 자체는 익명이 아니다. 1959년에 개봉한 영화 〈히로시마 내 사랑〉에서처럼, 이 장면이 펼쳐지는 카페 카사블랑카는 1942년 미국 고전 영화 〈카사블랑카 Casablanca〉를 암시한다고 볼 수밖에 없다. 이 고전은 '릭의 카페 아메리칸Rick's Café Americain'이라는 카페를 중심으로 전개되는 제2차 세계대전 영화이다. 따라서 〈히로시마 내 사랑〉 속의 카사블랑카는 미국 영화에 나오는 카페의 프랑스어 이름을 암시한다는 점에서 카페 아메리칸의 한 버전이라고 볼 수 있다. 그리고 이 영화에서 쓰이는 영어도 일본인들처럼 히로시마의 재앙적 사건에 연결된 역사를 가진 사람들, 이때까지는 사실상 영화에 나오지 않았던 미국인들을 향한 말 걸기이다. 일본 남자의 역사는 직접적으로 이야기되는 것이 아니라, 영화를 관람하는 미국인들의 경청과 청각에 대한 언급으로 생략적으로 제시된다. 다시 말해, 이 일본 남자의 이야기는 미국인들이 일본인들의 고유한 현실 이야기를 들을 수 있을 때에만 전달될 수 있다. 그 이야기는 아직은 인식되지 않았지만 하나의 질문으로서 언급의 허구 속에 도입된다. 미국인들은 일본인들이 자기들의 언어로 하는 말하기를 통해서 듣고, 그들 자신의 허구를 타자의 허구로 바꾸는 번역을 통해서 들을 수 있다.

미국인들은 그렇게 과거 사건의 참여자로서 직접 언급되는 것이 아니라, 허구 영화의 관객으로서 언급된다. 이 허구 속에서 그들은 고유한 자기 역사와의 간접적인 관계를 통해 언급된다.

구체적으로 영화 〈카사블랑카〉에서 이 허구는 떠남의 이야기다. 이 영화는 '봉쇄된 유럽'에서 자유세계로 가는 마지막 통과 지점으로 묘사되는 카사블랑카를 배경으로, 특히 출국 비자를 불법적으로 판매하는 '릭의 카페 아메리칸'에서 펼쳐지며, 릭이라는 이름을 가진 미국인의 이야기를 따라간다. 자신은 미국으로 돌아갈 수 없지만, 릭은 다른 사람들, 궁극적으로는 자신이 사랑하는 여자와 그녀의 남편이 떠날 수 있게 돕는다. 여자의 남편은 카사블랑카에서 그를 추적하는 나치와 프랑스 비시 정권 부역자들을 피해 도망치는 레지스탕스 전사이다.

따라서 영화 〈카사블랑카〉는 미국인을 유럽의 해방자로서 재현한다. 그러나 이 허구 자체는 이미 존재하는 진실의 묘사라기보다 아직 해방자 역할을 하지 않은 미국을 언급하려는 시도였다. 1942년 영화가 제작될 당시, 미국의 루스벨트는 처칠의 조언에 반하여 프랑스 비시 정부에 대한 지원을 철회하기를 주저했다. 사실 〈카사블랑카〉는 루스벨트가 드골을 지지하는 자신의 원군을 확보하기 위한 프로파간다로 사용했으며, 이 작업은 성공적이었다는 암시가 있다(이 영화는 1942~1943년 새해 전야에 백악관에서 상영되었다).[17] 이 영화는 떠남의 정치적인 극적 효과를 통해 미국인에 의한 성공적인 유럽 해방을 재현하지만, 그럼에도 불구하고 미국 자신의 무자각blindness으로 여겨지는 것을 언급하는 데 그 재현을 활용한다. 이 무자각은 가장 유명한 두 대사에서 분명히 드러난다. 이는 영화 속 사건의 시간 자체를 유일하게 명시하는 대사이다. 흑인 피아노 연주자 루이스와의 대화에서 릭이 이렇게 말한다. "카사블랑카가 1941년 12월이라면 뉴욕은 몇 시죠? …… 분명히 뉴욕 사람들은 자고 있어요.

---

17) 이 영화의 백악관 시사회나 이 영화와 미국 내 제2차 세계대전 여론의 관계에 대해서는 리처드 클라인Richard Klein이 《담배는 숭고해Cigarettes Are Sublime》(1973)에서 이 영화의 정치적 중요성에 대해 제시한 환상적인 해명 참조. 전쟁과 관련한 이 영화의 역사는 아주 흥미롭다. 샤를 드골은 반反비시 대중에게 보여 주겠다며 이 영화 한 편을 자기에게 보내 달라고 요청했다. 하지만 미국 전쟁사무국은 이 영화가 카사블랑카의 친비시 프랑스인들에게 도발적으로 비칠 수 있다며, 미국인과 프랑스인 간의 충돌을 피하기 위해 이 지역에서 영화를 상영하지 못하게 했다(하르메츠Aljean Harmetz의 《일상의 혐의자를 둘러보라: 카사블랑카 만들기—보가트와 베르그만, 그리고 제2차 세계대전Round Up the Usual Suspects: The Making of Casablanca—Bogart, Bergman, and World War II》(1992) 참조).

분명히 미국 전역에서 사람들이 다 자고 있어요."[18] 유럽을 해방시키는 미국인이라는 특유의 허구적인 재현 역할을 맡으면서, 릭은 잠에서 깨어나지 못한 동포들의 역할도 언급한다. 이 동포들은 전쟁으로 시급한 외교정책 변화에 대한 무자각에서도 깨어나지 못한다. 회고적으로 재현할 때조차도 〈카사블랑카〉는 해방자로서 미국의 행동을 묘사하는 역할뿐만 아니라, 전쟁 참여에 대해 미국인들이 아직 알지 못하는 것에 대한 각성의 필요성을 지속적으로 상기시키는 연설 역할도 한다.

히로시마의 카페로 옮겨 온 〈카사블랑카〉 이야기는 이 미국영화가 간단히 언급하긴 하지만 전쟁의 역사에서 알 수 없는 것과 공명한다. 그것은 "1941년 12월"의 이면으로서, 일

---

18) 클라인의 《담배는 숭고해》 174쪽 참조. 이 맥락에서 전쟁의 현실, 특히 태평양 충돌으로 발전할 전쟁의 현실이 영화 속으로 다시 침투하는 것은 흥미롭다. 릭이 사랑하는 여인의 레지스탕스 전사 남편인 라즐로 역을 연기한 폴 헨레이드Paul Henreid는 원래 오스트리아 시민권자였지만, 독일의 국가사회주의 배우 협회에 가입하기를 거부하고, 히틀러의 오스트리아 병합 이후 미국 시민권을 취득했다. 처음에 라즐로 역을 제안받고는 마뜩지 않아 했던 헨레이드에게, 그가 나중에 밝힌 대로 그의 에이전트가 이렇게 말했다고 한다. "폴, 너도 알다시피 넌 RKO 영화사에서 1년에 영화 한 편을 찍어. 미국이 미국에서 태어난 일본인들을 구금하기 시작했어. 그러니까 네 상황도 불안정해. 독일의 오스트리아 병합으로 독일 시민이 되었으니 넌 외부의 적인 거야. 네 입지를 더 공고히 할수록 좋은 거야."(하르메츠, 《일상의 혐의자를 둘러보라》, 99쪽.)

본과 미국 사이에서 펼쳐지며 1945년 8월 히로시마와 나가
사키에 원자폭탄이 투하되면서 종결되는 전쟁의 마지막 단
계이다. 일본의 한 카페 이름인 카사블랑카는 미국영화에서
자유로 향하는 간단한 통로처럼 보였던 것의 이면을 본질적
으로 불러낸다. 레지스탕스 투사는 카사블랑카를 떠나면서
릭에게 이렇게 말한다. "이제는 알아요, 우리 편이 이길 것임
을."[19] 히로시마 원폭 투하 이후의 일본을 배경으로 프랑스
와 일본이 공동제작한 이 영화에서 적으로부터의 해방이라

---

19) 제2차 세계대전의 여러 사건과 히로시마의 여러 사건 간의 관계는 이 영화의
음악에도 기묘하게 반영되었다. 이 영화에서 편집을 담당했던 헨리 콜피Henri
Colpi는 〈히로시마 내 사랑〉을 위한 음악 작곡과 관련해 주목할 만한 이야기
를 들려준다. 이 영화는 알랭 레네의 영화 〈밤과 안개〉를 본떠서 만들었다.
"놀라운 조우는 음악의 반복 진행에서 일어났다. 이 반복 진행은 수용소 세계
와의 유추가 없지는 않은 것으로 판명된다. 짧은 주제음이 간결하게 드러나
며, 그 첫 마디는 〈밤과 안개〉의 주제음을 거의 그대로 반복한다. 그런데 이
탈리아인 작곡가 조반니 푸스코Giovanni Fusco는 그 강제수용소 영화를 본 적
이 없고, 아이슬러의 음악을 들어 본 적도 없었다." 콜피는 말한다. "놀랄 것
은 없다. 이 음악가의 손을 인도한 사람이 바로 레네니까."(〈히로시마의 음악
Musique d'Hiroshima〉,《영화비평Cahiers du Cinéma》18권, 1960년 1월.) 또, 〈히로
시마 내 사랑〉과 〈밤과 안개〉가 칸영화제에서 각각 겪은 운명에서 제2차 세
계대전이라는 공통 주제 사이의 간접적인 연결 고리도 볼 수 있다. 〈히로시마
내 사랑〉은 미국을 자극할 수 있다는 이유로 상영이 금지되었고, 〈밤과 안개〉
는 독일 측의 항의로 금지되었다.(전자의 사건에 대해서는《스페셜 레네 아방가
르드 영화Spécial Resnais Avant-scène du Cinéma》(1966) 참조. 후자의 사건에 대해
서는 도니올 발크로즈Jacques Doniol-Valcroze, 〈추방은 없었다Il n'y a jamais eu de
déportation〉,《프랑스 옵세바토르France-Observateur》, 1956년 4월 12일자 참조.)

는 미국의 표상은 그 자신의 무자각, 즉 타자에 대한 망각과 삭제를 통해 자신의 고유한 민족 정체성을 이해하는 해방 논리의 문자 그대로의 실현이라는 형태로 되돌아온다.[20]

일본인 주인공이 낯선 일본인 남자가 암기한 듯한 상투적인 영어 표현으로 자신의 프랑스 연인에게 접근하는 것을 지켜보는 장면에서는 이러한 망각의 결과가 이중적인 형태로 나타난다고 할 수 있다. 영어의 침입은 무엇보다도 서구 여성에 대한 일본인들의 공통된 욕망 속에 있는 유대감 내의 틈을 암시한다. 이러한 욕망은 남자들을 반목하게 만든다. 여자가 새로운 일본인 남자와 관계를 맺을 가능성은 연인과 헤어질 수 있음을 알리는 전조이기 때문이다. 하지만 다른 사람의 언어를 사용하는 데에는 아마도 모종의 자아 상실이 내포될 수 있다. 이런 측면에서, 언어 능력의 차이에도 불구하고, 일본인 연인은 낯선 남자가 영어를 사용하는

---

20) 이 이야기는 '타자'를 묘사하는 방식에서 여전히 복잡한 면모를 지닌다. 많은 사람들이 독일 병사가 동정적으로 그려진 것에 반발했다. 이에 대해 레네는 이렇게 언급했다. "그 독일 병사가 반나치주의자였음을 보여 주지 않은 것은 대중이 자유롭게 판단하도록 놓아 두고 싶었기 때문이다. 우리는 암묵적으로 그렇게 했지만, 여주인공을 너무 노골적으로 무죄로 밝히지 않고, 그녀를 너무 쉽게 동정하지도 않도록, 대중이 바라는 동일시를 조장하지 않으려고 그렇게 했다.(카르타Carta와 매스닐Mesnil, 〈금욕주의 영화인Un cinéaste stoïcien〉 참조.)

모습에서 자신이 프랑스어를 말한다는 상징을 인식할 수 있다. 이 장면에서는 영어가 망각의 언어이다.

그러나 영어의 침입이 암시하는 망각과 상실은 미국인들에게도 똑같이 상실이다. 미국인들은 일본 남자의 얼굴과 목소리를 통해서만, 일본문화의 용어로 번역된 자신들의 문화를 암시하는 카페 이름을 통해서만, 자신들을 보고 들을 수 있기 때문이다. 미국인들이 〈히로시마 내 사랑〉에서 자신들을 인식할 수 있다면, 그것은 정확히 히로시마 사건을 망각하는 역할을 하는 거짓 유사성의 허구 내에서만, 즉 문화적 수용의 인위성 내에서만 가능할 것이다. 미국인들과 일본인들의 관계, 다른 무엇보다도 두 차례의 원자폭탄 투하가 1945년 이후에 정의하는 관계는 얼핏 허구의 언어를 통해서만 인식 가능한 것처럼 보인다. 그 허구는 본유적으로 그것이 전달하는 과거의 실재를 지운다.[21]

21) 이 영화 속 연설의 역할에 대한 다른 이해는, 윌리스Sharon Willis의 《마르그리트 뒤라스: 몸에 관한 글쓰기Marguerite Duras: Writing on the Body》(1987)에 실린 〈히로시마 내 사랑〉에 관한 뛰어난 장章을 참조. 이 영화가 처음 공개되었을 때 제기된 수많은 염세적인 해석들과 달리, 장 오퀴Jean Aucuy는 이 영화 이후에 "참여 없는 비극은 더 이상 없을" 것이라고 했다.(〈우리 시대의 영화Le cinéma et notre temps〉, 《신비평La Nouvelle Critique》 12권, 1960년 4월.)

이 점과 관련해 레네는 한 인터뷰에서 "망각은 필요한가?"라는 질문에 흥미로운 대답을 내놓는다. "망각하지 않으면, 살아갈 수도 없고 행동할 수도 없

에필로그
: 영화의 제작 혹은 목소리의 번역 불가능성

그렇지만 나는 이렇게 주장할 것이다. 트라우마적 경계와 문화적 경계를 가로지르는 소통에 대한 성찰이라는 점에서, 〈히로시마 내 사랑〉의 궁극적 의미는 영화의 이 자기반성적이고 비판적 차원에 그치지 않는다. 번역 문제와 번역 불가능성 문제가 영화제작에서나 배우들 사이의 실제 의사소통에서 중요한 역할을 했다는 점은 참으로 흥미롭다. 이 영화에 대한 1986년 인터뷰에서, 프랑스 여배우 역을 연기한 에마뉘엘 리바Emmanuelle Riva는 영화제작이 어떻게 연기와 삶의 경계나 허구와 현실의 경계를 넘나들었는지 이야기하고, 영화제작 과정 자체가 참여자들에게는 문화 간 소통의 드문 성취이자 청각적·언어적 차이의 독특한 경험이었다고 설명했다.

다. 내가 〈밤과 안개〉를 만들었을 때 이 문제가 내게도 제기됐다. 파괴를 기리는 또 하나의 기념비를 만드는 게 아니라, 현재와 미래를 생각하는 일이었다. 망각은 건설적이어야 한다. 그것은 개인적인 차원에서도, 집단적인 차원에서도 필요하다. 언제나 필요한 건, 행동하는 것이다. 절망은 무행동이고, 자기 안으로 움츠러드는 것이다. 위험한 건 앞으로 나아가기를 멈추는 것이다."(루메Sylvain Roumette와의 인터뷰,《시아르테Ciarté》33호, 1961년 2월. 1961년 5월 17일자《프레미에르 플랜Premier Plan》18호 재수록.)

리바 작업에 관한 한, 우리는 전체가 다 소통했어요. 매일매일 이야기 속으로 완전히 빠져들었기 때문에, 점점 좋아졌지요. 마침내 작품에 대한 몰입이 영화의 이야기가 자기의 이야기가 되는 지점에 이르렀어요. 저는 더 이상 영화 속 삶과 실제 삶을 구분하지 않았어요. 오, 아니에요! 제 삶이었어요. 모든 것을 의미했죠. 촬영하는 두 달 동안 저는 그 일에 전념했어요. 물론 어느 정도 한계 내에서요. 그리고 그것은 모두가 마찬가지였지요. 우리는 서로 아주 행복하게 끊임없이 이야기했어요. 통역사 덕분에 멋진 일본 배우 오카다 에이지와도 즐겁게 대화할 수 있었어요. 일본 기술진들도 마찬가지였고요. 우린 함께였어요, 아시겠어요? 함께요. 그게 바로 아름다웠던 점이에요.

캐루스 통역사 덕분에 일본 배우와 의사소통을 했다고 하셨는데, 그럼 그 배우는 프랑스어를 하지 않았나요?

리바 한마디도요. 그는 모든 것을 음독音讀으로 배웠어요. 정말 엄청났어요! 하지만 가장 끔찍한 건 카메라에서 소리가 난다는 걸 너무 늦게 알게 되어서 필름 전체를 다시 찍어야 했다는 거예요. 하나에서 열까지 다요. 상상이 되시나요? 알랭 감독은 파리에서 목소리 더빙을 해 줄 수 있는 일본 남자를 찾았지만, 아무도 그를 만족시키지 못했어요. 그는 언어적 활용을 다시 시작하기 위해 오카다 에이지를

〔일본에서〕데려와야 했고, 필요한 시간을 들여 스튜디오에서 영화 전체를 반복했던 거예요. 하지만 보시다시피 그 결과는 놀라웠지요.[22]

(대본의 두 지점에서 명시적으로 언급하는 사실로서) 영화 내내 그렇게 아름다운 프랑스어를 구사하는 일본 남자의 역할을[23] 사실은 프랑스어를 전혀 모르는 사람이 연기했다. 이 사람은 자신이 읊는 대본의 대사를 진정으로 암기하기보다는 문법적으로 전혀 이해하지 못하는 대사의 소리만 암기했다. 이 사실은 매우 놀랍다. 오카다는 자신의 배역을 통해 진정으로 **연기**하지 않는다는 차별성을 보여 준다. 말하자면, 이야기 속에서 프랑스어를 말하는 일본 남자는, 어떤 모

---

22) 장 다니엘 룹Jean-Daniel Roob의 《알랭 레네》(1986)에 실린 에마뉘엘 리바와의 인터뷰 참조. 이 책의 영어판은 내가 직접 옮겼다. 알랭 레네는 카르타Carta와 메스닐Mesnil의 〈금욕주의 영화인〉에서 오카다 에이지가 프랑스어 구사 능력이 없음을 언급한다. 오카다 에이지 대해서는 로이 아메스Roy Armes, 〈시간의 소생: 〈히로시마 내 사랑〉The Renewal of Time: *Hiroshima Mon Amour*〉, 《알랭 레네의 영화Cinema of Alain Resnais》(1968)도 보라.

23) 예컨대 2부에서는 그가 완벽한 프랑스어를 구사했고, 프랑스혁명에 대한 글을 읽기 위해 프랑스어를 배웠다는 언급이 있었다. 이는 서구문화에 대한 오카다의 동화를 보여 주는 또 하나의 분명한 암시이며, 이때 서구문화는 프랑스문화로 표상된다.

방적이거나 반영적인 관계에서든, 자신을 연기하는 배우를 진정으로 재현하지 않는다. 잠시나마 자신의 언어를 대신할 수 있는 외국어를 터득한 일본인 연인과 달리, 이 일본 배우는 자신이 발음기호로 암기한 소리를 그냥 입 밖으로 낸 것이다. 이러한 소리의 유성음화가 그 배우의 부재를 초래하는 것이 아니라, 오히려 잘 배운 프랑스어로 일본어 지시 대상의 상실을 부분적으로나마 상징하는 가상의 등장인물과 그를 구별짓는다. 오카다의 암기는 상실과 망각의 동일한 관점에서 바라볼 수 없다. 달리 말하면, 오카다는 자신의 차이를 재현하지 않으며, 오히려 완전히 문자 그대로 또한 번역 불가한 방식으로 그 차이를 소리로 낸다. 오카다가 이 배역에 기여하는 바는 그의 목소리 특유의 구체성이다. 이처럼 오카다는 그 자체의 의미를 **소유**하거나 숙지하지 않으며 그 목소리 차이를 독특하게 전달하는 말하기 양식을 소개한다. 이 말하기 양식은 영화가 명시하는 철학과 심오한 인간적 진실에 전적으로 부합한다.[24]

---

24) 레네는 여주인공을 선택할 때 목소리를 기준으로 삼았다고 밝히면서, 자신에게 목소리가 얼마나 중요한지를 인상적으로 강조한다. "나는 에마뉘엘 리바를 무대에서 몇 번 본 적이 있다. 특히 디에고 파브리의 〈유혹자The Seducer〉와 번스타인의 〈희망Hope〉에서 보았다. 나는 특별한 말하기 방식을 지닌 여

에마뉘엘 리바가 지적하듯이, 정말이지 순수하게 음성적으로만 암기하는 오카다 에이지의 능력은 정확히 다음의 특성을 가진다고 보일 것이다. 이 능력은 복제할 수 없다. 그리고 이 능력으로 인해, 영화를 다시 만들어야 할 때 다른 어떤 사람으로도 대신할 수 없으며, 오카다 에이지를 일본에서 데려와서 영화제작 특유의 경험 전체를 반복하고, 그 효과의 특이성—창조적 **차이**—을 다시 고려해야 한다. 그리고 바로 이 목소리와 효과의 특이성에 대한 기억이, 수년이 지난 후에도 인터뷰에서 영화의 허구와 인터뷰 자체의 실재에서 일어나는 회상의 거울 행동mirror-aciton 작용이 교차하는 독특한 순간을 만들어 내는 효과를 낸다. 정확히 오카다를 위한 통역사가 필요했다고 말하는 바로 그때, 에마뉘엘 리바는 프랑스 여배우가 연인에게 했던 말과 똑같은 파토스를 담아 인터뷰 진행자에게 말을 건네기 때문이다. "그 일본 배우, 멋진 오카다 에이지와 함께 …… 통역사님 덕분에요.…… 우린 함께였어요, **아시겠어요?**"

영화에서 리바는 이렇게 말했다. "난 말할 수 있어요. 이

배우를 원했다. 또, 목소리에 아주 민감하다. 그만큼 나는 리바에게 완전히 압도당했다."(구에즈Gilbert Guez와의 인터뷰, 《시네몽드Cinémonde》, 1961년 3월 14일자. 레네의 《프레미에르 플랜Premier Plan》 18 재수록.)

시체와 내 몸 사이에 어떤 차이도 느낄 수가 없었으니까요. 그 몸과 내 몸 사이에서 내가 볼 수 있는 건 명백히 비슷한 점뿐이었어요. **아시겠어요?**" 우리의 이해에 반하여, 영화는 그 순간, 이해를 호소하는 화자의 파토스와 고백의 친밀함을 일본 남자가 또 다른 구체적인 모습으로 극화한 뺨을 때리는 폭발적인 소리로 방해했다. 영화 대화가 정확히 말하는 의미에서 소리를 과격하게 분리시켰다. 마찬가지로, 놀랍게도 에마뉘엘 리바는 오카다의 음성적 능력에 관한 사실을 밝히고, 이 덕택에 우리는 오카다의 말소리가 그 자체의 분리된 발성이나 공허한 조음으로 구체성과 독특성을 영화에 부여할 수 있음을 인식한다. 이러한 특성은 영화가 그 표상의 수준에서 전달할 수 있는 바를 넘어서는 것이다. 바로 이러한 이유에서 영화의 마지막 장면들은 단순히 외국어를 받아들이면서 강요된 망각 속에서 문화와 역사의 상실을 보여 주는 차원을 넘어, 일본 배우의 목소리가 그의 저항적이고 환원 불가능한 특이성을 증언하고, 또 다른 역사를 말하는 미래의 가능성을 열어 준다.[25]

---

25) 이 목소리의 개시는 생테티엔 종소리로 어느 정도 예고되었다. 이 종소리는 동굴로 들어가는 장면들처럼 반복되며, 죽음의 장면에서도 울리고, 나중에 여자가 "보기 시작할" 때에도 다시 울린다. 여자의 이야기 속에서 들어감과 나옴

또 다른 히로시마

이 배우의 목소리는 마침내 영화의 서두 장면에서 우리에게 돌아온다. 그러고서는 우리의 손쉬운 공감과 성급한 이해를 부정하고 다른 유형의 듣기와 다른 말하기를 요구하는 몸의 목소리로 우리가 보는 몸에 대한 우리의 시각과 이해를 다시 한 번 방해한다. 이러한 말하기—문자 그대로 몸의 말하기—에서, 우리는 예컨대 남자와 여자의 첫 논쟁 내에서 구체적인 담화의 형태로 엮인 일본 이야기의 또 다른 암묵적인 출현을 들을 수 있다.

> **남자** 당신은 히로시마에서 아무것도 못 봤어요. 아무것도요.
> **여자** 최대한 진짜처럼 복원된 걸 봤어요.
> 환상, 그건 꽤나 단순하지요. 너무 완벽해서 관광객들이 우는 거예요.

(혹은 지하실로의 하강과 지상으로의 상승)을 반복하는 이중 구조는 부분적으로는 여자가 뺨을 맞기 전과 후로 나뉘는 균열로 표시되는데, 이 구조는 이야기 안에서 두 차례 반복되는 지하실로의 귀환이 (어쩌면 우화적으로) 남자와의 언어적 귀환의 조건을 제공함을 보여 준다. 그러므로 (종소리가 울리는 죽음 장면과/또는 지하실 경험으로 간주되는) 트라우마의 '사건'은 단일한 사건으로 특정될 수 없으며, 바로 그렇기에 변화의 가능성을 열어 준다.

항상 비웃을 수 있겠지만, 사실 우는 거 말고 관광객이 할

수 있는 게 뭐가 있을까요?

난 항상 히로시마의 운명 때문에 울었어요. 항상.

남자 아니에요. 당신이 무엇 때문에 울었을까요?

여자 뉴스영화를 봤어요.

둘째 날이에요. 역사는 말해요. 내가 지어내는 말이 아니에

요. 둘째 날, 특정 종류의 동물들이 땅속 깊은 곳과 잿더

미에서 다시 살아났어요.

개들이 사진에 찍혔어요.

영원히요.

난 그들을 봤어요.

난 뉴스영화를 **봤**다고요.

난 그들을 **봤**다고요.

첫날에.

둘째 날에.

셋째 날에.

남자 당신은 아무것도 못 봤어요. 아무것도.

여자 …… 열다섯 번째 날에도요.

히로시마는 꽃으로 뒤덮여 있었어요. 수레국화와 글라디

올러스가 사방에 피어 있었고, 나팔꽃과 옥잠화는 그때

꽃이라고는 상상할 수 없는 놀라운 생명력으로 잿더미

122

에서 다시 일어섰어요.*

내가 지어낸 말이 아니에요.

남자 당신은 전부 다 꾸며냈어요.

여자 아니에요.

사랑에 빠지면 이 착각이 생겨요. 절대 잊을 수 없다는 착각
말이에요. 그렇게 히로시마를 절대 잊지 못할 것이라는 착
각에 빠져 있었어요. 사랑에 빠진 것처럼요.

* 이 문장은 히로시마에 관한 존 허시의 훌륭한 보고서에서 거의 그대로 따온
것이다. 내가 한 것은 희생된 아이들에게 적용한 것뿐이다. (18-19)

프랑스어를 사용하는 여자는 자신이 본 것의 강렬함과 극
단성을 주장하고, 느베르에서 자신이 겪은 상상할 수 없는
광기를 통해 그 공포와 비참함에 대한 교감을 암묵적으로
주장하면서, 아주 중요한 문장을 번역해 인용한다. 이는 미
국 대중에게 히로시마의 인간적 현실을 소개한 최초의 영어
텍스트인 존 허시John Hersey의 《히로시마Hiroshima》에 나오는
기묘한 구절이다. 이 책은 원자폭탄 투하 1년 후 미국에서
출판되었다. 〈히로시마 내 사랑〉에서 프랑스어로 낭송하는
이 영어 원문은 더욱이 그 자체가 어느 정도는 축어적 번역
본, 즉 일본인 목격자의 보고서를 영어로 전사하고 다시 쓴
번역본이었다. 따라서 허시의 울림은 미국인들에게 말을 걸

수 있는 또 하나의 가능성뿐만 아니라, 또 다른 일본인 관점과 새로운 보기 양식을 영화에 제시한다.[26]

폐허가 된 히로시마에 피어난 야생화에 관한 허시 책의 이 구절은 실제로 (일본어판) 원문에서는 주로 보는 것과 관련이 있는 인상적인 구절에서 따온 것이다. 이 구절은 사사키 양이 한 증언의 일부로 서술된다. 사사키 양은 "다리가 호전되지 않고 점점 더 부어올라서" 다른 병원에서 히로시마 적십자병원으로 이송되어야 했다. 허시는 이렇게 쓴다.

이번이 그녀가 히로시마의 폐허를 보아야 했던 첫 번째 기회였다. 지난번 이 도시의 거리를 통과해 이송될 때에는 의식

---

26) 꽃에 관한 몇 마디가 포함된 이 대화는 일종의 전환점으로 볼 수 있으며, 그 의미는 말의 위치가 전도되는 방식에서도 드러난다(이 점은 본문에 인용된 현재의 영어 번역에서는 완전히 드러나지 않는다). 꽃에 관한 대사를 인용한 직후, 여자는 이전에 남자가 반복해서 말하던 "nothing"(아무것도 없음)을 이어받고, 남자는 여자의 "everything"(모든 것)을 이어받는다. "여자: 난 **아무것도** 만들어 낸 게 없어요. / 남자: 당신은 **모든 걸** 만들어 냈어요." 여자가 rien(아무것도 아님)을 말하는 순간은, 그녀가 남자의 입장에 가까워졌다는 표시일 뿐 아니라, 어쩌면 그녀가 언어의 연상작용(rien, Nevers, Nièvre라는 낱말들의 연쇄)에 이끌리며 조금씩 유대를 형성해 가는 시작점으로 볼 수도 있다. 이 연상은, 원자폭탄이 떨어졌을 때 그들이 어디에 있었는지를 말한 그 시점에서, 남자가 그녀의 이야기를 끌어내기 시작하며 더욱 장려된다. (여자: 난 막 느베르를 떠났어요. 파리에 있었어요. 거리 위에. / 남자: Nevers, 참 프랑스다운 말이군요.(33))

을 잃을 지경이었다. 폐허에 대한 설명을 들었고, 여전히 상처로 인해 고통스러웠지만, 그 광경은 그녀에게 공포와 놀라움을 안겨 주었다. 특히 그녀를 소름 돋게 하는 무언가가 눈에 띄었다. 모든 것을 딛고서, 도시의 잔해 위로, 배수로 안에, 강둑을 따라, 기와와 주석 지붕 사이에 엉키고, 까맣게 탄 나무줄기를 타고 오르며, 신선하고 선명하고 무성하고 희망적인 녹색이 덮여 있었고, 심지어는 폐허가 된 집의 토대로부터 푸르름이 솟아올랐다. 이미 잡초가 잿더미를 덮고 있었고 도시의 뼈대 사이사이에는 야생화가 피어 있었다. 폭탄은 식물의 지하 기관을 손대지 못했을뿐더러 자극제를 주었다. 수레국화와 유카, 명아주, 나팔꽃과 원추리, 털복숭이 콩, 쇠비름과 도꼬마리과 참깨와 수수잡총과 화란국화가 사방에 널려 있었다. 특히 중앙의 원에는, 결명자가 같은 식물의 불에 탄 잔해 사이에 서 있을 뿐만 아니라 새로운 장소에서, 벽돌 사이로, 아스팔트의 갈라진 틈을 뚫고 올라오며 놀라운 재생력으로 자라났다. 마치 폭탄과 함께 결명자 씨앗이 잔뜩 떨어진 것 같았다.[27]

---

27) 야벤데티Michael J. Yavendetti는 건물과 관련한 영화 장면을 제외하고는 군사 당국이 미국 시민에게 히로시마에서 찍은 영화 장면 중 어느 것도 보지 못하게 한 조치에 주목해 왔다(부상자 장면은 금지되었다). 이러한 이유에서 허시의

사사키 양의 히로시마 귀환은 새로운 종류의 전망으로의 귀환이다. 정말로 뒤라스의 전체 텍스트는 이 상처받은 여성의 이야기에 대한 프랑스어 번역본, 오히려 이 이야기의 변주로 볼 수 있다. 처음에는 그녀가 "무의식의 가장자리"로부터 히로시마를 보고 그다음에는 (상처의 황폐함이 지속되는 가운데서도) 의식을 되찾고 "폐허를 바라보며" 이 폐허에서 꽃이 돋아나는 이야기를 반복하는 이야기 말이다. 무의식의 현장(즉, "무의식의 가장자리")이기도 한 재난의 현장으로 돌아올 때, 사사키 양은 이제 "그녀를 소름 끼치게 하는" 무언가가 눈에 들어온다. 폐허 위에 "희망으로" 자라나는 꽃의 모습 말이다. 이 꽃은 그 파괴 행위 자체와 불가분의 관계가 있

책은 특히 중요해졌다. 야벤데티는 이렇게 말한다. "이전의 모든 출판물을 다 합한 것보다 더 생생하게, '히로시마'는 불시의 핵폭탄 공격이 미국 도시와 그 주민들에게 어떤 결과를 초래할 수 있는지 미국인들에게 암시했다. …… 히로시마와 나가사키에 관한 수많은 원폭 투하 후 사진과 뉴스영화에서 두 도시는 전쟁으로 황폐화된 다른 어떤 도시와도 비슷하게 보였다. 미국인들은 폭탄 하나가 그토록 어마어마한 피해를 초래했다는 것을 파악할 수 있었지만, 미디어는 히로시마와 나가사키가 다양한 종류의 전시 대참사와 질적으로 다르다는 것을 제대로 보여 주지 못했다."(〈존 허시와 미국의 양심: '히로시마'의 수용John Hersey and the American Conscience: The Reception of 'Hiroshima'〉,《태평양 역사 논평Pacific Historical Review》(1974) 43권.) 미국 정부가 25년 동안 압수했던 히로시마 필름의 발견에 대해서는, 바르누Erik Barnouw, 〈한 대학의 영화부는 어떻게 장기간 극비였던 원폭 영화를 개봉했는가How a University's Film Branch Released Long-Secret A-Bomb Pic〉,《버라이어티Variety》, 1972년 1월 5일자.

는 지속적인 생명의 한 형태이다.

그렇지만 이 영화에서 마르그리트 뒤라스는 두 번째 바라 봄을 첫 번째 바라봄에 중첩함으로써, 즉 그녀가 표현한 대로, 싹이 트는 꽃 관련 대사를 "불에 탄 아이들의 비명" 장면으로 전환함으로써 두 번째 바라봄을 교란한다. 꽃들이 폐허 위로 피어난다는 '낙관론'을 재난 순간의 기록과 재구성과 병치할 때, 뒤라스는 여전히 분리되어 있으면서도 생명의 기이한 생존과 함께 집요하게 돌아오는 재난 광경을 강조한다. 그리고 마찬가지로 뒤라스는 일본 여성의 목격담을 번역 인용한 허시의 말을 프랑스 여자의 대화에 삽입한다. 이 덕분에 프랑스 여자의 말에서, 히로시마에 관한 자신의 전망이 참이라는 그녀의 주장 그 자체에서, 다른 시각과 다른 관점의 주장, 즉 사사키 양의 관점이 드러날 수 있다. 이 일본 여성의 경험은 은폐되지만, 연인과의 대화에서 끈질기고 기이하게 돌아온다.[28]

정말로 (아직 완전히는 이해하지 못한 경험에 대한) 말로 다하지 못한 이야기들의 수수께끼 같은 언어가 바로 영화 내내 프랑스 여자와 일본 남자의 대화와 공명한다. 이러한 언

---

[28]   John Hersey, *Hiroshima* (New York: Knopf, 1946), 99, 91–92.

어 덕택에 두 사람은 자신들의 문화적·경험적 간극을 넘어서, 자신들이 직접 이해하지는 못하는 그 무엇을 통해 소통할 수 있게 된다. 말하자면 열정적인 조우에서 말하고 경청하는 둘의 능력은 서로에 대해 단순히 아는 것이 아니라, 그들이 자신만의 트라우마적 과거에서 완전히는 알지 못하는 것에 의존한다.

비슷한 방식으로, 보기와 경청의 새로운 양식—**트라우마의 현장**으로부터 보기와 듣기—이 영화 관객인 우리에게 열리고, 재앙의 시대에 문화 간 연결 가능성 그 자체로 다가온다. 〈히로시마 내 사랑〉에서 우리가 보고 듣는 것은 우리가 알고 이해할 수 있는 것을 넘어 반향을 일으킨다. 그러나 바로 이 몰이해의 사건에서 그리고 감각과 이해로부터의 떠남에서 우리의 증언 활동이 실제로 시작될 수 있다.[29]

---

29) 흥미롭게도, 뒤라스는 허시 텍스트에 관한 각주에서 다음을 강조한다. "그것을 순교당한 아이들에게 적용했고" 구체적으로 "불탄 아이들의 비명"으로 텍스트에 기술된 사진에 적용했다. (음악의 우연한 사례에서나 〈카사블랑카〉의 이야기에서처럼) 여기서 이 화재가 제2차 세계대전의 다른 참사 사건과 공명하는 것을 느낄 수 있다. 레네가 수용소에 관한 영화 〈밤과 안개〉를 감독한 것처럼(그리고 뒤라스는 1985년 영화 〈고통La Douleur〉에서 남편이 수용소에서 돌아온 것에 대해 썼다. 이 텍스트에서 그녀는 히로시마에 원자폭탄이 투하된 것을 우연히 함께 발견한 일을 설명한다), 허시는 (히로시마 이후에) 많은 유대인들이 가스실과 화장장으로 추방되고, 불길에 휩싸인 게토, 즉 바르샤바 게토에 대한 유명한 책을 썼다(《더 월The Wall》, 1950).

3장

트라우마적 떠남

: 프로이트 내의 생존과 역사

《쾌락원칙을 넘어서》,《인간 모세와 유일신교》

— 어떻게 된 거지요?

— 어떻게 된 거냐고요?

— 네.

— 나는 죽지 않았어요.

〈전당포 주인The Pawnbroker〉

최근 몇 년 동안 정신의학과 정신분석학, 신경생물학에서는 외부 폭력이 정신장애에 미치는 직접적인 영향을 점점 더 강조해 왔다. 이러한 경향은 외상후스트레스장애PTSD 연구에서 절정에 달했다. 이 장애는 갑작스럽거나 재난적인 사건의 압도적인 경험을 기술하며, 이 경험에서는 사건에 대한 반응이 환각과 다른 침입 현상의 종종 통제되지 않는 반복적 출현으로 나타난다.[1] 오늘날 일반적으로 이해하는 것

---

1) 외상후스트레스장애Post-traumatic stress disorder는 《정신장애 진단 및 통계 편람Diagnostic and Statistical Manual of Mental Disorders》 3판(1980)에서 미국정신의학회가 이전에는 다른 이름으로 불리던 증상에 부여한 이름이다. 무엇보다도 19세기와 20세기에는 다양한 시기에 포탄 충격shell shock이나 전투신경증 combat neurosis, 외상성신경증traumatic neurosis이라는 명칭을 사용했다. 이 《편람》의 3판과 수정 3판, 4판에 실린 정의에는 프로이트가 트라우마에 관한 후기 연구에서 기술했던 것과 동일한 기본 증상들이 들어 있다. 예컨대 프로이트가 정의한 '긍정적 증상'(플래시백과 망상)과 '부정적 증상'(감각마비와 기억상실, 촉발 자극 회피)이 들어 있다. 외상후스트레스장애의 정의에 대해선 여러 논란이 있다. 원인이 되는 사건을 통상적 인간 경험의 범위를 벗어난 것으로 간주해야 하는지, 외상후스트레스장애가 기본적으로 이상성二相性인지, 즉 플래시백과 감각마비가 번갈아 나타나는지, 아니면 테렌스 킨Terence Keane이 제안했듯이 외상후스트레스장애의 핵심에 치유 가능성이 더 큰 플래시백의 방해를 받는 교체 불가능한 감각마비가 있는지 등의 논란이 있다. 하지만 이 경험에 대한 기본적인 기술은 임상적·이론적 설명에서나 생존자 이야기에서 다 놀라울 정도로 수년 동안 변하지 않았다. 이 장은 정신의학적 정의와 용어로 논의를 시작하지만 정신분석 텍스트에 초점을 맞춘다. 이 장에서 나는 트라우마와 관련하여 현대 정신의학과 초기 정신분석 사이의 어떤 연결성을 가정한다. 그리고 현재 (트라우마를 외부 폭력에 초점을 맞춘 성인 트라우마로 해석하는 것에 대한 정신과 의사와 정신분석가 사이의 논쟁에서) 두 분야 사이의 균열에만 초점을

처럼, 외상후스트레스장애는 끔찍한 사건의 피할 수 없는 현실이 정신을 직접 압박하고, 마음으로 통제할 수 없는 사건이 심리적·신경생물학적으로 정신을 장악하는 상황을 의미한다. 이처럼 외상후스트레스장애는 정신과 외부 폭력 사이의 가장 직접적인 연결 고리를 제공하며, 가장 파괴적인 정신장애인 것으로 보인다. 나는 이 글에서 트라우마란, 파괴가 미친 단순한 영향이 아니라 근본적으로 생존의 수수께끼라고 주장할 것이다.[2] 외상적 경험을 파괴성과 생존 사

맞추기보다 오히려 각 분야가 상대 분야로부터 무엇을 배울 수 있는지 살펴보아야 한다고 암묵적으로 제안한다.

[2] 흔히 트라우마 이론은 두 가지 기본 경향으로 나뉜다. 하나는 트라우마를 본래는 온전했던 자아의 '분쇄'라고 보는 흐름이고, 다른 하나는 트라우마의 생존 기능에 초점을 맞춰 압도적인 경험을 무감각하게 만들어 극복하는 흐름이다. 예컨대 전자의 입장으로는 조너선 코헨Jonathan Cohen의 〈정신 트라우마의 구조적 귀결: 《쾌락원칙을 넘어서》에 대한 새로운 조망Structural Consequences of Psychic Trauma: A New Look at *Beyond the Pleasure Principle*〉(《국제정신분석저널 International Journal of Psychoanalysis》 61권, 1980)과 아브람 카디너Abram Kardiner가 허버트 슈피겔Herbert Spiegel과 함께 쓴 《전쟁 스트레스와 신경병War Stress and Neurotic Illness》 2판(1947), 그리고 울만Richard B. Ulman과 브러더스Doris Brothers의 저술 《부서진 자아: 트라우마의 정신분석 연구The Shattered Self: A Psychoanalytic Study of Trauma》(1988) 속 자아심리적 접근 참조. 후자의 입장으로는 로버트 제이 리프턴의 〈생존 경험과 트라우마 증후군Survivor Experience and Traumatic Syndrome〉과 찰스 마르마Charles Marmar의 〈외상 후 스트레스 증후군의 역동적 심리치료The Dynamic Psychotherapy of PTSD〉(1991년 7월 7~8일 보스턴에서 열린 '전쟁기와 평화기의 심리적 트라우마: 개입과 치료Psychological Trauma in Times of War and Peace: Intervention and Treatment' 학술대회 발표 논문) 참조.

이의 역설적 관계로 인식해야만 재앙적 경험의 핵심에 있는 이해 불가능성의 유산 또한 인식할 수 있다.

우리 세기에 트라우마가 지니는 중심성과 복잡성은 프로이트의 중요하고 논쟁적인 두 저작 《쾌락원칙을 넘어서》와 《인간 모세와 유일신교》에서 처음으로 가장 심도 있게 다루었다. 각각 제1차 세계대전과 제2차 세계대전을 둘러싼 여러 사건 전후에 쓰인 두 작품은 현대 비평가들로부터 프로이트의 트라우마 이론과 역사적 폭력 사이의 직접적인 관계를 보여 준다는 평가를 받았다. 추정컨대 이 직접성은 프로이트가 창안한 트라우마 이론에 반영되었다.[3] 나는 이 두 작품을 함께 읽으면 프로이트가 트라우마를 인간 생존의 독특한 이해 불가능성에 관한 이론으로 천명한 공식을 잘 알 수

---

[3] 많은 저술가들은 이러한 텍스트와 전쟁 사건 사이의 관계를 지적했다. 그렇지만 이 관계에 관한 결론은 서로 다르다. 프로이트가 전시에 쓴 글은 대부분 파괴를 향한 불가피한 경향을 보여 주는 것으로 간주된다. 이 경향은 프로이트가 유럽에서 직접 목격한 것과 직접 연결된다. 《쾌락원칙을 넘어서》와 《인간 모세와 유일신교》가 동시에 역사에 대한 환상적이거나 신비적인 설명이라는 사실은 의미심장하다. 둘 중 어느 한 텍스트를 단순하게 그리고 직접적으로 지시적이라고 이해하기 위해서는 신비적 측면을 무시해야 한다. 또는, 달리 표현하면 지시 이론은 신비적이거나 비유적인 이론으로 보이는 것 속에서 스스로 드러나게 된다. 앞으로 살펴보겠지만, 프로이트가 이러한 텍스트에서 제공한 트라우마 이해는 역사적/신비적 대립 밖에서 텍스트의 지시적 의미를 이해하는 방법을 제공할 수도 있다.

있다고 주장할 것이다. 《쾌락원칙을 넘어서》속의 개인적 트라우마 이론을《인간 모세와 유일신교》속의 역사적 트라우마 개념의 맥락에서 읽어야만, 우리는 인간 경험의 중심에 있는 생존 문제의 복잡성을 온전히 이해할 수 있다.

역사와 생존

실제로《쾌락원칙을 넘어서》는 역사적 사건이 정신에 미치는 불가피하고 압도적인 영향을 반영하는 것으로 보이는 정신장애에 대한 프로이트의 당혹스러운 관찰로 시작된다. 제1차 세계대전 이후에 전쟁신경증이라고 불린 병적 증상의 현저한 발생을 목격하면서, 프로이트는 전장 사건의 악몽과 재현의 반복적 침입이라는 병리학적 상태의 출현에 놀라움을 금치 못한다. 이 병리학적 상태는 신경증적인 병리처럼 경험되지만, 그 증상은 놀라울 정도로 직접적이고 단순하게 폭력적 사건의 매개되지 않은 발생만을 반영하는 것으로 보인다.

따라서 프로이트는 이러한 증상을 오랫동안 문제로 여겨진 또 다른 현상인 사고신경증의 증상과 비교한다. 그는 전투의 재현을 사고의 악몽에 비유할 수 있다고 말한다.

외상성신경증 환자에게 나타나는 꿈은 환자를 사고 당시의 상황으로 반복적으로 다시 데려가는 특징이 있으며, 환자는 그 상황에서 또 다른 공포에 사로잡혀 깨어난다. 사람들은 이 사실에 별로 놀라지 않는다. ……

…… 꿈을 꾸면 밤에 병에 걸려 쓰러졌던 상황으로 돌아가야 한다는 것을 자명한 그 무언가로 수용하는 사람은 누구든지 꿈의 본질을 잘못 이해한 것이다. (13)[4]

외상적인 꿈의 재발은 프로이트를 당혹스럽게 만든다. 그러한 꿈은 어떤 소원이나 무의식적 의미로도 이해할 수 없고, 순전히 그리고 불가해하게 그 사건을 겪은 사람의 의지에 반하는 사건이 문자 그대로 돌아오는 회귀이기 때문이다. 불쾌한 갈등의 회피 시도라는 측면에서 그 고통스러운 징후를 궁극적으로 이해할 수 있는 통상적인 신경증의 증상과 달리, 플래시백의 고통스러운 반복은 어떤 방식으로도 정신적 의미가 부여되지 않은 불쾌한 사건을 마음이 결

---

[4] 《쾌락원칙을 넘어서》에서 나온 모든 인용문은 《프로이트 표준판》(SE) 18권에서 가져온 것이다.

코 피할 수 없다는 점에서만 이해될 수 있다.[5] 말하자면, 트라우마에서는 외부가 아무런 매개 없이 내부로 들어간다. 프로이트는 문자 그대로 과거로의 이 회귀를 일반적인 반복 행동의 모델로 삼아서, 《쾌락원칙을 넘어서》에서 궁극적으로 개인의 삶의 형태를 정의하는 것은 신경증의 의미 왜곡이 아니라 외상적 반복이라고 주장한다. 개인의 역사를 설명하는 수단으로서 사고신경증을 예로 들어 시작하여, 《쾌락원칙을 넘어서》는 궁극적으로 다음 질문을 한다. 역사를 트라우마의 역사로 본다면, 그 이해는 무엇을 의미할까?

프로이트는 전쟁 경험을 사고 경험에 비유할 때 또 다른 요소를 도입하여 이 문제의 중요성을 더한다. 프로이트의 지적처럼, 외상성신경증을 유발하는 것은 단지 임의의 사건이 아니라, 구체적으로 "심각한 기계적 뇌진탕과 철도 재해 그리고 생명을 위협하는 그 밖의 사고이기 때문이다."[12] 프로이트가 외상성신경증에서 조우하는 것은 임의의 끔찍한

---

5) 이 트라우마 개념의 본격적인 영향은 《쾌락원칙》 이론에서 암시하는 프시케 psyche의 외부/내부 모델 측면에서 이 개념을 바라볼 때 이해할 수 있다. 이 원리는 프시케 내부에 있는 것이 소망이나 억압 등을 통한 외부에 대한 성찰임을 암묵적으로 주장한다. 트라우마에는 자아의 성찰 없이 따라서 자아와의 어떤 관계도 없이 이미 내부로 가 버린 자아의 이해 불가능한 외부가 있고, 결과적으로 이것은 이 맥락에서 자아가 무엇일 수 있는가에 대한 어떤 이해에도 위협이 된다.

사건에 대한 반응이 아니라, 오히려 독특하고 당혹스러운 생존 경험이다. 만일 트라우마를 겪는 사람의 꿈과 플래시백이 프로이트의 관심을 끈다면, 그 이유는 그러한 것들이 트라우마를 견디는 사람의 주장과 의식 그 자체를 뛰어넘는 생존을 증언하기 때문이다. 따라서《쾌락원칙을 넘어서》에서 프로이트가 역사를 재고하는 핵심에는 시급하고도 까다로운 질문이 있다. **생존한다는 것은 무엇을 의미하는가?**

놓친 경험

이 텍스트에서 트라우마와 생존 사이의 복잡한 관계는, 흔히 예상하는 것처럼 의식과 생명을 위협하는 사건 사이의 직접적이고 매개되지 않은 관계 때문이 아니라, 정신적 트라우마의 **간접성**이라는 매우 역설적인 구조를 통해 발생한다. 프로이트는 트라우마에 대한 논의를 시작할 때 심리적 트라우마가 생명의 위협에 대한 신체 경험에 엄밀하게 대응하여, 즉 신체의 상처를 통해 발생하지 않는다는 "당혹스러운" 사실을 언급한다. 프로이트는 신체적 상해가 실제로는 "신경증 발병을 **억제**하는 경향이 있다"[12]고 지적한다. 실제로 의식의 관점에서 생존은 알려진 경험의 문제가 아닌 듯하다. 외상적 사건의 귀환이 여러 면에서 깨어 있는 기억처

럼 보인다 하더라도, 그것은 여전히 증상이나 꿈의 방식으
로만 일어날 수 있기 때문이다.

　[사람들은] 외상적 경험이 환자가 잠들어 있는 동안에도 끊
　임없이 환자에게 힘을 행사한다는 사실이 그 경험의 강도를
　증명한다고 생각한다. 환자는 말하자면 자신의 외상에 집착
　한다고 말할 수 있다. ……
　　그렇지만 외상성신경증을 앓고 있는 환자들이 깨어 있는
　동안 사고에 대한 기억에 훨씬 더 사로잡혀 있다는 사실은
　잘 알려져 있지 않다. 어쩌면 그들은 사고를 떠올리지 **않는**
　데 더 관심이 있는 것일지도 모른다. (13)

　만일 신체의 생명에 대한 위협과 그 위협으로부터의 생존
이 상처의 직접적인 가해와 치유로 경험된다면, 트라우마는
정신 속에서 겪는다고 보일 것이다.[6] 왜냐하면 트라우마를

---

6)　침입intrusion과 기억상실amnesia의 관계는 최근 정신의학과 신경생물학 분야
　　의 트라우마 연구에서 다시 부각되고 있다. 그린버그Mark S. Greenberg와 판
　　데르 콜크Bessel A. van der Kolk의 〈트라우마의 인출과 트라우마의 '미술 치료'
　　와의 통합Retrieval and Integration of Traumatic Memories with the 'Painting Cure〉
　　(1987) 참조. 이 논문은 판 데르 콜크의《심리적 트라우마Psychological Trauma》
　　에 실려 있다. 그리고 존 크리스탈John Krystal의 〈외상후스트레스장애의 동

직접 경험할 수는 **없기** 때문이다. 따라서 트라우마에서 생존의 문제는 구체적으로 다음과 같은 질문으로 나타난다. **의식이 생존한다는 것은 무엇을 의미하는가?**

프로이트가 의식의 기원과 관련하여 반복강박Repetition Compulsion의 원인을 추측한 것은 실제로 생존과 의식의 역설적 관계를 파악하려는 시도로 이해할 수 있다. 프로이트는 정신의 발달이 처음에는 신체의 발달과 매우 흡사해 보인다고 제안한다. 의식은 "가장 강력한 에너지로 충전된 외부 세계 한가운데 떠 있는 …… 살아 있는 물질의 작은 조각"을 보호해야 할 필요성에서 발생한다. "이 조각은 자극에 대한 보호막이 제공되지 않으면 이러한 자극에서 발산되는 자극 때문에 죽게 될 것이다."[27] 그렇지만 신체와 달리 의식의 장벽은 감각과 지식의 장벽으로서, 질서 정연한 시간 경험 안에 자극을 배치하여 유기체를 보호한다.[7] 그렇다면 트

물 모델Animal Models for Posttraumatic Stress Disorder〉(얼 L. 길러 주니어Earl L. Giller Jr., 《외상후스트레스장애의 생물학적 평가와 치료Biological Assessment and Treatment of Post-traumatic Stress Disorder》, 1990), 참조.

7) 실제로 프로이트는 명확히 구별되지 않는 두 모델을 제시한다. (1) (자극 장벽이 외부로부터 오는 '너무 많은 자극'으로부터 유기체를 보호한다는) 양의 모델. (2) 시간의 모델. 이 모델에 대해서는 프로이트가 이렇게 적어 두었다. "우리의 추상적인 시간 개념은 전적으로 지각-의식 체계(Pcpt.-Cs.[Perception-Consciousness])의 작동 방식에서 파생된 것으로 보이고, 이 작동 방식의 자체

라우마를 일으키는 원인은 신체적 위협과 매우 유사하게 작
용하는 것으로 보이지만 사실은 정신의 시간 경험에 단절을

부분에 대한 지각에 대응한다. 어쩌면 이 기능 작동 양식은 자극에 대해 방패
를 제공하는 또 하나의 방식을 구성할 수 있다."(28) 프로이트는 이어서 트라우
마를 두려움이나 불안에 대한 준비 부족의 관점에서 정의할 때, 양보다는 시
간을 강조하며, 궁극적으로는 신체적 장벽과 정신적 장벽의 본성상 차이를 나
타낸다고 주장할 수 있다. 여기서 문제가 되는 것은 마음-몸의 경계로, 이 경
계는 특히 감각기관(일정 시간 동안 제한된 양의 정보를 받아들이는 원시적인
'촉수觸手')에 의해, 그리고 특히 꿈 속 플래시백의 본질과 매우 중요한 연관성
을 지닌 눈으로 구분된다. 트라우마 문제를 통해 다시 생각해 볼 수 있는 마음
과 몸 관계의 복잡성을 탐구하는 것도 흥미로울 것이다. 전통적인 '자극 장벽'
개념에 대해서는 다음 세 논의 참조. 퍼스트Sidney S. Furst, 〈자극 장벽과 트라
우마 병원성病源性The Stimulus Barrier and the Pathogenicity of Trauma〉, 《국제
정신분석저널International Journal of Psychoanalysis》 59권, 1978. 게디만Helen
K. Gediman, 〈자극 장벽 개념의 적응적 자아 개념으로서의 비평과 재형성The
Concept of the Stimulus Barrier: Its Review and Reformulation as an Adaptive Ego
Function〉, 《국제정신분석저널》 52권, 1971. 크리스탈Henry Krystal, 〈트라우
마와 자극 장벽Trauma and the Stimulus Barrier〉, 《정신분석 탐구Psychoanalytic
Inquiry》 1985년호, 1985. 시간 왜곡의 관점에서의 자극 장벽 붕괴에 대한 재
고는 레노어 테르Lenore Terr, 《울기에는 너무 신성하다: 아동기의 정신 트
라우마Too Scared to Cry: Psychic Trauma in Childhood》, 1976. '꿰뚫기piercing'
가 트라우마에 중요하다는 발상과 '신장extension' 문제가 트라우마와 연결되
어 있다는 발상은 라플랑슈, 《프로블로마티끄Problématiques》 1권. 근대성과
의 관계 속에서 보는 자극 장벽의 중요한 재고는 벤야민Walter Benjamin의 〈보
들레르의 몇 가지 모티프에 관해서Über einige Motive bei Baudelaire〉 참조. 이
글은 티데만Rolf Tiedemann · 슈베펜호이저Hermann Schweppenhäuser, 《논총
Gesammelte Schriften》 1.2, 1974~1989에 실렸다. 이 글의 영어판은 벤야민의
〈보들레르의 몇 가지 모티프에 관해서On Some Motifs in Baudelaire〉에 실린 《조
망Illuminations》, 아렌트Hannah Arendt 편집 · 서문, 해리 존 번역 참조. 이 맥락
에서 고통의 문제는 일레인 스캐리Elaine Scarry, 《고통 속의 몸: 세계의 형성과
파괴The Body in Pain: The Making and Unmaking of the World》, 1985 참조.

초래하는 충격이다.

　우리는 일반적인 외상성신경증을 자극 차단막에 광범위
한 균열이 생긴 결과로 간주할 수 있다. 이것은 오래되고 순
진한 충격 이론을 복원하는 것처럼 보인다. …… 〔이 이론은〕
충격의 본질을 신경계의 …… 분자 구조에 대한 직접적인 손
상이라고 간주하는 반면, **우리가 이해하고자 하는 바는 정신
기관에 미치는 영향이다.** …… 그리고 우리는 여전히 공포라
는 요소를 중요하게 생각한다. 공포는 불안에 대한 준비 부
족에서 발생한다. (31)

　프로이트는 정신의 균열, 즉 생명의 위협에 대한 의식적
자각이 자극의 순수한 양 때문이 아니라, 너무 빨리 다가오
는 자극을 흡수할 준비의 부족, 즉 "공포" 때문에 일어난다고
주장한다. 다시 말해서, 정신의 균열은 단순히 신체적 생명
에 대한 문자 그대로의 위협 때문이 아니라, 정신이 그 위협
을 **한순간 너무 늦게** 인식한다는 사실에서 온다고 말한다. 따
라서 죽음의 위협과 관련이 있는 정신의 충격은 위협의 직
접 경험이 아니라, 바로 이 경험의 **결여**이다. 이 결여는 **시간
속에서** 경험되지 않아서 아직 완전히 알려지지 않았다는 사

실이다.[8] 그리고 역설적이지만, 바로 이러한 직접 경험의 부재가 반복되는 악몽의 원인이 된다.

이러한 꿈은 외상성신경증의 원인이 된 불안을 드러냄으로써 자극을 회고적으로 통제하려고 노력한다. (32)

꿈에서 트라우마적 경험이 다시 나타나는 것은 직접 경험의 신호가 아니라, 오히려 그 경험이 직접적이지 **않았다는** 사실을 극복하려는 시도, 처음에는 온전히 이해하지 않았던 바를 숙지하려는 시도의 신호이다. 과거에 죽음의 위협을 제대로 알지 못했던 생존자는 이제 그 위협을 직면하도록 끊임없이 강요받는다. 그렇다면 의식에게는 트라우마의

---

8) 《쾌락원칙을 넘어서》에서 프로이트가 트라우마를 시간적으로 정의한 것은 트라우마가 한순간만이 아니라 두 순간 사이의 관계 속에 위치할 수 있다는 그의 초기 이해를 확장한 것으로 보인다. 이 두 모델이 공유하는 것은, 시간적 위치 지정의 불가능성의 측면에서 트라우마 경험을 기술한다는 것이다. 이 두 장면 모델에 대한 독창적이고 인상적인 해석은 라플랑슈의 《정신분석 속의 삶과 죽음Life and Death in Psychoanalysis》에서 찾을 수 있다. 프로이트에서 트라우마의 시간적 구조에 대해서는 또한 라플랑슈의 〈사후성에 관한 주석Notes on Afterwardsness〉과 〈트라우마와 번역, 이전Traumatisme, traduction, transfert〉, 《프라블로마티끄》 1권 216~219쪽 참조. 《정신분석의 새로운 관점Nouvelle revue de psychanalyse》 39권(1989)에 실린 리오타르Jean-Francois Lyotard의 〈엠마Emma〉도 참조.

경험으로서의 생존 행위가 자기 생명에 대한 위협을 포착할 필요성과 불가능성에 대한 반복적인 직면이다. 정신이 죽음의 가능성과 직접 대면할 수 없기 때문에, 생존이 역설적으로 인간에게 삶의 불가능성에 대한 끝없는 증언이 되는 것이다.

이러한 관점에서 볼 때, 트라우마에서의 생존은 폭력적인 사건을 넘어서는 행운의 통로, 즉 그 사건을 떠올리게 하는 것들에 의해 우연히 방해받는 통로가 아니라, 궁극적으로 파괴로 이어질 수 있는 반복의 끝없는 **내재적인 필연성**이다.[9] 프로이트가 제시하는 반복강박의 예시들, 즉 분석 과정에서 고통스러운 사건을 반복하는 환자, 죽은 남자들과 반복해서 결혼하라는 선고를 받는 여자, 사랑하는 연인에게 다시 상처를 입히는 타소 시 속의 전사 탄크레디[10]는 모두 의식이 일단 죽음의 가능성에 직면하면 파괴적인 사건을 계속해서 반

---

9) 트라우마의 반복적인 차원은 오직 그 구성적 시간적 측면을 고려할 때에만 설명할 수 있다. 촉발 자극(환경 내 촉발 요소가 초래하는 플래시백)에 대한 현재의 신경생물학적 해명은 특정 사건이 어떻게 중단할 수 없는 경보를 울리고, 이로 인해 세로토닌이 과도하게 분비되어 궁극적으로 시스템을 소진시키고, 이후 촉발 반응을 유발하는지 설명해야 할 때 여전히 반복의 시간적인 딜레마에 부딪힌다.

10) 이 책의 머리말 참조.

복할 수밖에 없는 필연성을 암시하는 듯하다. 정말이지 이러한 사례는 개인 삶의 형태, 즉 트라우마를 겪은 개인의 역사가 파괴 사건의 단호한 반복에 불과하다는 것을 암시한다.

현대 트라우마 이론에서도, 개인의 삶을 지배하는 트라우마의 파괴적인 반복에 초점을 맞추는 경향이 뚜렷하다. 현대 신경생물학자들이 지적하듯이, 플래시백에서 트라우마 경험이 반복되는 것 자체가 재₩트라우마를 유발할 수 있다. 이러한 반복이 생명을 위협하지는 않더라도 적어도 뇌의 화학 구조를 위협하고 궁극적으로 악화를 초래할 수 있기 때문이다. 또한, 이는 베트남전쟁이나 강제수용소 생존자들처럼 완전히 안전한 상태임을 알고 난 **후**에야 자살하는 생존자들의 높은 자살률을 설명하는 것처럼 보인다. 그렇다면 역사를 지배하는 인간 경험의 패러다임으로서, 외상성 장애는 실제로 명백한 죽음을 향한 투쟁이다. 프로이트가 《쾌락원칙을 넘어서》에서 궁극적으로 제시하는 죽음에 대한 충동이라는 가설은 역사의 폭력이 인간 정신에 가하는 파괴적인 힘의 실재, 즉 과거 폭력의 끝없는 반복으로서의 역사의 형성을 인정하는 것처럼 보일 뿐이다.

외상적 각성

그렇지만 프로이트가 설명한 사고의 트라우마적 악몽에 대한 묘사를 면밀히 살펴보면, 트라우마에서 놓치고 반복되는 것에 대한 더 복잡한 개념을 발견하게 된다. 프로이트는 사고 꿈을 묘사하며, 트라우마적 공포가 단순히 꿈 자체가 아니라 꿈에서 깨어나는 순간 일어나는 일에 기인한다고 본다.

외상성신경증에서 발생하는 꿈은 환자를 사고 당시의 상황으로 반복적으로 데려가는 특징이 있다. 이것은 환자가 **또 다른 공포 속에서 깨어 나오는** 상황이다.

공포가 제때 대비하지 못한 트라우마적 영향을 정의하는 프로이트의 용어라면, 악몽의 트라우마는 꿈속의 경험뿐만 아니라 **꿈에서 깨어나는 경험**에도 있다. **깨어나서 의식 속으로 진입하는** 경험은, 특이하게도 트라우마를 다시 경험하는 것과 동일시된다. 따라서 의식을 놀라게 하는 것은 꿈만이 아니라, 정말이지 **깨어남 그 자체**, 즉 꿈이라는 사실 자체뿐 아니라 꿈을 넘어섰다는 사실 자체가 놀라움을 구성한다. 수수께끼처럼 암시되는 바는, 트라우마는 죽음을 직면했다는 것뿐만 아니라 **정확히 그랬다는 사실을 모른 채 살아남았다는** 데 있다는 것이다. 사람이 플래시백 속에서 돌아가는 곳은 자기 임사臨死의 이해 불가능성이 아니라, 바로 자기 생존의 이해 불가능성 그 자체이다. 달리 말하면, 반복은 사람이 거의 죽을 뻔했다는 사실을 파악하려는 시도일 뿐만 아니라, 더 근본적이고 불가사의하게도 자기 **자신의 생존을 주장하려는** 시도 그 자체이다. 역사를 트라우마의 역사로 이해하고자 한다면, 그것은 자신의 생존을 자신의 생존으로 여기려는 끊임없는 시도로서 경험되는 역사이다.

나는 프로이트가 공식화한 죽음충동의 핵심에 있는 것은 바로 이러한 생존에 대한 이해 불가능성이라고 주장하려 한다. 프로이트는 충동의 근원을 악몽에서 깨어나는 것과 다르지 않은 각성에 대한 반응으로 묘사한다.

생명의 속성은 어느 시점에 우리가 그 본성을 전혀 파악할 수 없는 힘의 작용으로 무생물 형태로 깨어났다. …… 그때까지 무생물이었던 것에서 발생한 긴장은 스스로를 상쇄하려 애썼다. 이렇게 첫 번째 충동, 즉 무생물 상태로 돌아가려는 충동이 생겨났다. (38, 번역 수정)

프로이트는 충동의 시작이 죽음의 외상성 부과가 아니라 오히려 삶에 대한 외상성 '각성'이라고 암시한다. 프로이트는 삶 자체가 준비되지 않은 '죽음'으로부터의 각성이라고 말한다. 따라서 충동의 근원은 바로 자기도 모르게 죽음을 넘어선 경험이다. 그리고 충동은 궁극적으로 삶에 대한 이러한 각성을 숙지하려는 시도 속에서 그 역사적 구조를 정의한다. 자기 삶의 행위의 순간으로 귀환하지 못하는 충동은 인류 역사의 미래로 떠난다.

떠남과 역사

실제로 프로이트가 제시한 반복강박의 가장 유명한 사례인 (아이가 실패를 가지고 '포르트'와 '다'를 하는) **포르트-다** fort and da 놀이의 핵심이, 떠남과 귀환 이야기의 역사적 복잡성이다.[11] 프로이트는 아이(손자)가 끈에 달린 나무 실패를 침대

---

11) 실제로 샘 웨버Sam Weber는 충동의 기원에 관한 구절을 요새로 해석한다. "간단히 말해서, 프로이트는 반복을 주체성의 이동으로 생각하려는 (간단히 말해서 반복을 그 자체라고 생각하려는) 시도와, 오히려 반복을 출발이라 생각하는 시도로부터 벗어나야 한다.……〔충동〕이 반복하는 것은 …… 더 이상 절대로 '동일하지' 않다—그 요새다! the Fort! that is Da!—but rather a da that is fort".(웨버, 《프로이트의 전설The Legend of Freud》, Minneapolis: University of Minnesota Press, 1982, 139쪽) 어떤 출발에서의 충동의 본래 지위는 보편화 운동(트라우마에서 시작하는 모든 충동)이라 이해할 수 있을 뿐만 아니라, 어떤 특별한 트라우마적 경험의 위치 지정 불가능성을 다시 한 번 나타내는 방식이라 이해할 수도 있다는 점에 주목해야 한다. 이 지위는 언제나 단지 앞선 경험의 반복일 수 있다.

에 '오-오-오-오'(o-o-o-o) 소리를 내며 반복해서 던졌다가, 다시 실패를 집어 들며 '아-아-아-아'(a-a-a-a) 소리를 내는 이상한 놀이를 하는 것을 관찰했다고 한다. 프로이트는 이 소리들이 **"가고 없음"**(fort, "gone")과 **"여기"**(da, "here")를 의미한다고 해석하고, 아이가 얼마 전에 억지로 마주해야 했던 엄마의 떠남과 귀환을 재현하고 있다고 주장한다.[12]

프로이트는 반복강박의 증거를 찾는 과정의 하나로 놀이를 제시한다. 하지만 가장 눈에 띄는 것은 놀이 자체의 의미나 반복강박의 예시 여부가 아니라, 프로이트가 이 사례를 제시하는 방식, 즉 이 사례가 펼쳐지는 과정에서 아이가 이 놀이가 출발 놀이인지 귀환 놀이인지에 관해 보여 주는 호기심 어린 망설임이다.

결국 나는 그것이 놀이였고, 아이가 장난감을 가지고 노는

12) 정확히 말해, 프로이트에 따르면 아이는 "o-o-o-o"라는 소리를 냈고, 그는 이를 fort라고 해석했다. 이어서 아이는 da라는 말을 했는데, 이 장면을 설명하면서 프로이트는 아이가 낸 "a-a-a-a" 소리를 생략한 채 곧바로 그 해석만을 제시한다. 분명히 소리(나 텍스트에서는 문자)에서 낱말로, 그리고 의미로의 이동은 어느 정도 분석이 필요하고, 이 구절에 대한 문헌에서 어느 정도 다루어졌다. 예컨대 데리다Jacques Derrida, 〈사변—'프로이트'에 관하여Spéculer—sur 'Freud'〉, 《우편 엽서: 소크라테스에서 프로이트까지, 그 너머La carte postale: De Socrate à Freud et au delà》(1980) 참조.

유일한 방법은 이 장난감과 함께 '사라지는' 놀이뿐이었다는 것을 깨달았다.

그렇다면 이것은 사라짐과 복귀라는 완전한 놀이다. 사람들은 대체로 1막만 보았고, 그 막은 그 자체로 하나의 놀이처럼 지칠 줄 모르고 반복되었지만, 더 큰 즐거움은 2막에 있었음은 의심의 여지가 없다.

아마도 [엄마의] 떠남은 엄마의 즐거운 귀환을 위한 필수적인 예비 과정으로 실연되어야 했고, 놀이의 진정한 목적은 바로 그 귀환에 있었다고 말할 수 있다. 그러나 이에 반해 1막, 즉 떠남의 막은 그 자체가 놀이로 연출되었고, 즐거운 결말을 지닌 에피소드 전체보다 훨씬 더 자주 연출되었다는 사실도 고려해야 한다. (15-16)

프로이트가 **포르트-다**의 이야기를 할 때 가장 인상 깊었던 것은, 떠남과 귀환의 놀이가 궁극적으로, 그리고 불가해하게, 그저 떠남의 놀이에 불과하다는 점이다.[13] 만일 이 (떠남

---

13) 이 맥락에서 흥미로운 점은, fort-da 사례의 소개 자체가 외상성신경증이라는 주제에서 명백히 '이탈'한 것으로 규정된다는 점이다. "이 시점에서 나는 이제 외상성신경증이라는 어둡고 우울한 주제를 떠나, 정신 기관이 가장 초기의 표준적인 활동 중 하나—곧 아이들의 놀이—에서 적용하는 작동 방식을 검토하

과 귀환의) 놀이가 《쾌락원칙을 넘어서》에서 울림을 갖는다면, 그것은 단순히 아이의 놀이가 반복강박의 증거를 제공하거나 제공하지 않기 때문만이 아니라, 이 떠남과 귀환의 상징적 패턴이 역사적 경험에 대한 더 넓은 개념을 현저하게 보여 주기 때문이다.[14] 프로이트는 《쾌락원칙을 넘어서》를 집필하면서 바로 이 개념을 고심하고 집중적으로 다루려고 했다. 더욱이 이러한 역사적 패턴은 떠남과 귀환의 이야기, 즉 《인간 모세와 유일신교》에 나오는 유대인 역사에 관한 이야기를 다루는 후속 작품에서 더 분명하게 다루어질 것이다. **포르트-다** 놀이에서, 전투 트라우마 사례에서 죽음충동으로 이어지는 기이한 이동에 내재하는 의미, 즉 생존자의 이해를 넘어서는 생존의 역사적 경험으로서의 트라우마 이론이 개인의 경계를 넘어서는 역사 개념을 포괄한다

고자 한다." 물론 이 놀이는 다음 장(4장)의 끝에서 일종의 트라우마적 유희로 정의된다. 트라우마에 관한 프로이트의 글에서 독일어 낱말 verlassen(떠나기, 출발하기)이 갖는 의미에 대해서는 앞의 1장 참조.

14) fort-da 사례의 어지러울 정도로 자기반성적인 특성은 문학비평가들의 많은 관심을 받아 왔다. 가장 두드러진 사례로, 데리다는 "그 중요성이 아마도 이 예증의 기록에 새겨져 있지 않을 것"이라고 지적하며, 사변으로서의 게임의 구조를 텍스트 자체의 서술과 연결한다. 위에서 언급했듯이, 샘 웨버는 죽음충동의 구조와 이 게임의 구조 사이의 관계에 주목했다(데리다의 《우편 엽서》와 웨버의 《프로이트의 전설The Legend of Freud》 참조).

는 사실을 우리는 이미 안다.《쾌락원칙을 넘어서》에서 개인적 트라우마를 떠남의 경험, 즉 사건을 뒤에 남겨 두고 떠나는 경험으로 재고하는 것은《인간 모세와 유일신교》의 역사, 즉 집단적 · 세대 초월적 · 종교적 역사에 이미 도달했음을 의미한다.

《인간 모세와 유일신교》에서 프로이트는 이집트에서 가나안으로 히브리인들을 데려오는 동안 모세가 살해된 외상성 사건의 발생을 통해 유대인의 역사를 설명할 수 있다고 주장한다. 살인 사건 이후 유대인들은 이를 억압하고 모세라는 이름의 두 번째 지도자를 세웠는데, 이 지도자는 결국 살해된 첫 번째 모세에게 동화되었다.[15] 프로이트는 살인이라는 뒤늦은 경험과 유대 전통을 통해 억압되었던 모세 종교가 부활함으로써 궁극적으로 유대인 유일신교가 확립되었고, 이후 유대인의 역사가 결정되었다고 주장한다.《인간 모세와 유일신교》에서 프로이트가 유대인의 역사를 설명한 내용을 간략히 살펴보면,《쾌락원칙을 넘어서》에서 역사를

---

15) 프로이트의 텍스트에서 두 번째 모세가 첫 번째 모세에게 동화되었기 때문에 그렇게 명명되는지, 아니면 우연히 두 번째 지도자인 모세가 첫 번째 지도자에게 동화되었는지 명확하지 않다. 이는 동화 과정에 우연의 요소가 있었음을 시사한다.

생존의 관점에서 이해하는 프로이트의 방식이 궁극적으로
개인 정신의 범위를 넘어 어떻게 유대인의 역사적 경험의
구조를 묘사하는지 알 수 있다.

역사적 트라우마, 또는 유대인의 역사

《인간 모세와 유일신교》에 나타난 유대인의 역사는 유대인
의 실제 경험(역사적 발전)을 그들이 온전히 자신들의 것이라
고 주장할 수 없는 경험, 즉 유일신교의 전승이라는 관점에
서 이해하려는 시도라는 점에서 트라우마 이론과 의미심장
하게 공명한다. 이러한 유일신교의 전승은 그들의 역사 속에
존재하는 결정적인 힘의 경험이며, 이는 그들이 온전히 **선택
한** 역사가 아니라 바로 신에게 **선택받았다**는 인식, 프로이트가
말한 유대인들이 "오늘날까지 살아남을 수 있도록" 해 준 선
민의식選民意識을 의미한다.[16] 따라서 선민의식으로서의 유대

---

16) 1장에서처럼 《인간 모세와 유일신교》에서 가져온 인용문 다음에 나오는 쪽
수 언급은 우선, 캐서린 존스가 번역한 프로이트 《인간 모세와 유일신교》 번
역판을, 그다음은 제임스 스트래치의 《표준판》(SE) 23권 번역을 가리킨다. 유

유일신교는 유대인의 역사를 생존과 그들이 이해할 수 없는 트라우마적 역사 사이의 연관성을 중심으로 정의한다.

프로이트는 본디 모세가 히브리인들에게 선민의식을 가르쳤다고 주장한다. 하지만 이 의식은 모세가 죽은 후에야 비로소 유대 유일신교의 진정한 일부가 되었다. 모세 살해의 억압과 그 후 억압되었던 것들이 귀환한 결과로서, 선민의식은 지식의 대상이 아니라 무의식적인 힘으로 되살아난다. 즉, 프로이트가 "전통"이라고 부르는 것으로 나타난다. 따라서 프로이트가 말하는《인간 모세와 유일신교》의 요점은, 유일신교를 교리로 보는 설명이 아니라 유대 역사를 형성한 유일신교 특유의 **무의식적 힘**을 설명하는 데 있다.

> 나는 모세의 종교가 **전통이 된 이후에야** 비로소 유대 민족에게 영향력을 행사했다는 주장을 더 신빙성 있게 만들기 위해 이 모든 심리적 여담을 늘어놓았다. (164; 127-28, 강조 추가)

유일신교가 실제로는 유대인의 역사에서 "전통"으로만 작

대인의 역사가 생존의 역사임을 강조하는《인간 모세와 유일신교》내 다른 구절들은 각각 116쪽과 176쪽에서 찾아볼 수 있다.

동한다고 주장하는 프로이트는, 선민의식이야말로 유대인의 과거에서 온전히 **이해될 수 없는 무엇**이며, 유대인의 과거가 유대인에게 역사로서 강요한 방식, 즉 살아남았지만 완전히 이해하지는 못하는 방식이라고 지적한다. 프로이트는 이러한 전통의 형성이 모세의 트라우마적 살해와 연결되어 있다고 보며, 유일신교의 구조(억압되었던 모세 살해 사건 이후 신에 의해 이해할 수 없는 방식으로 살아남도록 선택받았다는 감각이 부상하는 것)가 어떤 면에서는 트라우마가 살아남는 독특한 양상과 매우 유사하다고 암묵적으로 주장한다. 유대 역사를 형성하는 과정에서 유일신교는 《쾌락원칙을 넘어서》에서 묘사된 죽음충동과 매우 유사하게 기능하는 것으로 드러난다. 《쾌락원칙을 넘어서》에서 개인의 이야기를 지배하는 질문("**살아남는다는 것은 무엇을 의미하는가?**")은 따라서 유대인의 역사에서 중요하고도 수수께끼 같은 질문("**선택받는다는 것은 무엇을 의미하는가?**")이 된다.[17] 이 질문의 핵심에 있는 유일신교의 트라우마적 구조는 끝없는 위기이자 새로운 미래에 대한 무한한 가능성인 유대인의 생존 역사를 나타낸다.

---

17) 따라서 선택받음의 본질은 트라우마적 경험의 일부인 과거 경험에 사로잡혀 있다는 느낌과 공명한다. 유대인에게 모세의 선민 교리가 중요하다는 점에 대해서는 예컨대 109쪽과 158쪽 참조.

프로이트가 제시하는 주장은 복잡하지만, 이 질문의 의미의 기저에 있는 근본적인 문제는, 유대인의 트라우마적 역사 속에서 유일신교의 계승 과정에서 파악되지 않고 끊임없이 되풀이되는 것의 성격이라는 관점에서 이해될 수 있다. 한편 프로이트는 유대인 역사의 핵심은, 아버지 같은 존재인 모세의 트라우마적 살해 과정에서 벌어지는 사랑과 증오, 상실의 복합적인 구성이라고 주장하는 듯하다. 프로이트는 거세 위협이라는 트라우마적 경험과 그것이 아이의 발달에 미치는 영향을 모델 삼아, 모세 살해 이후 유일신교가 억압되었다가 전통 속으로 귀환한 것은 거세 위협 이후에 일어나는 억압 및 그 억압받은 것의 귀환과 비슷하다고 주장한다.[18] 모세의 종교는 귀환할 때 아버지와의 무의식적 동

18) 프로이트는 저서 전반에 걸쳐 종종 나란히 병치되는 두 가지 트라우마 모델을 제시한다. 거세 트라우마의 모델은 '억압과 억압된 것의 귀환' 이론, 그리고 무의식적인 상징적 의미 체계(꿈 이론의 통상적인 해석의 토대)와 연결된다. 그리고 외상성신경증(이를 테면, 사고 트라우마) 모델은 사고 희생자나 전쟁 퇴역병 (그리고 일부 사람들이 주장하듯이 히스테리아에 대한 초기 연구와도 연결된다. 허먼Herman의《트라우마와 회복Trauma and Recovery》참조)과 연결되고, 정신분석 이론에서 인간 경험과 마찬가지로 상징체계의 방해로 출현하고, 억압이나 무의식, 상징화가 아니라 오히려 시간적 지연이나 반복, 글자 그대로의 귀환과 연결된다. 프로이트는 일반적으로 (예컨대《쾌락원칙을 넘어서》의 2장과 3장 그리고《인간 모세와 유일신교》에서) 두 종류의 트라우마에 대한 자신의 사례들을 나란히 제시했다. 그리고《정신분석 입문 강의Introductory Lectures on

일시 형태로 돌아온다.

따라서 《쾌락원칙을 넘어서》에서 프로이트가 제시한 트라우마적 반복에 대한 이해를 바탕으로, 모세 살해는 아버지와의 트라우마적 분리로 인해 발생했으며, 궁극적으로 살해 전의 순간, 즉 모세의 선민 교리로 되돌아가려는 뒤늦은 시도로 이어진다고 말할 수 있다. 이러한 귀환 시도는 항상 폭력 행위(즉, 분리의 순간이나 원인)와 다시 맞닥뜨리게 되는데, 이는 이후 유대인을 향한 폭력의 형태로 나타난다. 구체적으

Psychoanalysis》(1916)에서 이 두 가지 트라우마를 어떻게 통합해야 할지 확신하지 못했다고 인정했다. "외상성신경증은 본질적으로 우리가 분석을 통해 조사하고 치료하는 자발성 신경증과 동일하지 않다. 우리는 아직 그것들을 우리의 견해와 조화시키는 데 성공하지 못했다." 《표준판》, 16권, 274쪽)

라캉의 《정신분석의 네 가지 기본 개념Le séminaire XI: Les quatres concepts fondamentaux de la psychanalyse》의 프랑스어판은 1973년 출간되었고 밀러Jacques-Alain Miller가 편집하고 셰리던Alan Sheridan이 번역한 영어판(*The Four Fundamental Concepts of Psychoanalysis*)도 1973년 출간되었다. 이는 트라우마 이론을 통해 억압 이론에 대한 기존 이해를 재해석한 시도로 볼 수 있다. 코헨Jonathan Cohen과 킨스턴Warren Kinston도 《국제정신분석저널International Journal of Psychoanalysis》65권에 실린 〈억압 이론: 그 토대에 대한 새로운 고찰Repression Theory: A New Look at the Cornerstone〉(1983)에서 이를 시도했다. 나는 이 과제가 오늘날 정신분석의 핵심적인 문제 중 하나라고 믿는다. 그 이유는 두 가지다. 우선, 이 과제가 트라우마 이론이 왜 더 커다란 꿈 이론 내에서 악몽에 대한 이해로 구체적으로 출현하는지, 그리고 외부 실재가 더 큰 상징적·문화적·젠더적 체계와 관련하여 파괴적인 영향을 미치는지 이해하는 데 도움이 되기 때문이다. 프로이트의 트라우마 악몽에 대한 라캉의 해석은 이 책 5장 참조.

로 프로이트는 다른 사람들이 유대인에 대해 느끼는 오이디푸스 콤플렉스 부류의 경쟁심, 특히 기독교인에 대한 경쟁심과 증오라고 주장한다.[19] 따라서 그 살해로 인한 아버지 같은 존재와의 분리는 유대인들이 끝없이 겪게 되는 이해할 수 없는 폭력이며, 선택받음의 안전으로 귀환하려는 시도이자 폭력적인 분리의 트라우마적 반복으로서 경험된다. 이는 기독교인들이 가하는 폭력을 통해 발생하는 귀환이다. 그렇게, 선택받음의 역사는 생존의 역사로서, 과거의 폭력이 다시금 되살아나는 것과의 끝없는 대결 형태를 취한다.[20]

미래의 가능성

그러나 우리는 유일신교 사상에서 유대 선민의식의 출현과 그 힘을 다른 방식으로 이해할 수 있다. 프로이트가 이 텍스트에서 트라우마를 설명할 때 오이디푸스 트라우마 모델뿐만

---

19) 이 역학에 대해서는 이 책 1장 참조.

20) 따라서 트라우마에 대한 이 이해는 위에서 언급한 트라우마적 악몽에 대한 첫 번째 해석을 구성하는 '폭력 반복' 모델과 상응한다. 체이스Cynthia Chase (1993)는 《낭만주의Romanticism》(체이스 편집, Longman Critical Readers, London: Longman, 1993) 서문에서 트라우마의 반복과 트라우마의 역사 모델 의 관계를 논한다.

아니라 《쾌락원칙을 넘어서》에서 나온 익숙한 사고 사례(앞의 1장에서 논의한 사례)를 사용함으로써 가능해진 해석이다.

예를 들어 열차 충돌 같은 충격적인 사고를 우연히 당한 사람이 겉보기에는 멀쩡하게 현장을 떠날 수 있다. 그러나 그 후 몇 주 동안 그 사람은 일련의 심각한 심리적·운동적 증상을 보이는데, 이는 오직 그 사람이 받은 충격이나 사고 당시 일어난 그 밖의 다른 사건 때문일 수밖에 없다. 그는 '외상성 신경증traumatic neurosis'에 걸린 것이다. 이것은 매우 이해하기 어려운 일로 보이며, 따라서 진기한 사실이다. 사고 발생 후 증상이 처음 발현할 때까지의 기간을 '잠복기incubation period'라고 한다. …… 나중에 생각해 보니 다음 생각이 문득 떠오른다. 외상성신경증의 문제와 유대교적 유일신 신앙의 문제는 근본적으로 서로 다른 두 경우이지만, 한 지점에서 서로 맞닿아 있다. 바로 **지연**이라 일컬을 수 있는 특징이다. 유대교의 역사에는 모세의 종교에서 분리된 이후 오랜 기간 동안 유일신교적 사상의 흔적을 찾을 수 없다고 생각할 만한 가장 유력한 근거가 있다. 〔전통이〕 …… 수 세기 전에 모세가 창시한 종교를 되살리는 데 성공할 때까지는 …… 말이다. (84; 67-68, 번역 수정)

이 사고의 발생에서 프로이트는 유대인의 트라우마적 역

사, 즉 모세 종교로부터의 이탈을 모세 살해와 유대인 유일신교 형태로 나타난 그의 귀환에 비유하는 것으로 보인다. 그러나 프로이트가 여기서 묘사하는 사고라는 사건은 (그의 표현을 빌리면) "사고 당시의 충격이나 그 무엇"뿐만 아니라, 그 사람이 "겉보기에는 멀쩡하게 벗어난다"는 사실에도 있다고 주장할 수 있다. 말하자면, 사고 현장을 벗어난다는 것은 단순히 충돌이라는 사건을 경험하지 못한다는 것뿐만 아니라, 그 사람이 실제로 "무사했다"는 사실을 경험하지 못한 채 남아 있는 것이다. 나는 이렇게 주장한다. 유일신교에서 되돌아오는 것(유대 민족의 지연기 이후 돌아온 유일신교적 관념)은 단지 폭력적인 분리라는 놓쳐 버린 사건이 아니라, 바로 모세와 폭력적으로 분리되었다가 **그럼에도 살아남았다는** 그 이해할 수 없는 감각이다. 프로이트에게 유일신교가 "각성"이라면, 이 각성은 단순히 과거의 귀환이 아니라 과거로부터 지금껏 살아남았다는 사실의 귀환이다. 새로운 유대 신의 형상 속에서, 그 생존은 유대인이 선택한 행위가 아니라, 그 약속 안에 아직 이해되지 못한 미래를 **위해 선택받았다는** 불가해한 사실로 나타난다. 따라서 선택받음은 단순히 과거의 사실이 아니라, 전적으로 자신의 것이 아닌 미래로 내던져지는 경험이다. 유대 유일신교에서 뒤늦게 경험하는 트라우마는 역사가 단지 위기의 전승만이 아니라 어떤 단일

한 개인이나 세대보다 더 큰 역사 속에서만 소유할 수 있는 생존의 전승임을 시사한다.[21]

나는 이렇게 생각한다. 생존에 대한 프로이트의 이해는 생존이라는 독특하고 역설적인 복잡성을 통해 개인 트라우마 이론 안에 더 큰 역사적 트라우마의 핵심이 담겨 있다는 사실을 이해하게 될 때에만 비로소 온전히 이해될 수 있다.[22] 물론, 프로이트가 《쾌락원칙을 넘어서》와 《인간 모세

---

21) 말하자면, 전적으로 자신의 것이 아닌 과거에 의해 소유되는 관점에서 기술되는 트라우마는 이미 개인의 경험 그 자체를 초월하는 무언가로 기술되고, 가장 강렬한 고립감에서 개인의 지식과 사건에 대한 지배력의 파괴를 개인의 경험 속으로 끌어들인다. 이 트라우마 개념은 또한 트라우마를 목격하는 것이 개인 내부에서 전혀 불가능할 수도 있고, '치유'나 최소한 목격이 일어날 수 있는 것은 오직 미래 세대에만 가능할 수도 있음을 인정한다. 트라우마의 세대 (간) 구조에 대해서는 베르그만Martin S. Bergmann과 주코비Milton E. Jucovy, eds., 《홀로코스트 세대Generations of the Holocaust》(Newyork: Columbia University Press, 1982) 그리고 프레스코Fresco, 〈잊혀진 사람들을 기억하라 Remembering the Unknown〉 참조.

22) 핵심은 개인적 트라우마와의 유비에 근거해서 집단 트라우마나 역사적 트라우마(혹은 세대적 트라우마)를 정의하는 것이 아니라(이것이 프로이트가 명시적으로 자신이 행하고 있는 것이라고 주장하는 바이지만), 개인적 트라우마 이론에서 역사적 트라우마나 세대적 트라우마를 어떤 의미에서 전제하는지 이해하는 것이다. 바로 이것이 내가 프로이트의 텍스트에 내재한다고 믿는 것이다. 세대 간 트라우마 개념과 교차하는 것으로 보이는 세대 간 전이 개념은 에이브러햄Nicolas Abraham, 〈환영에 대한 주석Notes on the Phantom〉, 《껍질과 중핵The Shell and the Kernel》(Nicolas Abraham and Maria Torok, 1991) 1권에 실려 있다. 트라우마와 역사에 관한 일반적인 질문에 대해서는 《홀로코스트 표상하기: 역사와 이론, 트라우마Representing the Holocaust: History, Theory,

와 유일신교》에서 제시한 트라우마 이론을 이해하고, 제1차
세계대전과 제2차 세계대전 그리고 그사이의 수많은 생존
과 고통, 즉 딸 소피와 손자를 잃고 아들이 위협받고 결국 빈
을 강제로 떠나야 했던 경험을 통해 한 텍스트에서 다음 텍
스트로 옮겨 가는 과정을 이해해 볼 수도 있다.[23] 그렇지만
그런 작업을 시도하기보다 나는 또 다른 종류의 생존에 주
목할 것이다. 프로이트가 《인간 모세와 유일신교》에서 "전
통"의 생존이라고 언급한 것과 더 비슷한 생존 말이다. 프로
이트는 이 생존을 정신분석 이론 그 자체이자 그 이론의 미

Trauma》(Dominick La Capra 1994) 참조. 공동체 트라우마에 관해서는 《트라
우마: 기억 속 탐색Trauma: Explorations in Memory》(Caruth)에 실린 〈트라우
마와 공동체에 관한 주석Notes on Trauma and Community〉(Kai Erikson 1996)
과 《상처의 세계: 트라우마 문헌 읽기Worlds of Hurt: Reading the Literatures of
Trauma》(Kali Tal 1996) 참조.

23) 이 책 1장에서 출발과 관련하여 《인간 모세와 유일신교》를 다룬 나의 해석을
참조. 물론 이는 정신을 단순히 전기적 경험으로 축소하려는 것이 아니라, 트
라우마에서 경험과 텍스트가 알려지지 않았거나 완전히 경험되지 않은 것을
중심으로 어떻게 연결되는지를 보여 주기 위함이다. 많은 사람들이 주목한
바와 같이, 《쾌락원칙을 넘어서》의 글쓰기와 관련하여 소피Sophie는 프로이
트가 텍스트를 완성하기 직전까지 죽지 않았다. 그렇지만 '생존은 어떤 아이
의 생존'이라는 개념은 프로이트의 삶에 대한 단순한 언급이나 언급의 부재보
다 더 복잡한 방식으로 이 텍스트에 스며들어 있는 것으로 보인다. 이 문제에
대해서는 데리다의 《우편 엽서》 참조. 《쾌락원칙을 넘어서》와 《인간 모세와
유일신교》의 글을 둘러싼 사건에 관해서는 게이Gay의 《프로이트: 우리 시대
를 위한 삶Freud: A Life for Our Time》 참조.

래 전통으로 간주했다. 프로이트는 제1차 세계대전이 자기 생명이나 가족에 대한 위협이라기보다 정신분석학 자체에 대한 위협이라고 믿었다. 프로이트가 1924년 산도르 페렌치 Sandor Ferenczi에게 써 보낸 글은 정신분석이 일종의 생존이라는 인식이다.

나는 내 뒤를 이을 위원회를 살아서 지켜보았네. 어쩌면 국제협회보다도 더 오래 살지 모르겠네. 정신분석학이 나보다 오래 살아남기를 바랄 뿐이야. 하지만 이런 생각은 인생의 끝을 암울하게 만들지.[24]

프로이트는 정신분석이 계속 살아남는다면, 알려지고 이해된 이론의 쉬운 삶으로서가 아니라 완전히는 이해되지 않은 무언가의 끝없는 생존으로서 살아남을 것이라고 암시한다. 정신분석이 그 전통을 계속 이어 가려면, 역설적이게도

---

24) 데리다의《우편 엽서》355쪽에서 인용한 1924년 3월 20일자 〈프로이트가 페렌치에게〉. 또,《프로이트의 삶과 연구》(Ernest Jones 1957) 3권 66쪽 참조.《인간 모세와 유일신교》의 측면에서 정신분석 전통에 관해 생각해 보려면, 구전과 기록 전통의 관계라는 관점에서 전통의 무의식적인 힘에 관한 프로이트의 사고를 탐구해야 할 것이다. 예컨대, 프로이트 텍스트 86쪽 참조.

그 생존의 과정에서 아직 완전히 포착하지 못한 것들 속에서, 자기 통찰과 맺는 가장 진실한 관계를 찾아야 한다. 나는 이렇게 주장한다. 오늘날 트라우마 이론은 이러한 생존이 정확히 일어나고 있는 영역 중 하나이다. 이는 정신의학이 트라우마 이론을 변형하고 자기 것으로 만든다는 확신에서만이 아니라, 여전히 정신의학과 정신분석 모두 다에 풀리지 않은 수수께끼로 남아 있는 이 이론의 창조적인 불확실성 속에서 그러하다. 그 수수께끼란 바로 파괴**이자** 동시에 생존으로서의 트라우마, 그리고 그것이야말로 프로이트의 통찰 자체의 핵심에 놓여 있는 것이다.

4장

추락하는 몸과
지시의 영향력

드 만과 칸트, 클라이스트

이러한 꼭두각시 인형은 중력에 반하여 움직이는 이점이 있다. 물질의 관성을 전혀 모른다. …… 요정과 마찬가지로 꼭두각시 인형은 단지 **스치기 위해서만** 대지가 필요하다. …… 우리는 쉬기 위해서 또 열심히 춤추고 난 뒤 원기를 회복하기 위해서 대지가 필요하다.

클라이스트Kleist, 〈인형극에 대하여Über das Marionettentheater〉

문학이론에서 구조주의와 후기구조주의가 발전한 이후, 이러한 언어학적 성향의 읽기 이론이 우리가 언어를 통해 역사에 접근할 수 있다는 가능성을 부정한다는 우려가 상당히 제기되었다. 후기구조주의자들은 끊임없이 의미 생성의 도구인 언어 장치에 초점을 두고, 해체론자들은 이러한 도구로 인해 우리가 어떤 텍스트를 이해할 때 생겨나는 어려움에 계속 초점을 맞춘다. 이것은 언어가 충분히 세계를 지시할 수 없고 정말로 어떤 것도 충실히 지시하지 못할 수 있으며, 이 때문에 문학과 언어, 심지어 의식 일반이 역사적 실재로부터 유리遊離하게 된다고 주장하는 것과 매한가지로 보인다. 이 우려에 대응해 폴 드 만Paul de Man은 1982년 소논문 〈이론에 대한 저항The Resistance to Theory〉에서 언어학적 성향의 (문학)이론이 반드시 지시를 부정하는 것이 아니라, 오히려 자연법 원리를 토대로 지시 원리를 모형화해서 지시를 지각과 같이 만들 가능성을 부정한다고 말한다.[1] 드 만은 지시를 자연법과 구별하려 시도한다. 이 시도는 역사에 대한 접근을 부정하는 것이 아니다. **진술 언어**constative

---

[1] 드 만의 《이론에 대한 저항The Resistance to Theory》(1986)에 실린 〈이론에 대한 저항〉 참조.

language와 수행 언어performative language의 관계에 대한 이해에 바탕을 두고, 역사를 관념의 힘이 삼켜 버리지 않도록 분명히 막으려는 방식이다. 나는 이 주장을 펼칠 것이다. 그렇지만 이 강조는 언어에 관한 드 만의 진술만이 아니라, 드 만이 반복적으로 말하는 이야기에서도 구체적으로 읽어 낼 수 있다. 구체적으로 이 이야기는 바로 추락fall―비유적인 추락만 아니라 아주 축자적인 추락―의 이야기이다. 드 만의 이론이 지닌 독창적인 통찰을 구성하는 것은, 드 만이 뜻밖에도 이론을 추락과 연결한 것이다. 이것이 내가 주장하려는 것이다. 드 만의 이론은 지시를 제거하는 것이 아니라 언어로 사건의 충격을 정밀하게 등록하는 이론이다.

소논문 〈이론에 대한 저항〉은 이 탐구를 위한 좋은 틀이다. 그 이유는 바로 이 소논문의 구체적인 주제가 지시는 물론 추락이기 때문이다. 이 소논문은 지시적 실재나 외부 세계의 이름으로 만들어진 이론에 대한 저항, 즉 반대를 언급하면서 논의를 시작한다. 이 글이 응답하는 방식은 이론 '내부'로부터 유래하는 저항을 개념적으로 타당하다고 주장하는 것과, 이 지시적 '저항'을 무언가 구체적인 어떤 것의 추가적인 함축과 연결하는 것이다. 즉, 사람이 충격을 받자마자 느끼는 저항과 같은 그 무언가, 예컨대 추락하면서 느끼는 저항과 같은 그 무언가의 추가적인 함축 말이다. 지각적 실재의 이름으로 이론에 저항하는 사람들은 사실상 추락의 힘, 즉 충격에 저항하고 있는 것이다. 이것이 바로 드 만이 주장하는 바이다.

추락의 세계

드 만의 주장을 이해하기 위해서는 그의 소논문에 명시적으로 표현되지는 않았지만 읽어 낼 수 있는 어떤 서사, 즉 지시의 문제가 사상사에서 어떻게 축자적인 추락의 사실과 완전히 뒤엉키게 되었는지의 이야기에 관심을 돌릴 수 있다. 나는 이렇게 주장할 것이다. 이 이야기는 드 만이 현대의 지시 문제를 언어의 과학(논리학과 수사학, 문법)을 세계 일반의 과학(산술과 기하학, 천문학, 음악)과 연결하는 전통적인 철학의 기획에서 발생하는 문제에 비유할 때 출현한다. 드 만이 이 기획에 대해 제시하는 사례는 17세기 인식론이며, 이 이론은 분석기하학—수를 곡선과 직선의 현상적인 공간 도형에 연결하는 기하학—에 필적하는 논리를 통해 언어를 수학과 연결하려 시도했다. 드 만은 분석기하학을 언어 모델로 사용한 사례가 언어를 현상적 실재에 동화시키려는 시도임을 암시한다.[2] 그러나 17세기 기하학이 언어의 이상적 모델이라는 실례는 특별한 중요성을 지닌다. 그 이유는 이 기하학이 아주 성공적으로 묘사한 것으로 보이는 현상 세계는 운동이 전적으로 지배한다고 여겨지는 세계, 즉 17세기말경 운동**으로서의** 그 현상적 일관성이 종말을 맞이하게 될 세계였기 때문이다. 드 만은 철학적 이상의 사례를 이 철학이 설명할 수 없는 문학 텍스트의 사례—키츠의 시 제목 '하이페리온의 추락The Fall of Hyperion'—로 추적할 때 이 종말을 넌지시 암시하는 것으로 보인다. 단순한 운동의 세계는 뉴턴이 중력을 발견하자 완전히 최후를 맞았다. 중력은 뉴턴이 《프린키피아Principia》에서 물체들이 서로를 향해 떨어진다고 주장하면서 도입한 혁명적인 개념이다. 뉴턴은 공간상에 분리되어 있는 거대 물체들의 운동을 서로 자기 쪽으로 끌어당기는 인력으로 설명할 수 있다고 주장했다. 이 단언으로 운동의 세계는 정말 글자 그대로 추락의 세계가 되었다

---

[2] 드 만은 간단히 '기하학'이라 말하지만, 분명히 '분석기하학'을 지시하고 있다. 〈클라이스트에게 있는 미학적 형식화Aesthetic Formalization in Kleist〉(1984)에서 "공간적 개체(선이나 곡선)의 현상적 특별성을 형식화된 수 계산으로 분명히 밝히려는 시도"라고 제시한 드 만의 기술 참조. 이 글은 《낭만주의의 수사학The Rhetoric of Romanticism》 266쪽에 실려 있으며, 앞으로는 AFK라고 인용한다.

고 말할 수 있다. 여기에서 나는 뉴턴 이후의 철학사를 추락에 대해 어떻게 말할 것인가라는 문제와의 일련의 대립으로 볼 수도 있다고 말하고 싶다. 그리고 마찬가지로, 지시의 문제는 추락을 **지시하는 방법**이다. 나의 해석에 따르면, 드 만이 철학사에서 지시를 이러한 전개와 암묵적으로 연결한다면 말이다.

잠깐 물러서서 본다면, 우리는 중력, 즉 보편적 낙하 문제가 어떻게 지시 문제로 간주될 수 있는지 알 수 있다. 중력을 발견한 이야기에서, 뉴턴은 사과 하나의 떨어짐을 보고, 보이지는 않지만 이 사과를 지면으로 끌어당기는 바로 그 동일한 힘 때문에 우주의 물체들이 다 서로를 향하여 낙하하고 있음을 문득 깨닫는다. 뉴턴에 의해 이 개념이 법칙으로 만들어지고, **수학 공식**으로 표현되면서 수리과학은 예전에는 설명할 수 없었던 세계의 측면을 설명할 수 있게 되었다. 그러나 중력도 역시 어떤 **낱말**—gravity(인력 작용)—로 표상되는 개념인 한, 철학적으로는 이해할 수 없는 것으로 남아있고, 어떤 합리적인 의미도 구성하지 못하는 "신비로운 속성" 또는 보이지 않는 마법의 개체로 보였다. 즉, 수학 공식으로서의 중력은 세계에 완벽하게 적용될 수 있지만, 철학적 담론에서 **지시하는** 사물로서는 순전한 허구처럼 보였다.[3] 따라서 중력의 도입으로 세계에 적합한 유일한 것은 역설적이게도 지시하지 않는 것(수학)이었다. 그래서 실제로 지시하는 것, 즉 언어는 세계를 더 이상 묘사할 수 없었다. 추락하는 세계에서 지시는 세계를 적절하게 묘사할 수 없었다.

나는 다음과 같이 주장할 것이다. 철학사의 이 순간에 대한 드 만의 암시는 그것이 현대 이론의 중심이 되는 문제에 대한 패러다임임을 시사한다. 즉, 세계에 대한 직접적 지시나 현상적 지시는 역설적이게도 허구의 생성을 의미한다는 인식이다. 달리 표현하자면, 지시가 물리법칙과 근본적으로 다르다는 인식이다. 정말로 드 만의 많은 연구는 이론의 문제를 추락의 문학적·철학적 무대와 연결한다.[4] 하지만 특히 두 연구가 이론에 대한 드 만의 주장을 명확히 보

---

[3] 법과 중력 개념의 차이를 다룬 논의에 대해서는 게르트 부흐달Gerd Buchdahl 의 〈중력과 이해 가능성: 뉴턴에서 칸트에게로Gravity and Intelligibility: Newton to Kant〉, 《뉴턴의 방법론적 유산The Methodological Heritage of Newton》(1970) 참조.

[4] 예컨대 드 만의 〈시간성의 수사학The Rhetoric of Temporality〉(1983) 참조. 이 글은 《맹목성과 통찰: 현대 비평 수사학 에세이Blindness and Insight: Essays in the Rhetoric of Contemporary Criticism》 2판 수정판에 실려 있으며, 원래는 싱글턴Charles Singleton이 편집한 《해석Interpretation》(1969)에 실려 있었다. 그리고 삭스Sheldon Sacks의 《은유에 대하여》(1978)에 실린 드 만의 〈은유의 현상학 Epistemology of Metaphor〉 참조.

여 준다고 볼 수 있다. 하나는 칸트의《판단력 비판Kritik der Urteilskraft》에 대한 소논문이고, 다른 하나는 역시 암묵적인 칸트 읽기와 관련이 있는 소설에 대한 클라이스트의 소논문이다. 그 이유는 칸트가 자신의 이론을 경험적 지시물로부터의 독립성에 대한 바로 그 인식에 토대를 둠으로써 철학사에서 지시 문제를 엄격하게 처리하려는 시도를 대표한다고 말할 수 있기 때문이다.[5]

뒤따르는 논의에서 나는 칸트와 클라이스트에 대한 드 만의 해석이 어떻게 무엇보다도 이론을 자기반성적 체계로 만듦으로써 언어와 경험적 법칙을 구별하려는 철학적 시도를 추적하는지 간략하게 설명할 것이다. 그다음에는 드 만의 해석이 실례의 사용에서 나타나는 철학의 언어 내부에서 발생하는 이 기획에 대한 저항—드 만이 담론의 수행적 차원과 연결할 지시적 저항—을 어떻게 밝혀내는지 보여 줄 것

---

5) 샤피로Gary Shapiro와 시카Alan Sica가 편집한 《성서해석학: 질문과 전망 Hermeneutics: Questions and Prospects》(1984)에 실린 드 만의 〈칸트의 현상성과 물질성Phenomenality and Materiality in Kant〉 참조. 이 글은 앞으로 PMK라 인용한다. 비평철학이 '경험적 지시물로부터의 지식의 독립'에 토대를 둔 이론이라는 기술은 경험적인 것이 칸트에게 부적합하다는 것을 암시하지 않으며, 오히려 비평철학이 경험이 어떤 의미에서 경험법칙의 지식에 앞설 수 있는 가능성의 조건에 대한 고유한 초월적 규칙을 명시할 수 있다는 것을 암시한다.

이다. 드 만의 분석에 따르면, 이론의 필요성과 이론에 대한 저항은 둘 다 어떤 특정한 예(추락의 예)의 변형 속에서, 또한 어떤 특정 형상(몸의 형상)의 출현을 통해 발생할 것이다. 드 만이 몸의 중심성을 강조하는 데서 그의 이론이 어떻게 지시적 저항의 양식을 개념화하고 실행하는지 가장 잘 이해할 수 있다. 나는 이것을 제시할 것이다.

철학의 몸

칸트를 다룬 드 만의 개괄적인 논의는 철학이 그 자신에 대해 제시하는 정의와 이 정의를 설명하는 예시에 초점을 맞춘다. 칸트는 이른바 '형이상학metaphysics'을 순수 또는 '초월transcendental'철학의 원리와 구별함으로써 철학을 정의한다. 형이상학은 기본적으로 뉴턴의 운동법칙을 확장한 것으로 경험적으로 결정된 법칙의 집합이다.[6] 순수/초월철학은

---

6) 칸트의 《자연과학의 형이상학적 토대Metaphysische Anfangsgründe der Naturwissenschaft》참조. 이 책의 영어판 《임마뉴엘 칸트: 물질 본성의 철학 Immanuel Kant: Philosophy of Material Nature》은 1986년 출간됐다. 《자연과학의 형이상학적 토대》는 칸트가 개념적 전제와 물질적 기지旣知의 결합이라는 측

전적으로 개념적이다. 따라서 경험적 법칙은 우리에게 세계에 대한 사실을 말해 주는 반면, 초월철학은 애초에 경험적 세계에 대해 생각할 수 있는 가능성의 개념적 조건을 말해 준다. 드 만에 의하면 이러한 형이상학과 초월철학의 구별은 경험적 담론과 철학적 담론을 구분한다는 점에서 중요하다. 전자는 주어진 경험적 사실에 근거하는 담론이고, 후자는 순전히 개념적이며 따라서 이미 주어진 경험적인 것들에 의존하지 않는 담론이다. 달리 말해, 순수철학은 경험적 세계에 그 의미를 의존하지 않는 것**으로** 스스로를 정의할 수 있다. 즉, 경험적 대상을 직접적으로 알지 못하는 것으로 스스로를 자각하는 것이다.

그러나 드 만의 분석에서 이러한 개념적 구분 못지않게 중요한 것은, 철학이 개념적 순수성을 정의하기 위해 예시—움직이는 물체의 예시—를 사용하는 방식이다. 칸트는 형이상학과 초월철학이 물체가 움직이는 현상을 어떻게 인과율과 연결하는지를 보여 주는 예로 두 철학의 구별을 설명한다. 예컨대 칸트는 다음과 같이 말한다. 형이상학적 법칙

면에서 뉴턴 법칙을 재형성하려 한 정교한 개념 체계이다. 이 결합으로 인해 뉴턴 법칙은 물질적 기지의 '사례'로서 초월철학에 연결된다. 형이상학은 부분적으로 경험에 근거해 결정되고, 그 측면에서 완전히 경험적인 법칙에 연결된다.

에 의하면 움직이는 물체의 모든 변화에는 외부 원인이 있고(뉴턴의 용어로 말하면 모든 비선형적인 운동은 외부의 힘에서 유래한다), 이에 상응하는 초월적 법칙에 의하면 오히려 물체의 모든 변화에는 반드시 어떤 원인이 있어야 한다. 드 만은 이 예시를 언급하며 철학의 정의와 관련하여 이 예시가 지닌 중요성에 다음과 같이 주목한다.

움직이는 물체의 예시는 …… 다른 어떤 것으로 대체할 수 있는 단순한 예시가 아니다. 그것은 초월적 인식의 또 다른 유형이나 정의이다. 만일 비판철학과 형이상학이 …… 서로 인과적으로 연결되어 있다면, 이 둘의 관계는 이 예시에 명시된 물체와 그 변형 또는 운동 사이의 관계와 유사하다. (PMK, 123)

철학이 그 자신을 정의할 때 몸을 직접 지시하지 않기로 한다고 가정해 보자. 그래도 여전히 철학은 몸의 지시를 이 예시에서 비유적으로 다시 도입한다. 그래서 몸의 지시는 개념적 지시 곁에서 일종의 암묵적이거나 이차적인 정의가 된다. 몸은 이 이차적 정의에서 철학이 자기 몸들을 지시하지 못하는 것에 대한 인식 자체를 상징하는 형상으로 나타난다. 실제로 드 만은 이 소논문의 후반부에서 초월철학과 형이상학의 통합 체계에 대한 칸트의 설명에 명시적인 몸의 형상이 등장한다고 지적한다.

이러한 통일성이 유기적 관점에서 구상된다는 것은, 다양한 사지와 부분의 총체로서의 몸에 대한 반복적인 은유에서 분명하게 드러난다. (예컨대, 모든 의미에서 팔다리를 뜻하는 Glieder(마디)와, 클라이스트의 〈인형극〉의 꼭두각시 인형이란 복합어 Gliedermann(인체 모델) 참조.) (PMK, 142)

철학의 고유한 지식에 대한 형상으로 철학에 다시 들어올 때, 몸은 단지 운동하는 몸이 아니다. 그것은 운동하는 유기적 몸이며 궁극적으로는 운동하는 **인간의** 몸, 즉 일련의 관절로 이루어진 몸이다. 인간의 몸은 자기 인식적 철학에 대한 형상으로서 차이, 즉 순수철학과 경험적 담론 차이에 관한 지식의 형상이기도 하다. 자기 인식적이고 자기 지시적인 담론 체계—경험적 지시 대상으로부터의 독립성에 대한 지식으로서의 이론의 패러다임—의 가능성은 인간 몸으로서의 자기 표상에 담겨 있다. 철학 또는 이론은 추락하는 경험적인 몸에 대한 지시의 상실을 철학 체계의 아마도 똑바로 선 몸에 대한 개념적 획득에 통합한다.

우아한 비유

철학이 이러한 개념적·언어적 자유를 성취할 수단은 위에서 제시한 인용문에서 드 만이 놀랍게도 철학적 몸의 수족—몸의 마디Glieder—을 클라이스트의 이야기 〈인형극에 대해〉의 꼭두각시 인형—인체 모델Gliedermann—에 비견한 것을 통해 제시된다. 이 글에서 지역 오페라단의 호평받는 수석 무용수는 꼭두각시 인형의 우아함에 감탄하고, 인간 무용수의 우아함보다 더 뛰어나다고 주장하며, 자신의 기량을 완벽하게 다듬기 원하는 무용수라면 실제로 "꼭두각시 인형으로부터 한두 가지를 배울 수 있다"고 주장한다. 이 완벽함은 순전히 기계적이다. 즉, 조종자는 그냥 실로 인형의 중력 중심을 조작함으로써, 인형의 사지로 인간 무용수의 어색함이 하나도 없이 무용의 완벽한 곡선운동을 창조한다. 인형에게 사지는 바로 "그래야만 하는 상태, 즉 생명이 없고 단순한 진자振子이며 오직 중력 법칙의 지배만을 받는 상태"이기 때문이다. 흔들리는 기계 팔다리가 인간의 우아함을 능가한다는 이 불안한 비전은 칸트의 철학적 기획이 지닌 진지한 합리성과는 비교할 수 없어 보이지만, 드 만은 이 둘을 연결해 묘한 유사성을 암시한다. 실제로 클라이스트의 〈인형극에 대하여Über das Marionettentheater〉에 대해 쓴 소논문에서, 드 만은 인형 춤이 칸트로부터 발전한 전통에서 자기 인식에 대한 특정한 미적 모델을 표상하는 것으로 읽힐 수 있음을 암시한다.[7] 따라서 드 만은 철학의 개념적 기획—불가지 사건으로서의 힘을 철학적 사고의 분절된 몸에 통합하려는—의 형태 이면에는 힘과 운동의 법칙을 생명 없는 초인간적 우아함으로 변화시키는 기제의 이상이 놓여 있다고 주장한다. 달리 말하면, 철학적 몸은 단지 똑바로 서서 움직이는 것이 아니라 춤을 추어야 한다. 그리고 춤을 출 때 이 몸의 움직임은 더 이상 엄밀히 인간적이 아니라, 생명 없는 기계적인 팔다리의 움직임이다. 칸트를 이해하는 것은, 이 체계의 몸이 인간의 몸인 동시에 우아하면서도 비인간적인 꼭두각시 인형의 몸인 것을 이해하는 것이다. 이것이 드 만이 암시하는 바이다.

드 만은 클라이스트에 관한 소논문에서 꼭두각시 인형의 탁월한 우아함이 특히 조종자와 인형 사이에 일어나는 변형

---

7) 신시아 체이스는 〈교육의 덫Trappings of an Education〉, 《드 만의 전시 저널리즘에 대한 응답Responses to Paul de Man's Wartime Journalism》(1989)에서 미학 이론 및 정치와 관련지어 드 만의 논문에 대한 뛰어난 해석을 제시한다. 동일한 책에 실린 안드레이 바르민스키Andrzej Warminski의 탁월한 논문 〈처참한 읽기 Terrible Reading〉도 보라.

에 있다고 주장한다. 인형 몸의 우아함은 기계적인 인형과 지시를 내리는 특정한 매개자가 결합한 결과이다.

인형은 자체적으로는 움직이지 않으며 조종자의 움직임에 따라서만 움직인다. …… 인형의 미적 매력은 모두 곡선과 아라베스크 무늬를 눈부시게 드러내는 조종자의 선형적 운동에 따른 변형에서 비롯된다. …… 이 미적 힘의 소재는 인형도 조종자도 아니며, 이 둘 사이에서 짜여지는 텍스트이다.

(AFK, 285)

드 만은 인형의 춤이 문자 텍스트의 특정 모델, 즉 조종자와 인형 사이의 관계에서 창조되는 텍스트를 나타낸다고 주장한다. 드 만의 소논문이 이어지면서, 조종자가 쥐고 있는 실로부터 인형의 움직임으로 전환되어 그 모습이 드러나는 조종자와 인형 사이의 관계는 저자와 저작 사이의 관계를 대표하는 것으로 보인다. 이것이 바로 드 만이 텍스트 이면의 주요한 지시 관계로 보는 것이다. 그리고 인형 춤의 아름다움은 이 춤이 그러한 지시성의 어려움을 수학처럼 예측 가능하고 궁극적으로 비非특정적(또는 비지시적)인 형식적이고 정량화된 체계에서 완전히 사라지게 한다는 데 있다. 우리는 이렇게 추측할 수 있다.

이 텍스트는 선의 변형 체계, 즉 선의 점진적 변화 형태이다. 선이 뒤틀리고 방향을 바꾸어 타원과 포물선과 과장의 비유로 뒤바뀌니까 말이다. 비유는 정량화된 운동 체계이다. 모방의 미결정과 해석학의 미결정은 드디어 형식화를 통해 더 이상 역할모델이나 의미적 의도에 의존하지 않는 수학이 되었다. ……

균형 잡힌 운동은 중력의 중심에 대한 특권적인 은유를 생성할 수밖에 없다. ……

반면에 거의 바로 뒤이어서는 동일한 인형에 대해 그 인형들이 **안티그라브**antigrav('중력에 반하다')라는 말과, 마치 자신들에게는 중력과 같은 것이 전혀 존재하지 않는다는 듯이 그 인형들이 니진스키처럼 솟아오르고 도약할 수 있다는 말을 한다. …… 우아하게 (신학적인 타락을 포함한 이 단어의 모든 의미에서) 추락함으로써, 사람들은 상승, 즉 포물선으로부터 과장으로의 전환을 준비한다. 이것은 재탄생이기도 하다.

(AFK, 285-86)

이 움직임의 짜릿하고 우아한 자유는 저자의 개인적 자아의 어떤 지시적 비중이든 다 제거하는 데 있다. 즉, 조종자는 인형의 움직임 속에서 완전히 사라진다. 인간 몸의 이 우아한 이미지는 바로 모든 지시적 특정성을 **상실**하는 데서 출현하는 것이다. 이를 가능하게 하는 것은 드 만이 이를 "변형 체계"이자 "비유"나 모습의 체계라고 부를 때 잘 드러난다. 왜냐하면 이것은 변형 체계로서 어떤 언어 외적인 현실에도 근거하지 않은 차이의 코드화된 집합으로 여겨지는 문법이기 때문이다. 여기에서 작동하는 것은 지시적 차이를 비지시적, 언어 내적 차이로 통합하는 문법의 힘이다. 하지만 동시에 이 지시적 특수성의 상실은 놀랍게도 바로 인간의 모습에서 나타난다. 이 글쓰기 체계의 역설은, 저자의 지시성을 제거하는 바로 그때 저자의 인간적 모습을 생성한다는 것이다. 텍스트가 가장 인간적으로 보일 때 바로 가장 기계적이다. 그리고 드 만은 이 자전적 역설이 몸의 형상에 관한 칸트 철학의 기저에 있는 철학적 역설이기도 하다고 암시한다. 즉, 철학이 그 자체를 인간의 형태로 간주할 때, 그것은 사실 순전히 형식적 문법의 작동에 의존한다는 것이다.

더욱이 이 형식화의 매력과 유인력은 특히 추락할 때 발생하는 것에서 드러난다. 드 만의 말처럼 이 체계에서 추락은 상승의 수단일 뿐이기 때문이다. 그렇지만 운동과 힘이 이 체계에 쉽게 동화된다면, 드 만은 쉽게 동화되지 않는 요소에 대해서도 주목한다.

누군가는 …… 생명 없는 수동성으로 정지된 인형의 팔다리와 관절이 춤의 연속성에 아무 문제없이 재통합되는 데 약간의 저항감을 틀림없이 느꼈을 것이다. (AFK, 288)

누군가가 "틀림없이" 느꼈을 저항은 도덕적인 것일 뿐만 아니라 형식적 체계 내에서 발생하는 어려움이다. 이 어려움은 생명 없는 팔다리를 경이로운 기하학으로 통합하는 것, 즉 추락을 상승으로 전환하듯이 죽음을 생명으로 전환하는 것의 어려움이다.

실제로 드 만은 무용수가 인형 사례와 함께 형식화하기 어려운 사례를 제시한다는 것을 지적한다.

그 구절은 더욱 이해하기가 어렵다. 그 이유는 그 구절이 한 영국인 기술자에 관한 재빨리 전해지는 이야기 뒤에 나오기 때문인데, 이 기술자는 절단된 사람이 그 다리로 실러처럼 완벽하게 춤을 출 수 있을 만큼 완벽한 기계 다리를 만들 수 있었다. …… 클라이스트 이야기 속의 춤추는 지체부자유자는 깨우친 자기 인식의 진행에 수반되는 수많은 훼손된 신체 중 또 하나의 희생자이다. (AFK, 288-89)

드 만이 인형 춤을 읽는 맥락에서 수족을 절단당한 이 지체부자유자는 지시의 재확인에 다름 아닐 수 있다. 이 재확인은 체계의 관점으로 볼 때 혼란과 훼손으로만 보일 수 있다. 논문의 다른 부분에서 드 만은 그 춤추는 병약한 인물이 정확히 어떤 형상을 교란하러 나타나는지를 분명히 밝힌다. 그것은 클라이스트를 자전적으로 바라보는 전통적인 해석의 형태이다.

> 일반적인 견해는 이 후기 작품에서 클라이스트가 자기 통제에 도달하고 '순진한 형태의 영웅주의'를 회복한다는 것이다. 이 회복은 죽음 경험Todeserlebnisse에 대한 일련의 위기와 승리를 극복함으로써 가능한데, 이는 수많은 죽음과 부활과만 비교할 수 있는 것이다. 물론 이것은 〈인형극에 대하여〉를 영적 자서전으로 읽는 매우 분명한 방식이지만 …… 어조와 어법의 복잡성과 완전히 양립할 수는 없다. (AFK, 283)

인형 춤은 비평가들이 이 이야기를 클라이스트 자신의 영적인 자서전으로 평가한 바로 그 읽기를 묘사하는 것으로 드러난다. 비평가들은 〈인형극에 대하여〉에서 클라이스트 자신—그의 글 속에서 그가 경험한 죽음으로부터 부활한—의 감동적인 인간 형상을 발견했다고 믿는다. 그렇기에 그들은 자신도 모르게 추락을 상승으로, 죽음을 생명으로 쉽게 교체하는 체계의 순전히 기계적인 움직임만을 묘사했다.

모두가 지시적 무게로부터 똑같이 자유롭기 때문이다. 춤추는 지체부자유자는 형식적으로는 인식하기 어려운 또 다른 삶의 이야기를 암시하여 자서전의 이 우아하지만 기계적인 환상을 흐트러뜨린다.

그림자 같은 실재

드 만은 글에서 대안적인 자전적 해석을 제시하는데, 이 해석은 전통적인 영적 전기와 달리 통합하기가 더 어렵다.

> 텍스트에서 유일하게 명시적인 지시 표시는 1801년 겨울로 제시된 활동 일자이다. 이제 1801년은 불길한 에피소드로 가득한 짧은 인생에서 불길한 순간임이 분명하다. (AFK, 283)

따라서 드 만의 해석에서 이 이야기의 지시적 잠재력은 춤의 형상이 아니라, 나중에 그가 "무해해 보이는 표기법"이라고 부르는 날짜를 표시하는 무해한 숫자에서 비롯되는 것으로 보인다. 그렇지만 이 날짜가 우리에게 지시적인 클라이스트를 알려 주는 것이라면, 우리가 가장 즉각적으로 발견하는 것은 클라이스트와 그가 연관되게 된 다른 사람들의 이름 사이에서 벌어진 일련의 위기적 관계이다.

1801은 전기작가들이 "칸트 위기"라고 부르는 상황으로 인해 자신의 직업에 대한 클라이스트의 자기 의심과 망설임이 절정에 달한 해이다. 그해는 또한 빌헬미네 폰 쳉게와의 약혼이 흔들리기 시작하고 여러 의심으로 괴로워하던 시기이기도 하다. 이 의심은 레기나와의 관계에서 키르케고르를 괴롭혔고 펠리체와의 관계에서 카프카를 괴롭혔던 의심과 비슷한 것이다. 클라이스트의 칸트 위기와 (1802년 봄에 최종 파국을 맞은) 곧 닥칠 빌헬미네와의 파혼이라는 두 사건 사이에는 어떤 연관성이 있어 보인다. 만일 클라이스트가 그것을 이해할 수만 있었다면, 그 연관성은 그를 결코 해소되지 않는 자기 절망에서 벗어나게 했을 것이다. 이 연관성을 밝히는 것이 모든 자서전적 기획의 기초가 될 것이다. (AFK, 283-84)

"1801"년이라는 표기에서 클라이스트의 "삶"을 읽어 내듯이, 드 만은 일련의 운동이 아니라, 일련의 단절 또는 삶 속의 특정한 불연속을 명명하는 일련의 고유명사를 생성한다. 예컨대 자전적 유사물의 지위에 몇 개의 새로운 고유명사를 도입하는 것은 물론, 칸트 읽기의 위기, 빌헬미네와의 파혼이 그것이다. 드 만의 이야기에서 지시적인 자기 인식의 가능성은 이러한 단절 사이의 유의미한 연속성을 제공할 가능성이 된다. 이 연속성은 아마도 영적 전기작가들이 궁극적으로 글쓰기를 통해 구원받을 "죽음의 경험"에 대해 말할 때 제공되었을 것으로 추정된다. 이러한 자전적인 자기 인식의 위험성은 결국 끔찍한 자살로 이어진 클라이스트의 자기 절망에 대한 드 만의 언급에서 분명히 드러난다. 그러나 드 만의 이야기가 계속되면서, 자신의 삶 속에서 사건들 사이에 의미 있는 연결 고리를 만들려는 클라이스트의 시도는 바로 그 사건들에 붙은 고유명사들 사이에서 발생하는 당황스러운 대체와 치환 속에서 좌절된 것처럼 보인다. 이 이름들은 때때로 불행한 클라이스트의 삶의 실체를 대신하는 것처럼 보인다.

[칸트 위기와 빌헬미네와의 파혼 사이의] 연결은 클라이스트 역사의 현실에서 실제로, 그리고 구체적으로 존재했다. 하지만 이 연결은 다소간 우회적인 경로를 거쳤다. 왜냐하면 클라이스트가 1805년 쾨니히스베르크에서 약혼녀를 만났을 때, 그녀는 더 이상 빌헬미네 폰 쳉게Wilhelmine von Zenge 양이 아니라 빌헬미네 폰 크루그Wilhelmine von Krug 교수였기 때문이다. 빌헬름 트라우고트 크루그Wilhelm Traugott Krug 박사는 쾨니히스베르크대학교 철학과의 후반부 학과장으로 칸트의 계

승자였다. 클라이스트는 어떤 의미에서 칸트처럼 되기를 원했다. 그리고 우리는 클라이스트가 이 목적을 달성하기 위해 빌헬미네를 포기해야 했다고 추측해 볼 수도 있다. 클라이스트는 크루그가 빌헬미네의 남편이 되어 자신을 대체했음을 알게 되었다. 크루그는 교수 철학자로서도 칸트를 대체한 것이다. 바로 그해 1805년 클라이스트는《깨어진 항아리Der zerbrochene Krug》라 불리는 희곡—달리 어떻게 불릴 수 있었을까—의 집필을 끝마치는 것 말고 무엇을 할 수 있었을까?

5년 후인 1810년 그가 "1801년 겨울"이라는 무해해 보이는 표기로《인형극에 대하여》를 썼을 때에도 이 모든 것과 훨씬 더 많은 것을 그대로 유지했을지도 모른다. (AFK, 284)

클라이스트의 삶의 위기들 사이에 실제로 연관성이 있었다 해도, 클라이스트가 그것을 쉽게 파악할 수는 없었을 것이다. 그는 한 사건을 다른 사건으로 바꾸려고 시도한 듯하다. 즉, 빌헬미네를 잃은 대가로 칸트를 얻으려 했지만, 오히려 **칸트**와 **빌헬미네**를 잃게 된다. 바로 **빌헬름**이 이 둘을 모두 얻기 때문이다. 드 만은 다음과 같이 제시한다. 따라서 클라이스트에 관한 어떤 자서전이든 그 형상은 춤추는 인형의 우아하고 비유적인 추락과 상승보다는 "깨어진 항아리"의 부서진 조각에 더 적합할 것이다.《깨어진 항아리》는 우연히도 침대에서 낙상해—비유적으로 추락한 것이 아니라, 정말 말 그대로 자연스럽게 추락하여—다친 남자의 장면으로 시작되는 희곡이다. 클라이스트 삶의 사건들이 지닌 의미화될 수 없는 **축자성**이, 결국 드 만이 끝까지 고수한 **문자**letter의 이해할 수 없는 작용에 대한 주장에서 드러나는 듯하다.

자신의 글이 자전적인지 아니면 순수한 허구인지 클라이스트가 알았는지를 판단하는 것은 한 인간으로서 그리고 작가로서 클라이스트의 운명이 어떤 철학박사가 우연히 크루그Krug('항아리')라는 우스운 이름을 지녔다는 사실에 의해 결정되었는지 아닌지를 판단하는 것과 같다. K가 너무 많이 나오는 이야기(Kant, Kleist, Krug, Kierkegaard, Kafka)는 어떻게 해석하든지 미심쩍을 수밖에 없다. 클라이스트조차도 이렇게 무작위로 과도하게 결정된 혼란을 통제할 수는 없었을 것이다.

(AFK, 284)

인형에 대한 무용수의 이야기와 함께 읽으면, 드 만의 숫자와 이름에 대한 이야기, 그리고 이름과 문자를 통한 두 이야기의 동시적인 연결과 분산은 아마도 전통적인 클라이스트 전기작가들의 추상적 · 형식적 · 철학적 춤의 연속성에서 어떤 단절, 즉 절단된 사지를 드러낸다. 드 만의 이야기에서 글자들이 급증하는 것은 실제로 지시를 부정하기보다는 축자성을 적극적으로 주장하는 것이다. 이는 클라이스트의 글쓰기 이면에 있는 과거의 비유적 얼굴을 인식함으로써 그의 지시적 구체성을 단순한 형태로 축소시키는 소위 자전적 읽기를 방해한다. 역설적이게도 그러한 방해, 즉 "무작위로 과도하게 결정된 혼란"을 통해서만, 또는 마리오네트들의 부서진 몸의 추락에 의한 단절을 통해서만 어렴풋한 자전적 현실이 처음 드러나기 시작한다. 드 만은 이 점을 두드러지게 암시한다.[8]

지시의 영향력

마찬가지로 칸트에 관한 소논문에서 드 만은 이 체계 내의 단절에 대해 언급한다. 이 체계 또한 인형극에서와 마찬가지로 힘에 의해 굴절되는 현상적인 동작을 형식적으로 표현하는 모델이다. 칸트의 텍스트에서 이 단절은 바로 운동 체

---

[8] 또한 자신의 과거에 대한 드 만의 고유한 글/글 아님의 측면과 그 과거의 자전적 해명을 창조하려는 진행 중인 시도의 측면에서도 자서전의 이 원동력을 이해할 수 있다.

계에 힘을 통합하려는 시도에서 발생한다. 칸트에 대한 분석에서 드 만은 이러한 단절을 구체적으로 언어의 현상적 자기표현, 또는 수행적 차원의 언어 출현에 대한 혼란으로 파악한다.

> 비유의 유사 인지로부터 언어는 수행의 활동으로 확대해 가야 한다. …… 따라서 《판단력 비판》은 그 중심에 깊은, 어쩌면 치명적인 단절 또는 불연속성을 지니고 있으며, 초월철학의 힘에 스스로는 접근할 수 없는 언어 구조(수행적이자 인지적 체계로서의 언어)에 의존한다. (PMK, 131-32)

철학은 그 자체를 문법이나 비유 체계로 알고 있기에, 보여 주거나 표상할 뿐만 아니라 수행하는 언어의 차원을 완전히 통합해야 하지만, 그럴 수는 없다. 드 만은 이 순간을 "치명적"이라 하고 클라이스트의 이야기에서처럼 이 순간을 죽음과 연결한다. 역설적이게도 이러한 죽음과 같은 단절, 혹은 현상적 지식에 대한 저항 속에서 이 체계는 지시의 저항에 부딪히게 된다고 드 만은 주장한다.

실제로 《판단력 비판》에서 힘의 형상이 철학의 몸체로 통합되는 바로 그 지점에서 드 만은 묘하게 동화 불가능한 성찰 모델—정확히 말해, 지각이 아니라 시각의 모델—을 찾아낸다. 이 모델은 전체의 통일을 목표로 하는 것이 아니라, 오히려 개별 부분들에 대한 시각이다. 이 모델은 다시 한 번 하나의 예, 인간 몸을 수반한다. 그렇지만 이 인간 몸은 통일된 전체가 아니라, 비목적적 부분들—칸트의 말처럼 "우리의 모든 사지가 어떤 목적을 위해 사용되는지 무관하게" 드러나는 부분들—의 체계이다. 드 만이 말하듯이 이 예는 철학 체계의 자기 인식을 반영한다. 그러나 이 경우 우리는 더 이상 통일성을 인식하지 못하고 일종의 분열을 읽게 된다.

간단히 말해서 우리는 우리의 사지나 손, 발가락, 가슴, 또는 몽테뉴가 유쾌하게 "미스터 신체 부위Monsieur ma partie"라고 부른 것을 그 자체로 몸의 유기적 통일성에서 분리된 것으로 간주해야 한다. …… 달리 말하면, 우리는 빙켈만Johann Joachim Winckelmann보다 클라이스트에 훨씬 더 가까운 방식으로 몸을 해체하고 절단해야 한다. 이것이 비록 우연히 두 사람 모두에게 닥친 폭력적인 종말과 아주 가깝지만 말이다. (PMK, 142)

드 만이 이 예를 해석할 때 몸은 **숫자의 형식화**formalization of number로서 철학을 비유적으로 표상하는 것이 아니라, 개별 신체 부위의 목록에서 **열거의 힘**force of enumeration을 지니게 된다. 이러한 힘은 경험적 담론과 개념적 담론을 구별하고 통합하려고 하기에, 즉 자신을 경험적 지시 대상으로부터 독립된 존재로 인식하려고 하기에 이 체계를 해체한다. 따라서 몸의 해체는 무언가 철학에서 알려지거나 진술된 것이 아니라, 철학이 지시로부터 자유로워지려는 시도에서 발생하는 것이다. 철학적 관점에서 볼 때 이는 훼손으로만 보일 수 있지만, 그러한 훼손은 또한 지시적 순간의 재확인을 의미하기도 한다. 그렇지만 이것은 경험적·개념적 지식의 현상적이고 형식화 가능한 대립 속에서 이해할 수 없는 지시성이다. 예컨대, 우리는 열거의 힘이 몸 전체를 훼손하지만, 동시에 팔다리의 절단이나 부위의 명명을 통해 꼭두각시 인형과 대조되는 인간의 몸이라는 특수성을 확립한다고 말할 수 있다. 따라서 비록 훼손되었지만 드 만의 해석을 통해 재출현하는 몸은 직접적인 지시에 의해 허구화되거나 이론적 추상화로 형식화되지 않은 지시적 현실을 역설적으로 환기하는 것이다.[9]

---

9) 드 만에게서 보이는 매달려 있음의 형태와 다른 신체 형태의 출현에 대해서는 닐 허츠Neil Hertz의 〈처참한 형태Lurid Figures〉, 《드 만 읽기Reading de Man Reading》(1989) 참조. 드 만의 글 속의 '정언명령imperative'으로서 지시의 기능에 대해서는, 《드 만 읽기》(1989)에 실린 베르너 하마허Werner Hamacher의 〈성구聖句: 드 만의 정언명령LECTIO: De Man's Imperative〉 참조.

그러나 우리는 그러한 지시적 힘을 인식할 수 있다. 단, 드만이 이전의 칸트처럼 한 예를 소개할 때, 자신의 텍스트에서 무슨 일이 일어나는지 고려해야 한다. 그 예는 드 만이 칸트를 읽을 때 우리가 "반드시" 해야 하는 훼손을 매우 구체적인 두 죽음——클라이스트와 빙켈만에게 "우연히 닥친" "폭력적인 종말"——에 비유하는 것이다. 여기서 독일 미학 전통에서 저명한 두 작가 클라이스트와 빙켈만의 이름은 그들의 사상이나 저술을 상징하는 것이 아니라, 오히려 두 사람의 실제 죽음이라는 구체성에 결부되어 있다. 클라이스트는 헨리에테 포겔과 맺은 자살 서약에 따라 그녀를 권총으로 쏘아 죽인 뒤 자신을 쏘아 자살했다. 반면에 빙켈만은 트리에스테에서 두 서너 개의 황금 동전 때문에 아르칸젤리 Arcangeli라는 이름의 이탈리아인에게 살해당했다. 이 이중 예시의 특수성은 그 자체로 드 만의 텍스트에서 지시적 순간이지만, 우리가 순전히 개념적이거나 순전히 현상적인 방식으로 포섭하거나 이해할 수 있는 지시성은 아니다. 정말로 그것은 개념적 법칙이나 상징적 법칙으로 일반화하기 어려운 차이(예컨대 삶과 죽음의 차이)의 발생을 보여 주는 사례이다. 정말로 그것은 우리가 기억하듯이 형식적 체계 내에서 출현했지만 여전히 동화될 수 없었던 차이, 즉 그 형식적 체계가 알 수 없었던 차이이다. 이것은 그 체계가 추락의 사건을 알 수 없었던 것과 마찬가지라고 덧붙일 수 있다. 그리고 또한 이것이 바로, 드 만의 텍스트가 클라이스트의 죽음과 빙켈만의 죽음을 그들에게 "닥친" 중요한 무언가로 지시할 때, 즉 "닥친 일a befalling"이라 명명할 때, 알지 못하는 것이다. 칸트의 텍스트에서처럼 드 만의 텍스트에서도 지시의 영향력은 추락에서 감지된다. 현상적 또는 지각적 유추에 대한 **추락의 예**가 그것을 추상적인 원리의 단순한 모습으로 바꿔 버리는 것에 대해 저항하는 것에서 감지되는 것이다. "닥친 일"이라 명명할 때, 드 만의 텍스트는 더 이상 자신이 말하는 바를 단순히 아는 것이 아니라, 실제로 자신이 아는 것보다 더 많은 것을 말한다. 바로 여기에서 우리는 드 만의 고유한 이론이 지닌 지시적 의미를 읽을 수 있다.

이 의미는 역설의 무게를 지닌다. 지시가 지각에 대한 접근성이 아니라 지각적 유추에 대한 언어의 저항에서 나타난다는 역설과, 지시의 영향력은 외부 지시물에 대한 탐사가 아니라 이론의 필요성과 실패에서 감지된다는 역설 말이다. 그러나 이러한 이론적 지식은 언제나 이론적 교훈과 함께 이야기를 동반하는 드 만 텍스트의 특별한 수행과 분리될 수 없다. 이론이 바로 그 자신의 추락에 대해 말하는 이야기에서 이론의 저항을 발견하는 것이 드 만의 글쓰기가 지닌 독창성과 독특한 지시적 울림이라고 할 수 있다. 드 만은 반복해서 이렇게 말한다. 이론이 하는 일은 추락이고, 추락할 때 이론은 지시한다고 말이다. 이 추락의 현실을 포착하는 것이 드 만의 이론적 작업이 수행하는 아주 중요한 과제이다. 그리고 드 만의 글에 나오는 매우 특별한 이야기를 읽을 때 우리에게 주어지는 과제이기도 하다.

5장

트라우마적 각성

프로이트와 라캉, 기억의 윤리

욕망은 꿈을 지속한다.
그러나 죽음은 각성의 편에 있다.

자크 라캉Jacques Lacan

20세기 초 트라우마 개념이 프로이트와 피에르 자네Pierre Janet의 연구에 등장한 이후로 우리는 단순한 병리뿐만 아니라 정신의 대對현실 관계에 관한 근본적인 수수께끼와도 마주해 왔다. 일반적인 정의에서는 트라우마를 예상치 못하거나 압도적으로 폭력적인 사건에 대한 반응이라 기술한다. 그러한 사건은 발생 당시에는 완전히 파악되지 않았다가 나중에 반복되는 플래시백과 악몽, 기타 반복적인 현상으로 돌아온다. 트라우마적 경험은 수반되는 고통의 심리적 차원을 넘어서 어떤 역설을 시사한다. 어떤 폭력적인 사건을 가장 직접적으로 목격하는 순간은 그 사건을 알지 못하는 절대적인 무능력으로서 나타날 수 있다는 역설 말이다. 말하자면 역설적으로 즉각성이 뒤늦음의 형태를 취할 수 있다. 외상성 사건의 반복은 여전히 의식할 수 없지만 계속 시야에 침입한다. 따라서 이 반복은 단순히 볼 수 있는 무엇이나 알 수 있는 무엇 너머로 확장하고, 이 반복적인 보기의 핵심에 남아 있는 뒤늦음과 불가해성 둘 다와 밀접하게 연관된 사건과의 더 거대한 관계를 암시한다.

이 장에서는 프로이트가 말한 꿈과 이 꿈에 대한 라캉의 재해석에서 보는 것과 아는 것의 문제를 고찰할 생각이다. 이 꿈은 아이를 잃은 아버지의 꿈이며, 이 아버지는 아이가 죽은 바로 다음 날 밤에 그 아이에 대한 꿈을 꾼다. 그리고 자크 라캉Jacques Lacan이 세미나 〈투케와 오토마톤 Tuché and Automaton〉에서 이 꿈을 재해석한다.[1]《꿈의 해석 Die Traumdeutung》에서 프로이트는 우리가 잠을 자는 이유, 즉 우리 외부의 죽음에 적절히 직면하지 못하는 방식에 대한 (수수께끼 같지만) 예시적인 설명으로서 꿈을 소개한다. 반면 라캉은 이미 이 사례의 중심에 이후의《쾌락원칙을 넘어서》에서 프로이트의 외상성 반복 개념이 될 무언가의 핵심과, 특히 프로이트가 말하는 대로 "꿈꾸는 사람을 또 다른 공포로 깨우는" 외상성 악몽의 핵심이 있다는 것을 암시한다. 라캉의 분석에서는 프로이트의 꿈이 더 이상 외부의 죽음에 직면하여 잠든 아버지에 관한 것이 아니라, 아버지가 트라우마를 각성할 때 주체로서 그의 정체성 자체가 자신이 모면한 죽음과 결부되거나 그 죽음에 기초하는 방식과 관련이 있다. 말하자면, 아버지가 자식의 죽음에서 파악할 수 없는 것이 아버지로서 자신이 지니는 정체성의 토대가 된다. 이처럼 트라우마를 자아의 정체성 그 자체나 타자와의 관계

---

1) 불타는 아이의 꿈에 대한 라캉의 연구는 '무의식과 반복The Unconscious and Repetition'이라는 제목이 붙은 세미나 첫 부분의 핵심을 구성한다. 이 첫 부분에서 5장 〈투케와 오토마톤〉은 대부분 이 꿈에 대한 라캉의 재해석만을 다룬다. 이 꿈에 대한 산발적인 지시와 반성은 3장과 6장에서도 찾아볼 수 있다.

에 연결할 때, 나는 다음을 주장할 것이다. 라캉의 분석은 우리에게 트라우마적 시각의 충격이 인간 주체성의 핵심에서 실재와의 인식론적인 관계를 드러내지 않으며, 오히려 실재와의 윤리적 관계라고 정의할 수 있는 무언가를 드러낸다는 것을 보여 준다.

어느 꿈에 관한 이야기

《꿈의 해석》제7장 시작 부분에서 프로이트는 꿈과 소원 성취에 관한 자신의 이론을 외부 현실의 문제에, 특히 죽음이나 재난, 상실의 실재에 연결하는 놀라운 꿈을 소개한다. 프로이트는 이 꿈에 대해 다음과 같이 말한다.

한 아버지가 자기 아이의 병상 옆에서 밤낮으로 계속 지켜보고 있었다. 아이가 죽자 그 아버지는 옆방으로 가서 누웠지만, 아이의 시신이 눕혀 있고 그 주위에 큰 양초가 서 있는 방을 침실에서 볼 수 있도록 문을 열어 두었다. 시신을 지키라고 고용한 노인이 그 옆에 앉아 기도를 중얼거렸다. 몇 시간 잠을 자면서 아버지는 꿈을 꾸었다. 꿈속에서 **아이가 침대 옆에**

서서 자기 팔을 잡고 원망하듯이 속삭였다. "아버지, 제가 불타고 있는 게 보이지 않으세요?" 잠에서 깨어난 아버지는 옆방에서 나오는 밝은 빛을 보고서 서둘러 그 방으로 들어갔다. 늙은 파수꾼이 잠들어 있고 촛불이 넘어져 수의와 사랑하는 아이 시신의 팔 하나가 타 버린 것을 발견했다.

이 가슴 뭉클한 꿈의 해석은 아주 간단하다. …… 열린 문을 통해 환한 빛이 잠자는 남자의 눈을 비췄다. 이로 인해 그는 깨어 있었더라도 도달했을 결론에 이르렀다. 즉, 촛불이 넘어져 시신 근처 무언가에 불이 붙었다는 결론 말이다. 물론 남자는 자러 가면서 노인이 임무를 수행하기에 부족한 것은 아닌지 조금 불안했을 수도 있다.

…… 아이가 한 말은 틀림없이 아이가 살아 있을 때 실제로 했던 말로 이루어졌을 것이다. 이러한 말은 아버지의 마음속에서 여러 중요한 사건과 연결되었다. 예컨대 "불타고 있어요."는 아이가 병으로 인한 발열 중에 마지막에 한 말일 수 있다. 또한 "아버지, 보이지 않으세요?"는 우리가 모르는 아주 감정적인 다른 어떤 상황에서 나온 말일 수 있다.

그러나 그 꿈은 어떤 유의미한 과정이고 이 과정이 꿈을 꾸는 아버지의 심리적 경험의 사슬에 삽입될 수 있다. 이 점을 인정한다 해도, 왜 그러한 상황에서 꿈을 꾸었는지는 여전히 궁금할 수 있다. 가능한 가장 빨리 깨어나야 하는 그 상황

에서 말이다.[2] (5: 509-10)

이 꿈에서 눈에 띄는 것은, 내면의 소망과의 관계가 아니라 외부의 비극적인 현실과의 직접적인 관계라고 프로이트는 말한다. 이 꿈은 아버지가 잠을 자면서 아이의 몸이 불타고 있음을 본다는 매우 단순하고 직접적인 지시로부터 "가슴 뭉클함"의 힘을 얻는 듯이 보일 것이다. 감은 눈을 통해 빛을 보고서 아버지는 자신이 깨어 있었다면 내렸을 그 결론, 즉 촛불이 아이의 몸 위로 떨어졌다는 결론에 도달한다. 그러나 이 꿈의 직접성은 놀랍게도 아버지를 깨워 불타는 시신을 구하러 달려가게 하지 않고, 오히려 깨어 있는 현실에 대한 그의 반응을 **지연시킨다**고 프로이트는 말한다. 그의 이 말은 다음을 암시한다. 그 꿈의 의미와 지시가 정말로 분명하다면, 왜 그게 **꿈속에** 나타나야 하는지 불분명하다. 말하자면 아버지의 반응을 지연시키는 형태로 말이다. 이것은 그 꿈이 가리키는 현실에 꼭 필요한 긴급한 반응을 지연시킨다. 그 꿈은 너무 직접적이고, 그 꿈이 지시하는 현실은 너무 긴급하게 주의를 촉구한다. 바로 이런 이유로 이 꿈은 다

---

2) 프로이트의 인용문은《표준판》4권과 5권에서 인용한다.

음 질문을 제기한다. 폭력적인 현실의 맥락 속에서 **왜 깨어나지 않고 꿈을 꾸는가?**

프로이트는 먼저 그 꿈이 아이의 원치 않은 죽음을 직접 재현하고 있음에도 불구하고 이 꿈을 소원 성취 이론에 연결함으로써 이 질문에 답하려고 시도한다. 이 꿈은 아이가 불타는 끔찍한 실재를 가리키지만, 죽은 아이를 살아 있는 아이로 바꾸어 놓음으로써 그렇게 한다. 따라서 이 꿈은 아이가 아직 살아 있기를 바라는 아버지의 소원을 이루어 준다.

여기서 우리는 이 꿈 역시 소원의 성취를 담고 있음을 관찰할 것이다. 죽은 아이는 꿈속에서 살아 있는 아이처럼 행동했다. 아이는 스스로 아버지에게 경고하고 침대로 와서 그의 팔을 잡았다. 이 행동은 아마도, 꿈속에서 아이가 한 말의 앞부분이 유래된 바로 그 기억 속의 장면에서 실제로 아이가 했던 행동이었을 것이다. 이 소원을 이루기 위해 아버지는 잠을 한순간 연장했다. 이 꿈을 깨어나서 하는 회상보다 더 선호한 이유는, 이 꿈이 아이를 다시 한 번 살아 있는 그대로 보여 줄 수 있었기 때문이다. 만약 아버지가 먼저 깨어난 다음 무슨 일이 있는지 추측하고서 옆방으로 들어갔다면, 말하자면 그는 그 시간만큼 아이의 생명 단축을 초래했을 것이다. (5: 509)

프로이트는 다음을 암시한다. 그 꿈은 외부의 불타는 현실을 보여 주는 것처럼 보이지만, 실제로는 아이의 죽음이라는 현실을 숨긴다. 따라서 꿈은 죽음을 삶으로 바꾸고, 역설적이지만 불타는 현실을 가리키는 바로 그러한 말로 이 역설을 실행한다. 달리 말하면, 아이가 살아 있는 모습을 보고 싶은 소원을 이루기 위해서 아이가 불탄다는 인식이 꿈으로 바뀐다. 만일 아버지가 깨어나기보다 꿈을 지속한다면, 그 이유는 바로 깨어 있는 동안 아이가 죽었다는 인식을 직면할 수 없기 때문이다. 따라서 아버지가 불타는 시체를 단순히 "보지 못해서"가("아버지, 보이지 않으세요?") 아니라 (분명히 아버지 눈에 그 모습이 보인다), 오히려 그 장면을 보면서 동시에 깨어 있을 수 없기 때문이다. 프로이트는 다음을 암시하는 듯하다. 아버지에게는 자식의 죽음에 대한 인식이 허구나 꿈의 형태로만 나타날 수 있다.[3] 그 꿈은 그렇게 아버지의 슬픔이라는 이야기를 정신 대 현실의 관계 그 자체로서 들려준다. 즉, 하나의 지연으로서, 그 꿈은 죽음이라는

---

3) 불타는 아이의 꿈과 프로이트의 아버지에 관한 꿈의 관계에 대해서는 제인 갤럽Jane Gallop의 연구(1985) 참조. 그 꿈이 프로이트 자신의 것일 수 있다는 주장이 지금까지 있었다. 프로이트의 꿈에 대해서는 게이Gay의《프로이트: 우리 시대를 위한 삶Freud: A Life for Our Time》 참조.

현실과 꿈의 허구 속이 아니고서는 죽음을 극복할 수 없는 욕망 사이의 지울 수 없는 간극을 드러낸다.

의식과 잠

그렇지만 최초의 분석을 마친 후에도 여전히 자신의 해석에 만족하지 못한 프로이트는 이 장의 뒷부분에서 다시 꿈으로 돌아간다. 여기서는 꿈이 각성을 지연시키는 문제가 돌아와 새로운 의미를 지니게 된다. 이 꿈을 아버지의 소원 성취로 보는 해석은 이 단일한 사례뿐만 아니라 아버지가 다름 아닌 의식 그 자체의 고유한 본질을 나타낼 수 있는 방식에 관한 더 깊은 질문으로 이어지기 때문이다.

옆방에서 나오는 빛의 번쩍임을 보고서 아이의 몸에 불이 붙을지도 모른다는 추론을 하게 된 남자의 꿈으로 다시 돌아가겠다. 아버지는 눈이 부셔서 깨어나는 대신에 꿈을 꾸며 이러한 추론을 했다. 그래서 우리가 봤듯이, 이 결과를 낳은 심리적 힘 중 하나는 그 짧은 한순간이라도 꿈속에서 살아 있는 아이의 모습을 더 오래 보고 싶었던 소망이었다. …… 우리는 꿈이 생겨난 또 다른 동기가 아버지의 수면 욕구였다고 추정할 수 있다. 즉, 그의 수면은 아이의 생명과 마찬가지로 그 꿈

을 꾸는 순간만큼 연장되었다. "꿈을 계속 꾸어야 한다." 이것
이 그의 동기였다. "그렇지 않으면 깨어나야 한다." 이 꿈에서
처럼 다른 모든 꿈에서도 자고 싶다는 소망은 무의식적인 소
망을 뒷받침한다. (5: 570-71)

아이를 계속 살리고자 하는 아버지의 꿈속 소망(프로이트
가 제시하는 아버지가 꿈을 꾼 첫 번째 이유)은 더 심오하고 불
가사의한 소망, 즉 잠을 자고 싶은 그의 소망과 불가분의 관
계가 있다는 것이 드러난다. 이 소망이 수수께끼인 것은, 프
로이트가 암시하듯이 그것이 육체뿐만 아니라 의식 자체에
서 비롯되기 때문이다. 어떤 방식으로든 자신의 일시 정지
를 욕망하는 의식 말이다. 더욱이 이 소망은 아이를 돌보는
일에 지친 이 홀아버지에게만 국한된 것이 아니라 실제로
모든 잠자는 사람들의 공통적인 욕망을 나타낸다. 따라서
불타는 아이의 꿈은 단순히 살아 있는 아이를 다시 한 번 보
고 싶어 하는 지친 홀아버지의 소원 성취를 표상하지 않는
다. 이 꿈은 더 심오하고도 불가사의하게 **의식 그 자체**의 소원
성취를 표상한다.

　　모든 꿈은 …… 잠을 깨우는 대신에 잠을 연장하는 데 그 목
　적이 있다. **꿈은 잠의 수호자이지 잠의 방해자가 아니다.** ……

따라서 (의식적 자아가 집중하는 ……) 잠을 자고 싶은 소망은 어떤 경우에든 꿈이 형성되는 동기 중 하나로 간주해야 한다. 그리고 성공적인 꿈은 모두 그 소망의 성취이다. (4: 233-34, 번역 수정)

프로이트는 다음을 암시한다. 불타는 아이라는 꿈 이면의 구체적인 소원은 아이를 다시 보고 싶은 소원이며, 모든 꿈 이면의 소원과 마찬가지로, 더 기본적인 욕망, 즉 **깨어나지 않으려는** 의식 그 자체의 욕망과 연결되어 있다. 아이의 죽음을 피하고자 꿈을 꾸는 건 아버지뿐만이 아니다. 잠든 상태에서 죽음과 맞닿아 있으면서도 그것을 외면하려는, 바로 **의식 그 자체도** 꿈을 꾼다. 아버지가 잠을 자도록 이끄는 건 무엇보다 아이를 살리고자 하는 소망이 아니다. 오히려 의식이 계속 잠들고자 하는 소망이다. 그리고 그 소망은, 불타는 현실을 대가로 하더라도, 꿈을 가능하게 만든다. 따라서 꿈은 더 이상 단순히 정신의 무의식적인 환상 세계 내의 소망에 연결되는 것이 아니라, 오히려 **우리를 잠들게 하는 현실 그 자체 내의 무언가**이다. 이것이 프로이트가 암시하는 바로 보인다. 따라서 **"왜 깨어나지 않고 꿈을 꾸는가?"**라는 아버지에 관한 질문은 프로이트의 분석에서 궁극적으로 의식 그 자체에 관한 더 심오하고 신비로운 질문이 된다. 예컨대, 잠을 잔다는 것은 무엇을 의미하는가? 잠을 자고 싶다는 것은 무엇을 의미하는가?

어느 깨어남에 관한
이야기

프로이트의 꿈 분석과 《꿈의 해석》 속의 암묵적인 질문은 외부의 폭력적인 현실에 묶여 있으면서도 그 현실을 깨닫지 못하는 의식에 대한 감각을 우리에게 남겨 주는 것으로 보인다. 그러나 라캉은 세미나에서 이 꿈을 언급하면서, 잠의 문제와 프로이트의 잠 분석이 그 내부에 또 다른 질문을 암묵적으로 내포한다고 암시한다. 이 질문은 아버지의 잠이 아니라 아버지가 어떻게 그리고 왜 깨어나는지에 관한 이야기를 통해서 드러난다.

죽은 아이가 누워 있던 방 옆방에 쉬러 갔던 그 불행한 아버지를 기억하실 겁니다. (우리가 들은 얘기는 그가 다른 노인에게 아이를 돌보도록 맡겼다는 거예요.) 그는 무언가로 인해 깨어나지요. 그게 무엇이지요? 그것은 현실, 충격, 두드림, 즉 그를 현실로 불러들이기 위한 소리만은 아닙니다. 오히려 그 소리는 그의 꿈속에서 지금 현실에서 일어나고 있는 일과 거의 동일한 어떤 것을 드러냅니다. 즉, 넘어진 촛불에 아이가 누워 있는 침대가 불붙는 바로 그 현실 말입니다.

이러한 예시는 꿈이 욕망의 실현이라는 《꿈의 해석》 속 프로이트의 논지를 뒷받침한다고는 도무지 보기 어렵습니다.

《꿈의 해석》의 이 지점에서 우리가 거의 처음으로 보게 되는 것은 겉보기엔 부차적인 종류의 꿈의 기능입니다—이 경우 꿈은 잠을 연장하려는 욕구만을 충족시킵니다. 그렇다면 프로이트는 왜 바로 이 시점에, 이 특정한 꿈을 제시하면서, 그것이 자신의 꿈 이론을 전적으로 입증하는 예라고 강조하는 것일까요?

만일 꿈의 기능이 잠을 연장하는 것이라면, 그리고 꿈이 결국 그 꿈을 유발하는 현실에 그토록 가까워질 수 있다면, 우리는 그 꿈이 잠에서 깨지 않고서도 이 현실과 일치할 수 있다고 말할 수 있지 않을까요? 결국, 몽유병적인 행위 같은 것이 있습니다. 여기서 제기되는 질문이자 실제로 프로이트의 모든 이전 지적을 통해 우리가 여기서 만들어 낼 수 있는 질문은 바로 이것입니다. 잠자는 사람을 깨우는 것은 바로 무엇인가? 꿈속에서는 그것이 또 하나의 현실, 즉 프로이트가 그렇게 묘사하는 현실이 아닐까요? 아이가 그의 침대 옆에 서 있다가 그의 팔을 붙잡고 원망하듯이 이렇게 속삭이는 현실 말입니다. "아버지, 제가 불타고 있는 게 보이지 않으세요?(Dass das Kind an seinem Bettesteht, ihn am Arme fasst, und ihm vorwurfsvoll zuraunt: Vater, siehst du denn nicht, dass ich verbrenne?)"

아버지가 바로 옆방에서 일어나고 있는 일의 기이한 현실

을 알아차리는 수단인 그 소리보다 이 메시지에 더 큰 현실이 있는 것은 아닐까요?[4] (57-58)

라캉은 다음을 주장한다. 꿈이 자고 싶은 소망을 충족한다는 설명을 제시할 때, 프로이트는 이 소망이 잠에서 깨어나는 과정에서 불가사의하게 거부당한다는 사실을 암묵적으로 지적한다. 왜냐하면 만일 의식 그 자체가 바로 깨어나지 않기를 소망하는 것이라면, 깨어남은 그 의식적인 소망과 충돌하기 때문이다. 그러나 라캉에게 특별히 인상적인 점은 잠을 자고 싶다는 소망의 모순이 단순히 외부, 즉 떨어지는 촛불의 소음이나 빛뿐만이 아니라, 아이의 말 자체가 바로 잠들어 있음과 깨어나 있음에 영향을 미치는 방식에서 비롯된다는 점이다. 라캉의 분석에서는, 실제로 "아버지, 제가 불타고 있는 게 보이지 않으세요?"라는 아이의 말은 단지 외부의 불타는 모습을 표상하지 않으며, 오히려 내면으로부터 아버

---

4) 라캉 텍스트의 영어 인용문은 《정신분석의 네 가지 기본 개념The Four Fundamental Concepts of Psychoanalysis》에 실린 자크 라캉의 〈투케와 오토마톤〉에서 인용한다. 프랑스어 인용문은 《세미나 XILe séminaire XI》에 실린 라캉의 〈투케와 오토마톤〉에서 인용한다. 셰리던Sheridan의 라캉 프로이트 인용문 번역을 스트래치의 프로이트 번역문에 맞추기 위해 약간 바꾸었다.

지에게 **말을 걸어**, 바로 그가 잠을 자고 있다는 사실 그 자체에 대한 불평으로서 호소한다. 즉, **잠자는 사람을 깨우는 것은 바로 꿈 그 자체**이다. 그리고 바로 이 역설적인 깨어남 속에서, 즉 의식의 소망 그 자체를 향한 깨어남이 아니라 그 소망에 반하는 깨어남 속에서, 꿈꾸는 사람은 자신이 멀리할 수 없는 죽음의 실재에 직면한다. 달리 말해, 프로이트가 꿈이 아버지의 잠을 계속 유지한다고 본다면, 라캉은 아버지가 꿈을 꾸기 때문에, 아주 역설적이게도, 바로 잠에서 깨어난다고 본다. 따라서 라캉의 분석에서는 꿈이 더 이상 잠의 기능이 아니라 오히려 깨어남의 기능이 된다. 프로이트가 **"잠을 잔다는 것은 무엇을 의미하는가?"**라는 질문을 한다면, 라캉은 이 질문의 핵심에서 어쩌면 더 긴급한 또 다른 질문, 즉 **"깨어난다는 것은 무엇을 의미하는가?"**라는 질문을 발견하는 것이다.

실재와 마주하기

라캉은 깨어남에 초점을 맞추어 프로이트의 허구적인 꿈의 세계, 즉 아이가 다시 한 번 살아 있는 허구적인 세계로부터 외부 세계의 단순한 현실로 이동하는 것처럼 보일 수도 있다. 이 현실은 촛불이 아이의 몸 위에 넘어지는 사고로서 아이의 죽음이라는 현실을 반복하고 강조하는 것이다. 그러나 아버지가 단순히 촛불이 넘어지는 소리가 아니라 오히려 꿈속 아이의 말로 인해 깨어난다는 라캉의 말은 무엇을 의미하는가? 달리 말하면, 아버지의 꿈이 자신이 바라던 아이 소생이 아니라 아이의 죽음에 대한 꿈꾸는 사람의 각성을 이룬다는 것은 무엇을 의미하는가? 실제로 아버지가 꿈 자체로 인해 깨어난다는 점에서 죽음에 대한 그의 각성은 지식이나 지각의 단순한 움직임이 아니다. 오히려 이 각성은 라캉이 암시하듯이 잠 속에서만 들을 수 있는 부름에, 깨어나면서, 응답하려는 역설적인 시도이다.

라캉은 바로 꿈 자체에 의한 이 역설적인 각성 속에서 프로이트의 트라우마 개념 내에 담겨 있는 죽음과의 대면의 구체적인 의미를 발견하고 확장한다고 할 수 있다.[5] 꿈꾸는 사람의 깨어남을 꿈속의 말, 아이의 말 걸기에 대한 응답으로 볼 수 있다면, 그 깨어남은 죽음 직면 행위의 필요성과 불가능성에 대한 역설을 나타내기 때문이다. 말하자면, 자기를 보아 달라고 하는 아이의 요청, 간청에 대한 반응으로

---

[5] 프로이트는 트라우마를 느닷없는, 즉 예상하지 못한 죽음 공포에 대한 반응이라 기술한다. 이 죽음 공포는 너무나도 빠르게 일어나서 충분히 알아차릴 수 없고, 그 다음에는 최초의 사건을 되새기려고 하지만 다시 놓치기만 하는 재연 再演과 악몽으로 끝없이 반복된다.

서, 아버지의 각성은 응답을 표상할 뿐만 아니라, 적절한 응답이 불가능함을 기반으로 한 아이와의 유대 관계의 결여를 나타낸다. (아이를) 보기 위해 잠에서 깨어날 때, 아버지는 (아이가) 불타는 것을 막기에는 다시 한 번 **너무 늦게 보았다**는 사실을 깨닫는다. 따라서 내부의 불붙음과 외부의 불붙음 사이의 관계는 (프로이트의 해석에서처럼) 허구도 아니고 직접 재현도 아니다. 이 관계는 아버지 대 아이의 유대 그 자체(아이의 말에 대한 아버지의 호응)가 어떻게 아이의 죽음을 놓친 것과 연결되는지를 시간적 모순 속에서 드러내는 **반복**이다. 그렇다면 깨어난다는 것은 바로 제때 보지 못한 이전 실패의 반복에 대해서만 깨어난다는 것이다. 말하자면, 트라우마의 힘은 죽음만이 아니라, 아이와의 깊은 애착 속에서 아버지가 아이의 죽음을 제때 목격하지 못했다는 사실에 있다. 라캉의 꿈 해석에서 **깨어남은 그 자체로 어떤 트라우마의 현장**이다. 타인의 죽음에 대한 반응이 필요하고도 불가능하다는 트라우마 말이다.[6]

---

6) 레너드 쉔골드Leonard Shengold는 저서 《"아버지, 제가 불타고 있는 게 보이지 않으세요?" 섹스와 나르시즘, 상징주의, 살해에 관한 성찰: 전부에서 전무로"Father, Don't You See I'm Burning?" Reflections on Sex, Narcissism, Symbolism, and Murder: From Everything to Nothing》(1991)에서 그 연소燃燒가 고도로 상징

생존의 본성

이러한 관점에서 볼 때, 각성으로서 꿈이 재연하는 트라우마는 아이의 죽음과의 조우를 놓친 것일 뿐만 아니라, 그 놓침 역시 아버지의 생존 자체를 구성하는 방식이기도 하다는

적이고 본질적으로 욕망에 연결되어 있다는 해석을 제공한다. 나로서는 라캉의 텍스트가 과잉상징 해석에 저항한다고 믿는다. 비록 라캉이 그 세미나 4장에서 또한 5장의 마지막 논평에서 불타는 모습을 욕망에 실제로 연결하지만 말이다.

악몽의 무의식적 의미에 초점을 맞춘 정신분석학적 해석에 관해서는, 리즈 Theodor Lidz의 〈악몽과 전투신경증Nightmares and the Combat Neuroses〉과 맥 John Mack의 〈악몽 이론을 향하여Toward a Theory of Nightmares〉, 랜스키Melvin R. Lansky의 〈외상 후 악몽의 점검 기능The Screening Function of Post-Traumatic Nightmares〉 참조. 세 편 다 랜스키가 편집한 《꿈의 필수 논저Essential Papers on Dreams》(1993)에 실려 있다. 흥미롭게도 트라우마적 악몽의 해석이 직면하는 어려움 중 하나는 자각의 문제이다. 내가 자각하는 한, 언제나 이 문제는 트라우마적 악몽의 중요한 국면이라 인정받는다. 트라우마적 악몽에 그만큼 많은 초점을 두지 않는 상이한 종류의 악몽 비평은 하트만Ernest Hartmann의 《악몽: 공포스러운 꿈의 심리학과 생물학The Nightmare: The Psychology and Biology of Terrifying Dreams》(1984)에서 찾아볼 수 있다. 트라우마적 악몽 문제에 대해 구체적으로 트라우마에 관심을 둔 임상의사들과 연구자들이 제시한 비非정신분석 접근은 다음 세 편의 논의를 참조. 슈피겔의 조력을 받아 저술한 카디너 Kardiner의 《전쟁 스트레스와 신경증 질병War Stress and Neurotic Illness》과 《미국 정신의학 저널American Journal of Psychiatry》 141권에 실린 콜크 등Bessel vander Kolk et al.의 〈악몽과 트라우마: 퇴역군인의 평생 악몽과의 싸움 뒤 악몽의 비교Nightmares and Trauma: A Comparison of Nightmares after Combat with Lifelong Nightmares in Veterans〉(1984), 그리고 트라우마적 영상에 관한 일반적인 쟁점의 맥락에서 브렛Brett과 오스트로프Ostroff의 〈영상과 외상후스트레스장애: 개관Imagery and Posttraumatic Stress Disorder: An Overview〉 참조.

나는 라캉의 텍스트가 다음을 암시한다고 믿는다. 기존의 억압 개념의 측면에서나 오이디푸스 콤플렉스에 근거한 전통적인 정신분석 이론의 측면에서 파

것이다. 달리 말해서, 아버지의 생존은 더 이상 단순히 아이보다 오래 살아남은 우연한 삶으로만 이해해서는 안 되며, 오히려 응답의 불가능한 구조가 규정하는 존재 방식으로 이해해야 한다. 즉, 라캉은 각성의 원인을 꿈 밖에서 촛불이 넘어지는 사고에서 아이의 꿈속 말로 돌림으로써, 각성 자체가 단순한 우연이 아니라 더 큰 책임 문제와 연관된다는 것을 시사한다.

사고의 의미를 다시 생각하고 그 의미를 생존의 본질에 관한 질문과 연결하는 이 지점에서 라캉은 트라우마에 관한 프로이트의 후기 연구에 기대고 있는 것처럼 보인다. 특

악한 트라우마적 악몽의 관습적인 해석을 통해 충동을 재고하기보다는 오히려 상징주의에 대한 트라우마의 흥미로운 저항을 통해 충동을 재고해야 할 필요가 있다. 그러한 재고할 때 연계해야 할 개념은 상반된 양가 개념일 것이며, 구체적으로 아버지가 아이에 대해 양가감정을 가질 가능성이다. 이 가능성은 프로이트가 다음을 암시할 때 허용하는 해석이다. 즉, 아버지는 자기 임무, 즉 아이를 보살피는 일을 감당할 수 없었던 사람 곁을 떠났던 데 대해 약간의 죄의식을 느낄 수 있다. 아버지—아들로 적대 중인 개별 아버지의 측면에서 이 양가감정을 표현하기보다는 오히려 프로이트는 이 감정을 의식 그 자체의 더 커다란 문제로 병합하는 것으로 보인다. 잠에서 깨어나지 않기를 바라는 것은 바로 의식 그 자체라고 말할 때 말이다. 왜냐하면 이 경우에 아이를 계속 살리려는 소망—프로이트가 최초에 이 꿈의 동기라고 해석한—은 잠을 자려는 의식에 대해 이차적이 되고, 심지어 아이의 죽음 앞에서도 자신의 잠을 보호하려는 의식의 소망을 뒷받침할 수 있기 때문이다.

불타는 것과 트라우마 개념 사이의 내재적인 관계에 대해서는 (바슐라르에 관해 쓴) 장 라플랑슈의 〈트라우마의 선동Le traumatisme incitateur〉, 《비판 III, 승화Problématiques III, La Sublimation》(1980) 참조.

히 프로이트가《쾌락원칙을 넘어서》에서 강조한 사고 악몽과 프로이트의 마지막 주요 저작인《인간 모세와 유일신교》속 열차 사고 사례를 참조한다.[7] 여기서 프로이트는 외상성 사고(죽음과의 대면)가 어떻게 너무나 빨리, 너무나 갑작스럽게, 너무나 예기치 않게 일어나서, 이를 의식을 통해서 완전히는 파악할 수 없는지를 보여 준다. 라캉의 텍스트에서는 프로이트의 트라우마 개념의 핵심에 있는 이 특이한 우연성이 트라우마적 반복의 더 큰 철학적 중요성에 연결된다.

분석적 경험의 기원에서는 실재가 그 안에서 **동화할 수 없는** 무언가의 형태로 스스로 드러났어야 한다는 것은 놀랍지 않은가? 뒤따르는 모든 것을 결정하고 외견상 우연한 기원을 부여하는 트라우마의 형태로 말이다. (55)

---

7) 《쾌락원칙을 넘어서》(2장)의 사례 참조. 그리고《인간 모세와 유일신교》(3장 1절 3부)에 있는 유대인의 트라우마 대 열차 사고 생존자의 트라우마 비교 참조. 또한 이 책 1장, 나의 열차 충돌 논의 참조. 꿈에서 불에 타는 것이 홀로코스트에서 불에 타는 것과 공명하는 것은 라캉의 텍스트에 암시되어 있다. 수용소에서 일어났던 일 그대로의 악몽과 각성의 경험에 관해서는 테렌스 데 프레 Terence Des Pres, 〈악몽과 각성Nightmare and Waking〉,《생존자: 죽음의 수용소에서의 삶의 해부The Survivor: An Anatomy of Life in the Death Camps》(1976) 참조.

마찬가지로 아버지가 꿈에서 깨어날 때 밖에서 불이 난 사고와 꿈에서 아이가 한 말 사이의 간극은 잠에서 깨어나는 어떤 우연보다 더 큰 의미를 생성한다. 이 의미는 우연한 사건과 그 사건에서 떠오른 말의 관계에서 읽어야 한다.

모두가 잠들어 있을 때 우연인 듯 일어나는 일과 통렬한 감정 사이에는 우리가 반복해서 다루고 있는 것과 동일한 관계가 있습니다. 전자의 우연은 넘어진 촛불과 불붙는 이불, 의미 없는 사건, 사고, 한 조각의 불운입니다. 후자의 감정은 아무리 가려져 있더라도 "아버지, 제가 불타고 있는 게 보이지 않으세요?"라는 말에서 드러납니다. 이 관계가 바로 우리에게 '운명신경증' 또는 '실패신경증'이라는 용어로 표현되는 것입니다. (69)

깨어남이 아들의 죽음 이후에도 이어지는 아버지의 생존을 재연한다면, 이 생존은 더 이상 단순히 사고의 결과가 아니라 죽은 아이의 말에 대한 응답을 담고 있으며, 이 생존의 정의는 그 응답에 근거한다.

아이의 죽음과 아버지의 생존 사이의 이 결정적인 연결 고리야말로 이 꿈에서 라캉이 발견한 핵심이며, 프로이트의 해석을 파고드는 라캉의 깊은 통찰을 구성한다고 할 수 있다. 프로이트가 불타는 아이라는 꿈속에서 자식의 갑작스러운 죽음을 마주할 수 없는 아버지가 형상화하는 잠자는 의식의 이야기를 읽어 낸다면, 라캉은 각성 속에서 아버지와 아이가 어떻게 트라우마 이야기를 통해 불가분의 관계로 묶여 있는지 읽어 낸다.[8] 달리 말하면, 라캉은 아버지의 이야

8) 쇼사나 펠먼Shoshana Felman은 '잠과 각성의 조우'라는 측면에서 이 꿈에 관한 라캉의 해석을 불러내어 해독한다. 〈'제가 불타고 있는 게 보이지 않으세요?' 또는 라캉과 철학Ne vois-tu pas que je brûle?' ou Lacan et la philosophie〉, 《광기와 문학La folie et la chose littéraire》(1978). 이 글의 영어판은 1985년에 나온 《글쓰기와 광기Writing and Madnes》에 "Don't You See I'm Burning?' Or Lacan and Philosophy'라는 제목으로 실려 있다. 아버지와 아이의 측면에서 논의한 나의 글에서 분석한 잠과 각성의 관계가 또 하나의 인물인 '파수꾼Wächter'과 관련이 있으며, 이 파수꾼이 아이 옆에서 잠들었으며 심지어 그 아버지가 깨어난 때에도 여전히 잠들어 있다는 점에 주목해야 한다. 라캉은 잠과 각성 사이의 순간을 아버지와 파수꾼 사이의 이 균열로 기술하고, 〈투케와 오토마톤〉 3부에서 이 균열 개념을 파악한다. 따라서 라캉은 정신의학·정신분석 역사에서 트라우마가 너무 늦게 경험하는 것이라는 시간적 이해와 병행하는 트라우마의 한 차원을 살짝 다룬다. 이 차원은 이 사건을 중심으로 하는 프시케의 분열—트라우마적 기억을 의식의 나머지(와 그 문제에 관해서라면 무의식)와 분리—이라는 개념이다. 지금까지 피에르 자네Pierre Janet가 펼친 이 개념은, 현대 트라우마 이론에서는 트라우마가 반복과 재연再演이라는 (인정을 받은 그렇지 아니하든 구성상 시간적 토대를 지닌) 프로이트식 이해를 중심으로 하거나 해리 이론을 중심으로 한 분열을 보였다. (비록 프로이트도 균열에 대해 썼지만) 이 해리 이론은 자네와 동일시된다. 흥미롭게도, 자네는 히스테리 내 해리에 관한 논의에서 잠과 각성의 언어를 사용해 최면 상태와 비非최면 상태의 차이를 기술한다. 예컨대 자네의 〈건망증과 감정의 기억 해리L'amnésie et la dissociationdes souvenirs par l'émotion〉, 《진화와 시간 관념L'évolution de la mémoire et la notion du temps》(1928) 참조. 이 용어는 또한 프로이트와 브로이어, 〈히스테리 현상의 정신적 기제에 관해: 예비적 소통On the Psychical Mechanism of Hysterical Phenomena: Preliminary Communication〉 (1893) 논의로 넘어간다. 《표준판》 2권 참조. 자네와 프로이트에 관해서는, 판

기를 죽은 아이의 말 걸기와 본유적으로 또한 구성적으로
결속된 생존이라 읽어 낸다.

그러므로 아버지의 생존 이야기는 단순히 자신의 이야기
가 아니라, 응답의 한 양식으로서 죽은 아이의 이야기를 전
한다. 이 이야기는 그 자체에 이중적인 차원이 있다. 아이의
말을 내면의 불타오름을 가리킨다고 읽을지, 아니면 외부의
실제 불길을 가리킨다고 읽을지의 차원 말이다. 앞으로 살
펴보겠지만, 어떻게 읽을지에 따라 아버지의 생존은 아이의
말 걸기에 대한 양립 불가능하지만 불가분 얽혀 있는 두 응
답의 관점에서 이해할 수 있다. 이렇게 생존자의 모습으로
형상화된 의식을 통해, 즉 자신의 삶이 자신이 목격한 죽음

데르 콜크Bessel A. van der Kolk · 판 데르 하르트Onno van der Hart의 〈침입
적 과거: 트라우마의 유연성과 기억의 조판술The Intrusive Past: The Flexibility
of Trauma and the Engraving of Memory〉,《트라우마: 기억에 대한 탐구Trauma:
Explorations in Memory》참조. 그리고 레이스Ruth Leys의 〈트라우마 치유: 포
탄 충격과 자네, 기억 문제Traumatic Cures: Shell Shock, Janet, and the Question of
Memory〉,《비평 탐구Critical Inquiry》20권, 1994년 여름호 참조. 해리적인 담
화 균열의 측면에서 홀로코스트 트라우마를 바라본 환상적인 현대적 해석은,
랭거Lawrence L. Langer,《홀로코스트 증언: 기억의 폐허Holocaust Testimonies:
The Ruins of Memory》(1991) 참조. 불에 탄 아이라는 꿈속의 파수꾼Wächter—경
비원watchman—이《꿈의 해석》에서 프로이트가 꿈을 잠의 경비원, 즉 파수꾼
der Wächter des Schlafens이라 한 정의와 공명한다는 점에 주목하는 것이 흥미
롭다.(그리고 이 점은 라캉의 해석 이면에 있을지 모른다.)

과 불가분하게 얽혀 있는 생존자를 통해 라캉은 정신이 실재와 맺는 관계를 재구성한다. 이 관계는 단순히 경험적 사건의 본질을 보거나 아는지에 관한 문제, 즉 현실에 대해 알 수 있는지 없는지에 대한 인식론적 문제도 아니다. 이 정신 대 실재의 관계는 긴급한 책임에 관한 이야기이며, 라캉이 이 맥락에서 실재와의 **윤리적** 관계라고 부르는 것이다.[9]

---

9) 이 세미나에 대한 나의 해석(《정신분석의 네 가지 기본 개념》의 5장)은, 부분적으로 라캉의 논평에 대한 3장의 해석이라고 이해할 수 있다.

지금까지 내가 보여 준 것처럼 존재적 국면에서 아주 나약한 무의식의 지위는 윤리적이다. 진실에 대한 갈망에서 프로이트는 이렇게 말한다. 그것이 무엇이든지 나는 그곳으로 가야 한다. 왜냐하면 어딘가에서 이 무의식은 스스로 모습을 드러내기 때문이다. ······ 프로이트는 이렇게 말했다. 내가 나의 사람들을 데려갈 곳이 있다. ······ 여기에서 프로이트의 접근이 윤리적이라고 말할 때 나는 인상주의적 행태를 하고 있지 않다. ······

프로이트는 이 사용-역register이 관계되는 경우에 무의식의 가면이 얼마나 허약한지 아주 잘 알고 있다는 것을 보여 준다. 바로 이때 프로이트는 《꿈의 해석》에서 분석한 모든 꿈 중에서 그 자체의 범주에 있는 꿈—가장 괴로운 신비 부근에서 정지된 꿈—으로 이 책의 마지막 장을 연다. 이 꿈은 아버지를 바로 옆에 있는 아들, 즉 죽은 아들의 시체에 연결한다.(33-34)

슬라보예 지젝Slavoj Zizek은 다음을 암시한다. 라캉의 꿈 해석 속 각성은 꿈은 허구이고 각성은 실재라는 통상적인 이해의 정확한 역전이다. 지젝은 라캉 해석 속 아버지의 각성은 실재로부터 이념 속으로의 '도피'이다. 아이의 차가운 시체에 대한 각성을 도피로 이해할 수 있다는 것을 수용하기 어렵다는 점을 제쳐 둔다면, 라캉 해석의 힘은 내가 이해하는 측면에서 분명히 다음을 암시한다. 실재와의 조우는 꿈 내부나 외부 둘 중 어느 한 곳에서 간단하게 파악할 수 없으며, 이 둘 사이를 이동하는 순간에, 즉 한 곳에서 다른 곳으로 이동할 때 파악해야 한다. 이것이 바로 라캉이 정확하게 '각성을 구성하는 간격the gap that constitutes awakening'이라 부르는 것이다.(57) 지젝의 《이데올로기의 숭고한 대

실패한 말 걸기

이런 관점에서는 "아버지, 제가 불타고 있는 게 보이지 않으세요?"라는 아이의 말을 꿈속에서 불타고 있음을 보라는 아이의 간청으로 읽을 수 있다. 만일 그렇다면, 앞서 말했듯이, 아버지의 깨어남이라는 반응은 반복되는 적절한 대응의 **실패**(즉, 아이의 죽음을 제대로 보지 못한 실패)의 이야기를 극적으로 만든다. 아이의 살아 있는 연약함을 죽어 가는 그대로 보기 위해서는 아버지가 계속 꿈을 꾸어야 하기 때문이다. 깨어나면 그는 아이의 죽음을 너무 늦게 보게 되어서 온전히 또는 적절히 대응할 수 없다.

이러한 관점에서는 이 꿈이 실제로 단일한 경험적 사건(열병으로 인한 아이의 우연한 사망) 너머의 현실을 드러낸다. 이 꿈은 아버지가 보려고 해도 보지 못하는 모습을 반복적으로 보여 줌으로써 아버지로서 남자의 의식 자체를 드러내기 때문이다. 자식의 살아 있는 모습을 다시 보고 싶은 마음이 너무도 강해서 (자식의) 시신이 불타고 있음에도 잠을 자는 남자가 죽어 가는 아이의 간청에 적절히 응답할 수 없음

상The Sublime Object of Ideology》(1989) 참조.

222

에 불가분 연결되는 것처럼 말이다. 아이와의 유대감, 즉 책임감은 본질상 아이의 잠재적 죽음을 인식할 수 없다는 사실에 연결된다. 그리고 이 꿈이 실재로서 예시적으로 드러내는 것은 다름 아닌 이 유대 관계이다. 내재적인 불가능성을 중심으로 형성된 실재와의 조우로서 말이다.

이 순간에도 불길에 삼켜지고 있는 그 영원히 무기력한 존재와의 어떤 조우가 있을 수 있을까요? 뜻밖에, 마치 우연처럼, 불길이 그를 만나러 오는 바로 그 순간에 일어나는 조우가 아니라면 말입니다. 이 사고에서 현실은 어디에 있는 것일까요? 더 치명적인 어떤 것을 현실이라는 수단을 **통해** 반복하는데 있지 않다면요? 즉, 아이를 지키고 있어야 할 사람이 여전히 잠든 채 남아 있고, 심지어 아버지가 잠에서 깨어 다시 등장했을 때조차도 그렇다는 그 현실 말입니다. (58)

깨어났을 때 아버지의 반응은 단 한 번의 행위로 보는 것의 이중 실패를 반복한다. 그것은 내부를 제대로 보지 못하는 실패와 외부를 제대로 보지 못하는 실패이다.

사실상 촛불이 넘어지는 사고에서 꿈으로 넘어가는 과정이 현실로 인해 "더 치명적인" 어떤 것을 반복하는 그 무엇이라는 라캉의 해석은 프로이트의 후기 작품에서 실재 개념과 트라우마 개념의 예화라고 할 수 있다. 특히《쾌락원칙을 넘어서》의 4장에서 5장으로 넘어가는 과정의 예화라고 말이다. 이 저작에서 프로이트는 실제로 의식에 대한 사유에서 삶 자체의 기원에 대한 설명으로 나아간다. 전자의 경우에는 트라우마를 너무도 빠르게 다가와서 예상치 못한 어떤 것(예: 사고)에 의한 의식의 차단이라 설명한다. 후자의 경우에는 삶 자체의 기원을 바로 충동과 의식의 기초를 함께 확립하는, 죽음으로부터의 "깨어남"이라 설명한다.[10] 따라서

10) 이 맥락에서 프로이트가 제시한 죽음충동의 기술을 불타는 아이의 꿈에서 기술된 아주 구체적 죽음, 즉 어떤 아이의 죽음이라는 측면에서 이해할 수도 있다. 프로이트가 죽음충동—무정물 상태로 돌아가려는 유기체의 최초의 시도와 반복적인 시도—이라고 정의하는 것의 경우, 죽음으로 돌아가려는 시도를 직접 함의하는 생명 속으로의 각성은 일반적으로 죽음이 늦다는 감각, 즉 사실 사람이 다만 너무 늦게 죽는다는 감각이라고 볼 수도 있다. 너무 늦게 죽는다는 것이 자기 아이보다 나중에 죽는다는 것을 제외하고 무엇을 의미할 수 있는가?

여기에서는 프로이트 텍스트에 분명하게 명시된 것이 아니라, 라캉의 해석에서 암시하는 중요한 이동에 주목해야 한다. 이 이동은 트라우마가 자신의 죽음과의 관계라는 개념에서, 근본적으로 다른 사람의 죽음과의 관계로의 이동이다.《쾌락원칙을 넘어서》에서《인간 모세와 유일신교》로 가는 프로이트 자신의 이동은 이 책 4장에서 내가 주목하는 바와 같이 다음을 암시할 수 있다. 상대의 죽음은 언제나 어떤 사람 '그 자신의' 죽음이라는 프로이트의 개념과 분리 불가능하다. 트라우마의 특별한 시간성과, 트라우마가 어떤 사람에게 수용하도록 강요하는 과거는 어쩌면 이 시각에서는 상대(또는 상대의 잠재적 죽음)의 시간성을 통해서 이해할 수 있다.

이 시간성 내의 잠재성을 강조한다는 점에서 내 해석은 불타는 아이의 꿈

이 독특한 전개는 프로이트 사유의 중요한 궤적을 따라간다. 이 여정은 트라우마가 의식을 불시에 덮쳐 이를 교란하는 예외적 사고라는 관점에서 트라우마가 의식과 모든 삶의 근원 자체라는 생각으로의 이동이다. 이와 같은 이론적 궤적 전체는 라캉의 '불타는 아이의 꿈' 해석에서 다시 다뤄진다. 라캉은 트라우마의 우연성도 본질상 죽음, 특히 타인의 죽음과 관련이 있는 한에서는, 의식 자체의 중심에 놓인 근본적인 윤리적 딜레마를 드러낸다고 보는 것이다.[11] 그렇다

에 대한 엘리 래글런드Ellie Ragland의 해석과 다르다. 특히 죽음충동이 "우리 모두가 소유하는 트라우마 관련 지식"이라는 주장과 다르다. 이 주장은 우리 모두가 잠재적으로 트라우마를 겪을 수 있다는 나의 주장이나 이해와 정반대이다. 내 주장의 핵심은 죽음충동의 역설적인 시간성과 더 가깝다. 래글런드, 〈라캉과 죽음충동, 그리고 불타는 아이의 꿈Lacan, the Death Drive, and the Burning Child Dream〉,《죽음과 표상Death and Representation》(1993) 참조.

11) 의식의 토대가 되는 순간이 타인의 죽음(이나 잠재적 죽음)에서 그들을 향한 책임이라는 기술은, 정말로 그러한 (잠재적) 죽음으로부터의 소환에 대한 반응으로서, 에마뉘엘 레비나스Emmanuel Levinas의 윤리적 사고와 잘 어울린다. 레비나스는 〈철학과 악La philosophie et l'éveil〉에서 트라우마를 떠오르게 하는 근원적 순간에 연결되는 각성—상대로부터의 각성éveil à partir de l'autre—에 대해 쓴다. 나는 트라우마의 윤리적 공명 문제에 처음에는 질 로빈스Jill Robbins 덕택에 주의를 기울이게 되었다. 질 로빈스의 뛰어난 레비나스 연구와 두 분야의 교차에 관해 질 로빈스와 나누었던 논의는 정말 귀중하다. 특히 캐루스와 에쉬Deborah Esch가 편집한《결정적 조우: 해체적 글쓰기 속의 지시와 책임Critical Encounters: Reference and Responsibility in Deconstructive Writing》(1994)에 실린 로빈스의 글 〈얼굴 모습과 형태: 레비나스의 전체성과 무한성 속의 말과 살해Visage, Figure: Speech and Murder in Levinas' Totality and Infinity〉

면 궁극적으로 아버지와 아이의 이야기는 라캉에게 의식이 타인, 특히 타인의 죽음과 맺는 그 기원적 관계 속에서 지닌 불가능한 책임의 이야기다. 각성으로서, 실재와의 윤리적 관계는 인간 의식의 중심에서 이 불가능한 요구를 드러내는 것이다.[12]

피할 수 없는 명령

그러나 "아버지, 제가 불타고 있는 게 보이지 않으세요?"라는 아이의 말은 또 다른 방식으로도 읽을 수 있다. 꿈속에서

참조. 그리고 로빈스의 《윤리학과 문학적 사례: 레비나스 읽기Ethics and the Literary Instance: Reading Levinas》 참조. 레비나스에게 있는 트라우마 개념의 구체적 출현에 대해서는 웨버Elisabeth Weber의 〈박해와 트라우마: 에마뉘엘 레비나스의 일명 저승 본질Verfolgung und Trauma: Zu Emmanuel Lévinas' Autrement qu'être ou au-delà de l'essence〉(1990) 참조.

12) 정말로 이 통찰은 트라우마 연구사에서 진행 중인 '생존자 죄의식'으로 다시 떠오를 것이다. 가장 분명한 것은 로버트 제이 리프턴이 빈번하게 생존자 경험에 주의를 기울이는 역설적 죄의식이라는 논평이다. "이 모든 점에서 자기비난이 우리에게는 아주 불공정하다고 여겨진다. …… 이 죄의식은 우리에게 타인의 물리적 · 심리적 존재와 우리의 관계에 대해 책임을 지울 때 죄의식의 진화적 기능에 맞게 개인적인 희생자−생존자를 포괄할 것이다. 자신의 트라우마를 둘러싼 이 죄의식 경험은 모든 갈등과 고통에 내재하는 도덕 차원을 암시한다." 리프턴, 《끊어진 연결The Broken Connection》 172쪽 참조.

아이가 불타고 있음을 보라는 간청으로 읽을 수도 있고, 꿈 밖에서 아이가 불타고 있음을 보라는 명령, 즉 깨어나라는 긴급 명령으로도 읽을 수 있다. 이러한 해석을 명시적으로 펼치지는 않지만, 라캉은 트라우마를 놓치는 것 또한 하나의 조우라고 암시한다.

정신분석의 발견에서 우리가 얻는 것은 조우이기 때문입니다. 이것은 본질적인 조우, 즉 우리를 피하는 실재와 함께 언제나 우리를 부르는 약속입니다. (53)

이러한 관점에서 깨어남은 실재와의 약속을 구현한다. 달리 말하면, 깨어남은 단지 응답의 실패로서뿐만 아니라 응답 불가피성의 실연으로서 발생한다. 지금은 시체에 불과한 아이의 생존에 대한 각성이 불가피함에 관한 재연으로서 말이다. 이러한 깨어남의 파토스와 의미는 단순히 아버지가 보려 애쓰는 과정에서 반복되는 아이의 상실에서 비롯되는 것이 아니라, 오히려 아이 그 자체에서 비롯된다. 아이는 아버지가 제때 보지 못했던 아이이고, 아버지가 목격하지 못한 채 죽게 두었던 아이이고, (아이를 다시 살리고자 하는 아버지의 절박함 속에서 꾸는) 꿈에서 다시 한 번 살아 있는 모습으로 나타나는 아이이다. 바로 그 아이가, 아버지가 보지 못한 실패의 한가운데에서 아버지에게 깨어나라고, 살라고, 그리고 또 다른 불타오름, 다른 누군가의 불타는 모습을 보는 삶을 살라고 명하는 것이다. 아이가 살아 있는 모습을 다시 한 번 보고자 꿈의 내부에 머물렀을 아버지는 아이로부터 다음 명령을 받는다. 아이를 진정으로 볼 수 있는 유일한 장소인 꿈의 내부, 죽음의 내부로부터 보지 말고 외부로부터 보고서, 다른 어딘가에서 깨어나기 위해 아이를 꿈속에 남겨 두라고 말이다. 바로 그 죽은 아이, 도달할 수 없고, 결코 닿을 수 없는 타자성 속에 있는 그 아이가 아버지에게 이렇게 말하는 것이다. **"일어나요, 나를 떠나요, 살아남아요, 살아남아서 불타는 제 이야기를 전해 줘요."**

따라서 깨어난다는 것은 생존의 명령을 짊어지는 것이다. 더 이상 단순히 한 아이의 아버지로서가 아니라, **보지 못한다는 것이 무엇을 의미하는지** 말해야 하는 사람으로서 살아남으라는 명령 말이다. 바로 이것이 죽어 가는 아이의 상상 불가능한 말을 듣는다는 것이 의미하는 바이기도 하다.

본질상 꿈이란 놓친 현실에 대한 경의 행위가 아닐까요? 결코 도달하지 못한 어떤 깨어남 속에서, 끝없이 반복하는 방식이 아니면, 더 이상 스스로 생성할 수 없는 현실 말이에요.(58)
오직 의례, 즉 끝없이 반복되는 행위만이 그렇게 기억할 만하지 않은 이 조우를 기념할 수 있습니다. 아버지로서의 그 아버지를 제외하고는, 아무도 아이의 죽음이 무엇인지 말할 수 없기 때문입니다. 즉, 어떤 의식적인 존재도 그렇게 말할 수 없으니까요. (59)

아버지는 죽은 아이의 말을 받아들여야 한다. 그러나 지금 진정으로 듣는 유일한 길은 살아 있는 아들의 말을 듣는 살아 있는 아버지로서가 아니라, 타인의 죽음과 자신의 삶 사이의 바로 그 간극을 받아들이는 사람으로서 듣는 것이다. 즉, 깨어날 때 죽음과 삶 사이에 있는 그 차이의 충격을 보는 것이 아니라 재연하는 사람으로서 말이다. 따라서 보는 것에 실패한 바로 그 깨어남이 실은 **하나의 호소를 진정으로 받아들이는 행위**가 된다. 이 호소는 정확히 내면의 불타오름에서 외면의 불길로 건너가는 그 순간에 명령 자체의 맹목성을 중심으로 듣는 사람의 존재를 변화시키고 교화한다. 왜냐하면 깨어나면서 "아버지, 제가 불타고 있는 게 보이지 않으세요?"라는 죽은 아이의 호소에 응답할 때, 아버지는 더 이상 살아 있는 아이의 아버지가 아니라, 정확히 이제는 아이의 죽음이 무엇인지 **말할 수 있는 사람**으로서의 아버지이기 때문이다. 아이의 말에 대한 아버지의 응답은 앎이 아니라 깨어남이다. 이 깨어남은 말하기라는 행위처럼 아이의 타자성, 즉 '죽은 아이의 타자성'과의 아버지의 조우를 간직하고 그것을 전달한다.

그러나 그러한 깨어남은, 어떤 의미에서는 여전히 트라우마의 반복(아이가 죽어 가는 모습의 재연)이기도 하지만, 단순히 **같은** 실패와 상실, 오직 아버지의 이야기만을 되풀이하는 것은 아니다. 그 깨어남은 오히려 떠남과 차이를 반복하는 새로운 행위이다. 이 떠남은 불타는 아이의 명령에 따른 아버지의 떠남이고, 이 차이는 내면의 불타오름과 외부의 불타오름 사이의 견딜 수 없는 차이를 향한 아버지의 깨어남이다.

따라서 행위로서 깨어남은 이해가 아니라 전달, 즉 고유한 차이를 내포하는 깨어나는 행위의 수행이다. "반복은 새로운 것을 요구한다."[61]는 라캉의 말과 같은 맥락이다. 이 새로움은 말을 하는 사람이 더 이상 그 말을 지배하거나 소유하지 않을 때 비로소 실현된다. 그 말은 더 이상 죽어서 이제는 영원히 말할 수 없는 아이의 것도 아니고, 아이의 자리, 곧 잠들어 있던 자아로부터 그 말을 들은 아버지의 것도 아니다. 아버지의 것도, 아이의 것도 아닌 그 말은 정확히 자아를 깨우는 말이라기보다는, **그 깨어남 자체를 타인에게 건네는** 하나의 행위로 전해진다.

따라서 이 사고는 단순히 한 번에 완전히 알 수 있는 현실이 아니라, 말이 떨어지는 그 우연한 자리에서 매번 새롭게 일어나야만 하는 실재와의 조우이다.

　그렇다면 이 사고는 무엇이었나요? 조금 쉬고 싶었던 사람과 밤샘 간호를 계속할 수 없었던 사람, 선의를 가진 누군가가 침대 곁에 서서 그를 바라보며 "그냥 잠든 것처럼 보이는구먼"이라는 말로 묘사했을 사람을 비롯한 모두가 잠들어 있을 때, 우리가 그에 대해 아는 것은 단 하나, 이 완전히 잠든 세계에서 들리는 건 오직 그 목소리뿐이라는 것입니다. "아버지, 제가 불타는 게 보이지 않으세요?" 이 문장은 그 자체가 불쏘시개예요—그 자체로 떨어지는 곳에 불을 붙여요. 그리고 사람들은 무엇이 불타고 있는지 볼 수 없어요. 불꽃이 우리 눈을 가리니까요. 그 불이 번민Unterlegt, 고통Untertragen, 실재와 관련이 있다는 사실에 대해서 말이에요. (59)

　이 사고, 즉 촛불이 떨어지는 그 힘은 단순히 불타오름이라는 경험적인 사실에 존재하는 실재나, 아이가 열병에 걸린 우연한 사건, 혹은 아버지가 잠든 사이 촛불이 떨어져 아이의 몸에 불이 붙은 사건으로 국한되지 않는다. 그 떨어짐의 힘은 바로 아이의 말이 아이의 죽음과 아버지의 생존에 대한 명령 사이를 오가는 불타오름을 전달하는 방식의 우연에 있다. 양초처럼 쓰러져, 그 말을 듣는 이들을 새롭게 깨우는 불타오름 말이다.

"나도 보았어요."

이러한 전달의 의미는, 내 생각에, 우리가 다음을 이해하게
될 때야 비로소 완전히 파악할 수 있다. 생존이라는 행위를
통해, (그 자체로 순수한 반복강박이자 반복되는 악몽인) '제때
보는 것의 반복적인 실패'가 어떻게 타인을 깨우는 말하기의
명령으로 전환될 수 있는지를 이해할 때이다. 그러나 지금
은 라캉의 고유한 텍스트, 즉 정신분석의 이론적 텍스트에
깔려 있는 깨어남에 대한 명령만을 간단히 짚어 볼 것이다.
왜냐하면 라캉에 따르면, 정신분석이 프로이트의 "열병", 즉
그의 강력한 다음 질문의 불타는 열기를 전달하는 것은 이
론의 언어 그 자체를 통해서 가능하기 때문이다. "환상 뒤에
놓여 있는 첫 조우인 실재란 무엇인가?"[54]

> 조우(놓칠 수 있는 한에서, 본질적으로는 놓친 조우인 한에서의
> 그 조우)로서의 …… 실재의 기능은 정신분석 역사에서 그 자
> 체로 이미 우리의 주의를 **일깨우기에 충분한** 형태, 즉 트라우
> 마의 형태로 처음 등장했습니다. (55, 강조 추가)

라캉은 이렇게 말한다. 자신의 텍스트에 영감을 불러일으킨 것은 바로 프로이트 텍스트 중심에 놓인 트라우마 이론이다. 그리고 이 트라우마 이론은 이미 (불타는 꿈과 불타는 아이의 이야기 속에서) 소원 성취 이론의 내부로부터 발화하고 있다. 그는 정신분석 이론의 전승이 트라우마적 반복과 생존의 윤리적 부담 사이를 오가는 깨어남에 대한 명령이라고 본다. [13] 실제로 라캉이 프로이트의 텍스트를 해석할 때나

13) 《쾌락원칙을 넘어서》 읽기에서 자크 데리다Jacques Derrid는 정신분석의 진행을 자녀들보다 더 오래 살아남은 아버지의 생존을 통해서 이해한다.(데리다의 《우편 엽서》 참조.) 데리다는 〈단락—트라우마와 약속Passages—du traumatisme à la promesse〉(1992)에서 트라우마 개념과 책임 개념 사이를 오간다. 데리다의 이 글은 《말줄임: 인터뷰Points de suspension: Entretiens》, 엘리사베스 웨버와의 인터뷰에 들어 있다. 생존 개념의 더 일반적인 재고에 대해서는 데리다의 〈생존Survivre〉(1986) 참조. 이 글은 1986년에 나온 데리다의 저술 《인근Parages》에 실려 있다. 이 글의 영어판 제목은 해럴드 블룸Harold Bloom 등(1979)이 편집한 《해체와 비평Deconstruction and Criticism》의 〈경계에서 살아가기Living on. Borderlines〉이다. 그리고 장 프랑수아 리오타르Jean-François Lyotard, 〈생존자Survivant〉, 《망령의 해석Lectures d'enfance》(1991) 참조.

세미나에서 생존의 문제를 충분히 다루기 위해서는 '두드리는 꿈knocking dream'에 대한 해석도 포함해야 했다. 라캉은 이 '꿈 두드리기'로 불타는 아이의 꿈에 관한 논의를 도입한다. 메리 퀘인턴스Mary Quaintance는 예일대 비교문학과에서 '깨어나는 꿈Waking Dreams'이라는 제목의 박사학위 논문을 썼다. 이 논문은 불타는 아이의 꿈에 관해 제안하는 장을 담고 있다. 이 학위논문의 취지를 설명하는 글에서 메리는 두드리는 꿈속의 맥베스 인유引喩를 논의하고, 이 극에 관한 토머스 드 퀸시Thomas de Quincey의 텍스트를 지적한다.(이 책 3장인 〈트라우마적 떠남〉의 맥락에서) 나는 드 퀸시가 《맥베스》 속의 두드림이 사람이 기대할 수 있는 그러한 죽음의 임박이 아니라 오히려 생명에의

자신의 '실재the real' 개념을 통해 전달하는 것은, 단순히 어떤 외부 실재나 내부 실재(경험적 사건의 실재나 내적 '환상'의 실재)를 대하는 프로이트의 인식과 분석만이 아니다. 오히려 무엇보다도 라캉이 프로이트의 "윤리적 증인"이라 부르는 바로 그것이다.[14] 라캉은 우리에게 프로이트 텍스트가 하나의 트라우마의 현장이라고 말하고 있는 듯하다. 바로 꿈의 정신분석 이론 그 자체에 미친 영향 속에 놓여 있는 것으로 보이는 트라우마 말이다.

실제로 라캉은 〈투케와 오토마톤〉 3부에서 프로이트 텍

귀환을 상징한다고 했다. 위기는 예컨대 생존이다. 라캉의 텍스트 속 성찰과 연상은 간접적으로 생존 문제와 불타는 아이의 꿈속 죽음충동 문제에 대한 인상적인 도입을 만든다(드 퀸시, 〈맥베스에서 문 두드리기에 관하여On the Knocking at the Gate in Macbeth〉, 《에세이 모음Miscellaneous Essay》(1857)) 마조리 가버Marjorie Garber가 지적한 대로, 두드리는 꿈에서 《맥베스》가 공명하는 것은 불타는 양초에 관한 강조를 통해 불타는 아이의 꿈에서도 읽을 수 있다.

라캉 텍스트 속 문학적 인유引喩의 탐구는 프로이트나 라캉 모두에서 꿈에 대한 구절의 문학적 차원에 관한 문제를 열 수 있다. 예컨대 프로이트가 꿈에서 아이의 말을 묘사한 방식과 괴테의 시 〈마왕Erlkönig〉에 나오는 아이의 말이 서로 공명할 가능성을 고려해 볼 수 있다.

14) 여성주의 맥락에서 (내부-외부 대립의 전위轉位로서) 죽음충동이 열어젖힌 변화에 대한 가능성에 관해서는 로즈Jacqueline Rose의 〈비참함의 기원은? 정신분석과 여성주의, 그리고 사건Where Does the Misery Come From? Psychoanalysis, Feminism, and the Event〉(1989) 참조. 이 글은 《여성주의와 정신분석Feminism and Psychoanalysis》(1989)와 《왜 전쟁?: 정신분석과 정치, 멜라니 클라인Melanie Klein에로의 귀환Why War?—Psychoanalysis, Politics, and the Return to Melanie Klein》(1993)에 재수록되었다.

스트 내의 또 다른 순간, 즉 프로이트가 후기 트라우마 이론에서 다시 한 번 어떤 아이와 관련이 있는 현상을 고찰하는 순간을 해석하고자 한다. 트라우마 반복의 일반적인 현상을 논의할 때, 프로이트는 전쟁에서 막 돌아온 병사들이 겪는 악몽의 실례로부터 아이들 놀이에서 관찰한 반복으로 옮겨 간다. 이 놀이에서 아이들은 실타래를 앞뒤로 던지면서 **포르트**fort와 **다**da를 번갈아 말한다. 프로이트의 해석에서 이 던지기는 어머니의 떠남과 어머니가 돌아오지 않을지도 모른다는 아이의 불안을 상징한다. 프로이트의 전기작가들에 따르면, 이 놀이는 사실 프로이트의 손자가 한 것이었다. 바로 그의 딸 소피의 아들이 이 놀이를 통해 장기적일 수 있는 어머니의 부재나 상실로 인한 고통에 대처하고 있었던 것이다. 어머니의 떠남을 반복적으로 재연함으로써 말이다. "그것은 어머니의 떠남의 반복입니다." 라캉은 말한다. "주체 내부의 **분열**Spaltung을 야기하는 원인인데, **포르트-다**라는 교대 놀이가 그 분열을 극복하는 것입니다."(62-63) 라캉의 말은 다음을 암시한다. 어머니 떠남의 트라우마는 아이의 트라우마적 경험 속에서 그렇게 되살아난다.[15]

---

15) (무의식의 윤리적 지위에 관한 논의에서) 세미나 4장에서 불타는 아이의 꿈을

그러나 우리는 바로 프로이트 자신이 아버지로서 딸 소피를 열병(폐렴)으로 잃었으며 그녀의 임종을 지키지 못했다는 사실도 알고 있다. 그래서 라캉이 바로 이 지점에서 **포르트-다** 놀이 분석을 중단하면서, 그 자체로 다시 자전적인 색채를 띠는 목소리를 들려준다는 사실은 특히 인상적이라고 할 수 있다. 아이의 **포르트-다** 놀이에 대한 해설에 이어, 라캉은 (프로이트의 트라우마 이론을 새롭게 사유하는) 자신의 텍스트에 개인적인 기억과 개인적인 비유를 끼워 넣는다. 이 회상에서 라캉은 말 그대로 아버지의 위치에 있지만, 그의 파토스가 공명하는 근원이 아버지의 관점인지 아이의 관점인지는 불분명하다. 학생과 연수생으로 구성된 세미나에서 라캉은 다음 중언을 한다.

처음 소개할 때, 라캉은 이 아이의 시각도 함께 소개한다.
　"그렇다면 꿈이 욕망의 이미지라는 이론을 뒷받침하는 요점은 무엇인가? 꿈이 일종의 화려한 반영 속에서 불완전하게 전달되어 꿈꾸는 사람을 잠에서 깨우는 것처럼 보이는 현실인 예를 들어 설명해야 하는가? 만일 단지 저편 세계인 신비를 암시하지 않는다면, 그리고 아버지와 그에게 말을 거는 아들이 공유하는 이런저런 비밀을 암시하지 않는다면, "아버지, 제가 불타고 있는 게 보이지 않으세요?"라고 말하는 신비를 제시하기 위해서가 아니라면? 그의 몸은 무엇으로 불타고 있는가? 프로이트 위상심리학이 가리키는 다른 지점에서 나타나는 것, 즉 햄릿 신화에서 유령이 짊어진 아버지의 죄, 프로이트가 오이디푸스 신화와 연결하는 죄가 아니라면? …… 이 너무나 이상적인 아버지는 끊임없이 의심받고 있다."(34-35)

나도 보았어요. 모성적인 직관이 열어 준 바로 내 눈으로 그 아이를 보았어요. 호소에도 불구하고 내가 떠난다는 사실에 상처받은 아이였지요. 호소하는 그 목소리에는 조숙함이 어렴풋이 담겨 있었어요. 그리고 그 후 몇 달 동안, 그 아이는 그날 이후로 매번 새롭게 반응했어요. 오랜 시간이 지난 후 이 아이를 안아 올렸을 때, 아이가 내 어깨에 머리를 얹고 잠드는 것을 보았어요. 잠만이, 그 트라우마의 날 이후 내가 '살아 있는 기표'가 되었다는 사실에 도달할 수 있게 해 주었기 때문입니다. (63, 번역 수정)

아이의 트라우마에 대한 기억을 묘사하면서, 라캉은 그 아이가 사실상 아버지의 트라우마적 상실, 즉 부재를 물려받는다고 보는 듯하다. 그러나 라캉은 수수께끼로서의 잠의 중요성을 강조하고 "나도 보았어요"라고 말하여, 자신의 텍스트가 프로이트의 또 다른 이야기를 전승했다는 것을 암시한다. 죽어 가는 자식의 꿈을 통해 볼 수밖에 없었던 아버지의 이야기 말이다. 정말로 그는 "자신의 눈으로" 본다고 하지만 실질적으로는 보지 못하며, 평범한 아버지로서도 보지 못한다. 왜냐하면 그가 말하길, 자신의 눈이 "열려야만" 했기 때문이다. 그의 말대로 "모성적인 직관에 의해 열려야만" 하는 것이다. 아버지로서 라캉 자신은 정확히 보지 못한다.

오히려 그는 외상을 입은 아이를 보지 못하는 (너무 늦게 보는) 행위로부터 자기 눈을 타인에 의해 열게 되는 일종의 계시 같은 순간으로 다시 한 번 옮겨 간다. 그리고 바로 그 타인이 그 안에서 어떤 깨어남을 일으킨다. 그 깨어남은 과거보다는, 아버지와 아이 사이의 관계가 향해 있는 미지의 미래를 향해 작동한다.

정신분석의 전승

실제로 라캉은 프로이트의 이야기를 이론적이고 자전적인 방식으로 반복하면서 자신의 트라우마에 관한 이 텍스트가 프로이트의 경우처럼 결국 자신의 결정적인 상실과 트라우마를 예견하게 되리라고는 알 수 없었을 것이다. 이 세미나가 끝나고 몇 년 후, 라캉 역시 프로이트처럼 아이의 죽음을 겪게 된다. 그의 딸 캐롤라인이 교통사고로 세상을 떠난 것이다.[16] 자신의 미래에 어떤 현실이 닥칠지 온전히 인식하지 못하는 가운데서도, 라캉이 프로이트가 말한 꿈을 감동적으

---

16) 엘리자베스 루디네스코Elisabeth Roudinesco는《자크 라캉: 생명의 역사, 개념 체계 역사Jacques Lacan: Esquisse d'une vie, histoire d'un système de pensée》(1993)에서 라캉의 딸 캐롤라인의 죽음에 대해 얘기한다.

로 재구성하여 전달한 것은 아버지의 생존이라는 비극에 대한 증언이다. 어떤 사고에서 예기치 못하게 자기 앞에서 자식이 죽고 아버지가 생존한 비극 말이다. 정말 기이하게도 라캉의 삶은 딸 소피를 열병으로 잃은 프로이트의 상실을 반복할 것이다. 이것은《쾌락원칙을 넘어서》를 쓸 당시에는 이 책의 미지의 미래였던 재앙이었다. 라캉이 반복에 관한 프로이트 텍스트의 미래를 전달하고, 더 넓게는 정신분석적 글쓰기를 전승한다는 것은, 단순히 볼 수 있는 죽음에 대한 지식을 전하는 것이 아니다. 그것은 정확히 말해, 깨어남이라는 하나의 행위를 전달하는 데 있다. 다른 이의 눈을 열어 주는 행위 속에서, 깨어남이란 보는 것 그 자체에 있지 않다. 오히려 깨어남이 담지 못하고 또 담을 수 없는 그 보는 것을, 다른 이(그리고 또 다른 미래)에게 넘겨 주는 데 있다.

꿈과 죽어 가는 아이들의 이야기, 즉 트라우마에 대한 정신분석 이론의 전달은 단순한 사실의 숙달로 환원될 수 없다. 또한, 단순한 지식이나 인지에서 파악할 수도 없다. 트라우마가 어디에 있는지 정확히 보고 파악할 수 있는 지식 말이다. 프로이트의 텍스트에서처럼, 라캉의 텍스트에서 궁극적으로 전승되는 것은 오히려 아이의 말이다. 이 말은 아들로부터 아버지에게 전승되고, 딸로부터 "모성적인 직관"으로 전승된다. 결국 전승되는 것은 말의 의미만이 아니라 그 말의 수행이다. 라캉의 텍스트에서 이러한 수행은 독일어와 프랑스어 사이의 움직임(반복과 간극) 속에서 일어난다. 그 말들은 미래를 향해 독일어로 발화되고, 프랑스어 속에서 수용된다.

무엇이 당신을 깨우나요? 프로이트가 우리에게 다음과 같이 묘사한 꿈속의 또 다른 현실이 아닐까요? 즉, 아이가 침대 옆에서 팔을 붙잡고 비난하는 듯 **"아버지, 제가 불타고 있는 게 보이지 않으세요?"**라고 속삭이는 것, 바로 이 현실 말입니다.[17]

아이 말을 통해 전달되는 것은 그 말의 표상에서 파악할 수 있는 현실만이 아니라, 아직 일어나지 않은 깨어남의 윤리적 명령이다.

---

17) *"Qu'est-ce qui rveille?* N'est-ce pas, dans le rve, une autre ral it? cette ralit que Freud nous dcrit ainsi *Dass das Kind an seinem Bette steht,* que l'enfant est prs de son lit, *ihn am Arme fasst,* le prend par le bras, et lui murmure sur un ton de reproche, *und ihm vorwurfsvoll zuraunt: Vater, siehst du denn nicht,* Pre, ne vois-tu pas, *dass ich verbrenne?* que je brle?"

삶을 향한 호소
: 트라우마 이론 속의 문학적 목소리

그러자 그 줄기는 세찬 바람을 내뿜었고,
그 바람은 곧 목소리로 변해 울렸다.

단테, 〈신곡〉, 지옥편, 제3곡[*]

*   Dante Alighieri, *The Divine Comedy: Inferno*, trans. John D. Sinclair (1939, 1948; Oxford: Oxford University Press, 1961).

《소유하지 못한 경험: 트라우마·서사·역사》가 출간된 20년 전만 해도, 지금 우리가 '트라우마 연구trauma studies'라 부르는 학문 분야는 제대로 존재하지 않았다.[1] 트라우마 연구는 임상학이나 신경생물학 분야, 그리고 홀로코스트 연구 안에서 어느 정도 이루어지고 있었지만, 트라우마라는 담론이 인문학 분야에서 중심 개념으로 자리잡지는 않았다. 1990년대 중반 이후 트라우마 연구, 구체적으로 그 이론적 정식화와 해석을 위한 비평적 틀로서의 활용은 인문학과 사회과학 전반에 걸쳐 놀라울 만큼 다양한 학문 분야로 확장되었다. 그 범주에는 서구와 비서구 전통을 아우르는 시대별·장르별 문학 연구, 아프리카계 미국인 연구, 미국학, 동물학, 인류학, 미술사, 성서학, 생태비평과 환경 연구, 교육학, 영화학, 집단학살 연구, 역사학, 인권 이론, 중세학, 음악학, 평화학과 갈등 해결 연구, 라티나/라티노 연구, 아메리카 원주민 연구, 철학, 사진 이론, 정치학, 기독교 신학, 사회

---

[1] 비록 이 글에서 사용하지는 않았지만 '트라우마 연구'라는 표현은 이 분야의 폭넓음을 포착하고 있다. 그러나 이 용어는 '트라우마'라는 개념을 코드화하여 그 놀라움과 문학성을 일부 상실하게 만든다는 단점도 있다. "나는 세계 각지의 학생들과 동료들에게 감사의 뜻을 전한다. 그들은 트라우마 연구의 지평을 확장하고 그 전제를 비판적으로 재검토하는 데 기여했으며, 수년 동안 나의 연구에 유익한 피드백과 통찰을 제공해 주었다."

학, 사운드 연구, 퀴어 연구 등이 포함된다. 이는 (임상 영역을 제외한) 주요 분야들 가운데 일부일 뿐이다. 트라우마를 하나의 지연된 경험, 발생 당시에는 제대로 인식되지 못하지만 나중에 되풀이되어 생존자를 괴롭히는 경험으로 보는 관점은 예술가, 생존자, 활동가 등 공적 영역에서 활동하는 사람들에게도 깊은 울림을 주었고, 그들은 이 난해한 개념의 강력한 부름에 창의적으로 응답해 왔다.[2] 이는 더욱 놀라운 일이다. 트라우마 이론(특히 인문학 내에서 이 분야를 정립하는 데 기여한 나의 작업과 다른 연구자들의 작업을 통해 등장한 트라우마 이론)[3]이 사실상 새로운 지식을 주장하기보다는,

---

[2] 예를 들어, 캐시 캐루스Cathy Caruth, 《트라우마를 듣다: 파국적 경험 이론과 치료의 선구자들과의 대화Listening to Trauma: Conversations with Leaders in the Theory and Treatment of Catastrophic Experience》(Baltimore: Johns Hopkins University Press, 2014) 참조. 이 책은 저자가 1990년부터 2013년까지 만난 문학 및 정신분석 이론가, 임상의, 영화감독, 활동가, 제도권 리더 등 13편의 인터뷰로 구성되었다.

[3] 이 범주에 포함된 또 다른 책으로는 문학비평가 쇼샤나 펠먼과 정신분석가 도리 라우브Dori Laub가 쓴 《증언: 문학·정신분석·역사 속의 목격의 위기Testimony: Crises of Witnessing in Literature, Psychoanalysis and History》(New York: Routledge, 1992)가 있다. 문학학자 제프리 하트먼은, 내 책, 그리고 펠먼과 라우브의 책에 수록된 초기 논문들이 발표된 직후 이 분야에서 글쓰기를 시작했으며, 때로 이 범주에 함께 언급되곤 한다. 예를 들어, 〈트라우마적 지식과 문학 연구에 대하여On Traumatic Knowledge and Literary Studies〉, New Literary History 26, no. 3 (Summer 1995) 참조.

오히려 파국적 경험의 핵심에 자리한 일종의 '알지 못함not-knowing'을 표현하기 때문이다. 트라우마 이론은 개념적으로 완전히 파악되거나 흡수되는 것을 거부하며, 앎과 알지 못함 사이에 놓인 친밀한 관계를 드러낸다. 내가 이 책 서론에서 제시하듯이 이것이 트라우마의 언어—그리고 트라우마를 증언하려는 시도들의 언어—를 문학의 언어와 긴밀히 연결하는 것이다. 내가 보기에는 바로 트라우마 담론의 문학적 차원에서—트라우마 이론이 단순한 개념적 해석으로 환원되기를 거부하는 바로 그 지점에서—트라우마의 언어는 증언으로서도 이론으로서도 처음으로 강력한 울림을 주었고, 지금까지도 서로 다른 분야와 문화적 배경을 지닌 수많은 이들에게 계속해서 말을 건네고 있다.

나는 이제 우리가 다시 돌아가야 할 곳이 바로 이 문학적 차원이라고 생각한다. 지난 20년 동안 트라우마 연구 분야를 둘러싼 점점 더 격렬해진 논쟁 속에서, 특히 '고전적' 트라우마 이론의 유럽중심주의적 관점을 문제 삼는 비판들 속에서 반복적으로 제기된 일련의 질문에 응답하기 위해서이다.[4] '트라우마'라는 용어가 문화와 언어를 넘어갈 때 그

---

4) '고전적classical'이라는 용어는 1990년대 중반의 트라우마 이론을 지칭하기 위

의미가 확장되거나 변화해야 한다는 점에서, 새로운 글로벌 관점의 필요성을 다룬 훌륭한 연구들이 등장했다. 하지만 동시에, 트라우마 이론 전체가 문화적 근시안에 물들어 있다는 비판 또한 커지고 있다. 일부 비평가들은 프로이트의 글과 나의 글 모두 이러한 한계가 있다고 보며, 문화적 차이를 이유로 이 이론을 전면적 혹은 부분적으로 거부해야

해 사용되었으며, 이는 스테프 크랩스Stef Craps의 《탈식민적 목격: 경계를 넘어선 트라우마Postcolonial Witnessing: Trauma Out of Bounds》(New York: Palgrave Macmillan, 2013), 44쪽에서 가져온 표현이다. 크랩스는 나의 작업을, 그의 표현에 따르면 "과거의 문을 닫고자" 하는 사람들과 동일시하면서 비판하는데, 이는 내가 프로이트와 문학 텍스트에서 수행한 트라우마 해석의 핵심 취지와는 정반대되는 것이다. 남아프리카공화국 진실화해위원회 최종 보고서의 서문(44-46)에서 이 표현을 사용한 데스몬드 투투 주교 역시 같은 이유로 비판을 받는다. 내 이론의 유럽중심주의Eurocentrism에 대한 비판으로는, 소냐 안데르마르 Sonya Andermahr 편저, 《휴머니티스4Humanities 4》(2015)의 《트라우마 연구의 탈식민화: 트라우마와 포스트콜로니얼리즘Decolonizing Trauma Studies: Trauma and Postcolonialism》에 수록된 아이린 피서Irene Visser의 〈트라우마 이론의 탈식민화: 회고와 전망Decolonizing Trauma Theory: Retrospect and Prospects〉, 게르트 뷜런스Gert Beulens, 샘 듀런트Sam Durrant, 로버트 이글스턴Robert Eaglestone 편저 《트라우마 이론의 미래: 현대문학·문화비평The Future of Trauma Theory: Contemporary Literary and Cultural Criticism》에 수록된 스테프 크랩스의 〈유럽중심주의를 넘어서: 글로벌 시대의 트라우마 이론Beyond Eurocentrism: Trauma Theory in the Global Age〉(New York: Routledge University Press, 2014) 참조. 래드스톤Susannah Radstone은 〈트라우마 이론: 맥락, 정치, 윤리 Trauma Theory: Contexts, Politics, Ethics〉, 《패러그래프Paragraph》 30, no. 1 (2007)에서 트라우마 이론이 일종의 "마니교적Manichean" 세계관(그리고 주체)을 구성한다고 그릇되게 주장한다. 이들은 방대한 트라우마 연구 문헌 안에서 보이는 특정한 경향을 대표적으로 보여 줄 뿐, 결코 그 전부를 아우르는 것은 아니다.

한다고 주장한다. 이러한 비판 한가운데 자리한 쟁점은 점점 더, 특정한 개념적 주장이나 역사적 주장 자체라기보다는, 무엇보다도 문학 텍스트의 지위였다. 바로 토르콰토 타소의 16세기 서사시《해방된 예루살렘》에 나오는 탄크레디와 클로린다의 이야기다. 이 이야기는 프로이트가 전쟁 이후 집필한 대표작《쾌락원칙을 넘어서》에서 인용한 것으로, 나는 이 책《소유하지 못한 경험》서론에서 이것을 '반복강박repetition compulsion'이라 불리는 프로이트 개념의 한 사례로 새롭게 읽는다. 이 개념은 트라우마적 경험의 핵심을 이루는, 원치 않는 꿈, 감각의 파편, 생각이나 행동들이 반복되어 돌아오거나 재연되는 현상을 말한다.[5] 1096년부터 1099년까지 이어진 제1차 십자군전쟁 동안 예루살렘 외곽 전장과 숲을 배경으로 펼쳐지는 탄크레디와 여성 전사 클로린다의 만남은, 이 서사시 전체의 틀을 이루는 기독교 전사들과 예루살렘 수호자들 간의 충돌을 전면에 부각시키는 듯하다. 앞의 비평가들은, 서구의 트라우마 이론이 (그들의 주장에 따르면) 서구 정복자들의 경험과 십자군 기사들의 기독교적 승

---

5) 프로이트는 꿈과 행동을 포함하는 예시들을 제시한다. 일부 임상의들은 꿈과 감각적 이미지를 행동의 범주로 보지 않을 수도 있다.

리에 그 관점을 두고 있다는 점에서 (또는 토르콰토 타소의 종교개혁적 관점이 이 서사시의 이데올로기적 목적을 뒷받침하고 있다는 점에서), 이러한 서구 트라우마 이론의 이데올로기적 함의를 문제 삼는다. 그들은 이렇게 묻는다. 많은 비평가들의 해석처럼, 트라우마의 주체를 기독교 정복자의 시선, 혹은 더 일반적으로는—우리가 점점 더 분명히 인식하게 되었듯—역사적으로 트라우마적 고통에 깊이 연루되어 있는 제국주의적 서구 주체의 시선과 동일시하는 것처럼 보이는 이 이론 속에서, 어떤 목소리는 들리고 어떤 목소리는 지워지는가? 기독교인과 비기독교인 사이의 전쟁을 상징적으로 사용하는 타소의 시 속에서는 누가 말을 하고, 누가 목소리를 빼앗기는가? 그 결과로 프로이트의 이론과 나의 해석 속에서도 누가 말을 하고, 누가 말할 수 없는가?[6] 이러한 정치적·역사적·이론적 질문은 타소와 프로이트가 살았던 시대 못지않게 지금 우리 시대에도 여전히 중요하다. 그리고

---

6) 이러한 비평의 예는 (강조점은 각각 다르지만) 탈Tal의 《상처의 세계Worlds of Hurt》와 에이미 노박Amy Novak의 논문 〈누가 말하는가? 누가 듣는가? 두 나이지리아 소설에서의 호소 문제Who Speaks? Who Listens? The Problem of Address in Two Nigerian Novels〉, 《소설 연구Studies in the Novel》 40권, nos. 1–2 (2008) 참조.

나는 우리가 이 질문들에 답할 수 있는 길은, 그 질문들을 처음 불러냈던 문학 텍스트에서 멀어지는 것이 아니라, 오히려 그 문학 텍스트로 다시 돌아가는 데 있다고 생각한다.[7]

말하는 상처

목소리의 문제는 특별히 더 설득력을 갖는다. 왜냐하면 이 질문은 단지 프로이트 텍스트 바깥—동시대 비평가들의 이데올로기적 문제의식—으로부터 제기된 것일 뿐만 아니라, 반복강박의 사례로 프로이트가 선택한 문학 텍스트 내부로부터, 즉 탄크레디와 클로린다 이야기의 절정 장면에 등장하는 상처에서 터져 나오는 목소리라는 시적 비유로부터 비롯되기 때문이다. 프로이트의 텍스트에서 이 예시는 트라우마적 반복 속에서 작동하는 주체의 행동을 설명하기 위해 제시된다. 그럼에도 불구하고 이 '목소리'의 형상은 트라우

---

7) 여기서는 트라우마 이론의 정치적 차원과 윤리적 차원의 차이에 대해 다루지 않겠지만, 각 차원의 언어가 다르다는 점을 주목하는 것이 중요하다. 역사적 · 사회적 맥락에서 '타자' 문제를 설정하는 과정은 필연적으로 권력이나 집단행동, 희생자화에 에 대한 문제를 불러일으킴에도 타자성alterity에 관한 문제는 주로 윤리적 측면에 치우쳐 있다.

마를 겪는 주체를 단순하게 동일시하는 것을 불가능하게 만드는 듯하다. 사실 프로이트가 이 이야기를 인용한 맥락에서 보자면, 이 이야기의 형상적 차원은 반복강박 개념을 직접 설명하기 위해 선택된 것이 아니다. 오히려 그것은 반복의 숙명론을 **재현하는** 동시에, 트라우마적 경험의 뜻밖의 성격을 **형상화하는** 것처럼 보이는 두 주체 사이 만남의 수수께끼 같은 흔들림에서 비롯된다.

〔이 시의〕 주인공 탄크레디는 적 기사의 갑옷으로 변장한 사랑하는 클로린다를 자신도 모르게 결투에서 죽인다. 장례를 치른 후 탄크레디는 십자군 군대를 공포에 떨게 하는 이상한 마법의 숲으로 들어간다. 그는 키 큰 나무를 칼로 벤다. 그런데 벤 상처에서 피가 흐르고 클로린다의 목소리가 들린다. 나무에 영혼이 갇힌 클로린다는 자신이 또다시 사랑하는 사람에게 상처를 입었다고 탄식한다.[8]

---

8) 프로이트Sigmund Freud, 《쾌락원칙을 넘어서Beyond the Pleasure Principle》, SE 18권, 3장. 학자들에 따르면, 프로이트는 타소의 텍스트 요약을 볼프강 폰 괴테Wolfgang von Goethe의 《빌헬름 마이스터의 수업시절Wilhelm Meister's Lehrjahre》에서 가져온 것으로 보인다(괴테는 타소에 관한 희곡도 쓴 바 있다). 프로이트의 요약은 각 장면 속의 다양한 반복을 제거하고 있다. 그럼에도 그가 반복강박을 통해 (그리고 암묵적으로 타소의 텍스트 자체의 반복을 통해) 타소의

반복강박이라는 이론적 개념의 맥락에서 보면, 탄크레디의 반복되는 행동은 트라우마적 반복을 기독교 기사에 의해 자행된 폭력적이면서도 원치 않았던 상처 입히기 **개념**으로 정의하는 것처럼 보인다. 그러나 '말하는 상처'의 탄식 속에서 이 이야기는 동시에 트라우마의 **형상** 또한 드러낸다. 트라우마라는 단어 자체가 그리스어로 '상처'를 의미하는 단어에서 비롯된 것처럼, 이 형상은 트라우마적 고통과 그 항변을 뜻밖에도 살해당한 여성의 목소리와 연결하는 것이다. 프로이트의 글(과 나의 해석) 속에서, 트라우마의 개념이나 교리를 통일된 이론으로 읽어 내려는 비평적 시도 속에서, 이 문학적 장면은 클로린다의 항변을 상징적으로 탄크레디의 양심 속 내면작용으로 흡수하는 방식으로 해석되곤 했다. 그렇게 해서 결국 트라우마 이론 속에서 "클로린다의 경험," 곧 타자의 목소리는, 바로 호출되는 그 순간에 지워지게 되는 것이다.[9] 이 사례는 타자의 언어를 향해 호소하면서도, 정작 그 타자성을 재현하는 바로 그 순간에 삭제하는 것으

텍스트를 해석한 것은 여전히 놀라울 만큼 통찰력이 있다.

9) 이 표현은 크랩스의 《탈식민적 목격Postcolonial Witnessing》 15쪽에서 가져온 것이다. 크랩스의 코멘트는 클로린다의 침묵을 전제하는 많은 주장들의 요지를 잘 대변해 준다.

로 여겨진다. 하지만 우리는 이렇게 물어볼 수 있다. 오히려 우리는 프로이트의 트라우마 개념이 지닌 역사적 · 개념적 함의를, 문학 텍스트가 도입하는 바로 그 모호함, 곧 관점의 불확실성 속에서 읽어야 하는 것이 아닐까? 기독교인과 비기독교인, 남성과 여성, 산 자와 죽은 자 사이에서 끊임없이 흔들리는 이 수수께끼 같은 이야기의 비애를 듣는 바로 그 지점에서 우리는 이렇게 물어봐야 한다. **트라우마의 현장에서 말하는 이는 누구인가?**[10]

---

10) 비유럽문학과 트라우마의 관계를 탐구해 온 수많은 비평가들의 연구는 너무나 중요하다. 이 분야에는 다양한 맥락에서 트라우마를 다루는 훌륭한 에세이와 단행본, 논문집이 많다. 문화적 · 국가적 · 언어적으로 새로운 맥락으로 진입하는 것은 트라우마 개념 자체가 제기하는 문제들을 사유하는 데 핵심적이다. 이런 맥락에서 이론의 용어 역시 항상 동일하게 유지될 수 없으며, '트라우마'라는 언어를 각기 다른 텍스트 안에서, 독자가 이 틀 속에서 해석을 시도할 때마다, 다시 사유하고 재구성해야 한다는 점이 분명해진다. 내가 글을 쓸 때 '트라우마'라는 용어는 결코 모든 것을 아우르는 만능어로 쓰인 것이 아니라, 특정한 텍스트와 경험 방식 또는 역사적 전개 양식을 설명하기 위한 용어였다. 그러한 텍스트는 이론적이든 아니든, 작가나 생존자의 언어에서 발생한다. 지난 20년 동안 25개국 이상의 나라에서 열린 트라우마 관련 강연과 학회에 참석했는데, 세계 곳곳에서 매력적이고 맥락적으로 정교한 많은 연구가 이러한 문제를 구체적이고 (컨)텍스트적으로 특수한 방식으로 사고하려는 노력을 이어 가고 있는 것을 보았다. 하지만 나는 여기서 다음을 강조한다. 유럽문학 자체도 트라우마 이론으로 가져올 수 있는 자료적 기반이 될 수 있으며, 그 안에는 이 이론이 필연적으로 알지 못하거나 개념화할 수 없는 측면이 들어 있다는 점을 또한 인식해야 한다.

소유하지 못한 역사

이 질문은 단순한 지시 대상으로의 환원을 거부하는 문학 텍스트로부터 비롯된다. 그러나 이렇게 제기된 질문은 이전에는 인식되지 않았던, 과거와 현재의 정치적 현실을 규정하는 사회적·역사적 맥락을 분석하고 마주해야 한다는 시급한 정치적 필요성을 무시하는 것처럼 보일지도 모른다. 사실 지난 20년간 정신분석학적 트라우마 이론과 그로부터 발전한 작업에 제기된 비판 대부분에는 하나의 전제가 깔려 있다. 바로 트라우마 개념—그리고 그 핵심에 있는 반복 개념—이 개인화와 심리화, 탈역사적 관점을 반영한다는 전제이다. 즉, 트라우마 이론은 개인의 병리학적 문제에만 집착하기 때문에, 우리는 여기서 벗어나 더 큰 집단적 정치와 역사적 역학관계를 다 고려해야 한다는 주장이다.[11] 그런데

---

11) 예를 들어, 크랩스와 뷜런스, 〈서론: 탈식민적 트라우마 소설들Introduction: Postcolonial Trauma Novels〉, 《소설 연구Studies in the Novel》 40권, nos. 1-2(Spring and Summer 2008)과 제프리 C. 알렉산더Jeffrey C. Alexander, 《트라우마: 사회이론Trauma: A Social Theory》(Cambridge: Polity, 2012) 참조. 이 문제는 내가 트라우마와 관련된 학술지 논문, 학회, 강의 등에서 반복적으로 접해 온 꾸준한 화두이며, 역사학, 사회학, 정치학 등과 같은 학문 분야에서 다루어야 할 중요한 문제이기도 하다.

"**누가 말하는가?**"라는 이 질문이야말로 타소와 프로이트의 텍스트 모두에서 떠오르는 인상적이고 울림 있는 형태로, 바로 트라우마라는 개인적 경험을 그 주변에서 제기하는 집단적이고 정치적인 관점의 여러 문제와 이어 주는 고리가 아닐까? 사실 트라우마적 항의를 말할 주체로서 '누가 남겨지는가'라는 질문은, 이른바 개인적 트라우마와 집단적 트라우마가 교차하는 지점에 놓여 있다고 말할 수도 있을 것이다. 왜냐하면 안정적인 주관적 관점의 토대가 무너지는 바로 그 지점이야말로 이 파괴적 경험의 본질을 구성하기 때문이다. 트라우마적 경험은 비록 고립된 것처럼 보일지라도, 결코 한 개인의 삶이라는 경계 안으로 확정적으로 환원되거나 그 틀 안에 담길 수 없다. 우리가 개인적 트라우마라고 생각하는 것의 핵심에 있는 경험의 말살은 더 큰 사회적 · 정치적 부정 양식에서 결코 완전히 분리될 수 없다. 나는 이렇게 말하고 싶다. 경험이 파괴되는 지점에서는 '개인'과 '집단'이 분리될 수 없다. 왜냐하면 이 파괴는 단 하나의 입장이나 목소리로 환원될 수 없는 것이기 때문이다.[12] 아마도 프로이트

---

12) 개인의 역사와 이른바 '거대사Big History'의 관계를 중요하게 분석한 연구로는 프랑수아즈 다부아느Françoise Davoine · 장 막스 고디이에르Jean-Max Gaudillière,《트라우마 너머의 역사History beyond Trauma: Whereof One Cannot

가 탄크레디와 클로린다의 이야기를 참조한 이유는, 전장과 숲이라는 장면이 반복되면서 이 시가 단순히 개인 이야기와 집단 이야기의 충돌을 **재현하기** 때문만은 아닐 것이다. 이 시는 두 이야기가 하나의 역사 속에서 동시에 끊어지고 또 이어지는 모습을 **극화하기도** 한다. 그 역사는 오직 말하는 상처라는 형상으로만 드러날 수 있는 것이다.

그렇다면 우리는 이렇게 상처라는 자리를 중심으로 다층적이고 이질적으로 구성된 역사를 어떻게 사유할 수 있을까? 나는 이것이야말로 프로이트의 외상적 반복 개념의 핵심에 있는 수수께끼이며, 그 개념의 중심이 되는 지연된 경험의 본질이라고 생각한다. (프로이트가 외상 경험을 독자적으로 이론화하면서 핵심적으로 제시한)[13] 외상의 시간성에 관한 사유에서 가장 중요한 것은, 사건이 나중의 발생을 통해 구

Speak, Thereof One Cannot Stay Silent》, 수전 페어필드Susan Fairfield 옮김(New York: Other Press, 2004)를 참고할 수 있다.

13) 트라우마에 내재된 시간성은 프로이트가 초기에 쓴 트라우마 연구의 중요한 특징이다. 프로이트는 요제프 브로이어Josef Breuer와 함께 쓴 《히스테리 연구 Studies on Hysteria》에 대한 〈예비 보고서Preliminary Communication〉에서 피에르 자네의 견해에 가까운 해리dissociation에 관해 언급했지만, 트라우마에 대한 그의 핵심 이론은 점점 그 경험의 지연성에 집중되었다. 이런 점에서 트라우마를 '침묵'이나 '재현 불가능성'(아래에서 다룰 개념)으로만 이해하는 것은 이 이론이 지닌 깊은 독창성과 철학적 함의를 충분히 포착하지 못한다.

성된다는 독특한 개념이다. 우리가 흔히 하나의 '사건'이라고 부르는 단일한 순간 속에 사실 하나의 역사가 펼쳐진다는 생각이다.[14] 프로이트의 글에서 이러한 개념은 단일한 개인의 틀 안에서만 이해될 수 없다고 할 수 있다. 그래서 프로이트는 《쾌락원칙을 넘어서》에서 개별 병사들의 사례뿐 아니라, "포르트-다fort-da"라는 놀이를 하는 한 낯선 아이와의 만남을 통해 반복 개념을 펼쳐 보인다. 더 나아가, 바로 그렇기 때문에 이 만남―즉, 아이의 떠남과 돌아옴의 놀이―의

---

14) 프로이트의 트라우마 모델이 포함한 '사건'에 대한 재고찰은, 그의 이론을 단순히 '사건 기반event-based'으로 간주할 수 없다는 점을 시사한다. 프로이트는 《모세와 유일신교》에서 누적적 트라우마cumulative trauma에 대해서도 언급했는데, 이는 일련의 경험이 쌓여서 트라우마를 형성할 수 있음을 보여 준다. 내 글에 대한 여러 비평 역시 종종 이를 '사건 기반'으로 오해해 왔다. 예를 들어 앨린 깁스Alan Gibbs, 《현대 미국 트라우마 서사들Contemporary American Trauma Narratives》(Edinburgh: Edinburgh University Press, 2014); 크랩스, 《탈식민적 목격》 등 참조. 한편 《트라우마: 기억 속 탐험Trauma: Explorations in Memory》(Baltimore: Johns Hopkins University Press, 1995)에서 나는 로라 브라운Laura Brown의 글 〈범위 밖에 있지 않은Not Outside the Range〉을 수록했다. 이 글은 게이와 레즈비언 등 다양한 집단에 대한 일상적 억압을 누적적 트라우마의 한 형태로 다루는 글이다. 이 트라우마 형태는 1980년 《정신질환 진단 및 통계 편람(제3판)DSM-III(Diagnostic and Statistical Manual of Mental Disorders, 3rd ed.)》가 개념화한 외상후스트레스장애PTSD로는 충분히 설명되지 않는다. 트라우마의 정의에는 여러 변형(예컨대 "복합 트라우마complex trauma" 또는 DESNOS라고 불리는 개념 등)이 있음을 염두에 두어야 하고, 모든 것을 반드시 트라우마의 관점으로 설명할 필요는 없다는 점도 기억해야 한다. '일상적인' 것에 대한 최근의 관심은 트라우마 이론의 사고에 영향을 주지만, 맥락상 더 적절한 다른 개념을 가리키기도 한다.

언어 안에는 이미 더 큰 역사적 사유와의 관계가 새겨져 있는 것처럼 보인다. 이 역사적 사유는《쾌락원칙을 넘어서》에서 생명 자체의 핵심에 있는 반복 개념, 곧 프로이트가 "죽음충동"이라고 부른 형식으로 처음 제시된 바 있다. 프로이트는 여기서 이미 개인의 관점 안에 국한되거나 그 안에서 온전히 이해될 수 없는 일종의 시간성을 서술하고 있다. 그래서 그는《모세와 유일신교》에서 유대 민족의 집단적 역사를 서술할 때 은연중에 아이의 떠남과 돌아옴의 놀이 언어로 되돌아가는 것이다. 프로이트는 이 후기 저서에서 자신의 집단적 트라우마 모델이 개인적 경험에 기반한다고 주장한다. 하지만 그는 이미《쾌락원칙을 넘어서》에서 개인적 트라우마의 개념적·비유적 언어 안에—외상의 필연적 지연이라는 개념과 끊임없이 반복되는 떠남이라는 시간성의 비유 안에—하나의 역사성을 새겨 넣었다고도 할 수 있다. 그리고 그 역사성은 두 개의 전개되는 시간 경험 사이의 간섭, 과거와 미래 모두로부터의 소외, 그리고 그 둘의 결속으로 드러난다. 그렇다면, 외상적 시간성의 핵심에 있는 지연—과거와 미래를 연결하는 알지 못함—은 결국 개인적 차원의 비동화 양식 사건의 고유함이나 진실을 지우려는 집단적 부정의 사회적·정치적 차원 사이의 교차점을 가리킨다.[15] 바로 이런 의미에서, 지연된 외상적 '사건'(즉, 죽음 본능으로서의 역사적 전개)은 정신과 정치적·사회적 영역을 서로 엮는 경험의 박탈로 이해될 수 있다.[16]

외상적 역사에서의 이러한 이중적 '알지 못함'은, 이 맥락에서 동등성의 문제가 아니다. 타소의 구절과 그 해석들에 대한 비평에서 중심이 되는 우려 중 하나는 살인 행위를 피살 사실과 동일시하거나, 더 나아가 가해자의 권력과 윤리

---

15) 《트라우마에 귀 기울이기Listening to Trauma》와 관련해서 내가 진행한 거의 모든 인터뷰에서 핵심적이었던 것은 (특정한 폭력이나 집단적 사건을 경험한 개인을 둘러싼) 가족적 혹은 사회적 부정否定이 발생한다는 것이었다. 블랭크 주니어Arthur S. Blank Jr.는 베트남 참전 용사들의 트라우마 증상이 실제로는 다른 사람들로부터 부정당할 것이라 예상하는 데서 비롯될 수 있음을 나와 함께 논의했다. 이러한 관점에서 보면, 개인적인 트라우마 모델을 단순히 수동적으로만 볼 수 없으며, 트라우마는 언제나 더 큰 정치적 문제와 얽혀 있을 가능성이 있다는 점을 인식하는 것이 중요하다. 주디스 허먼Judith Herman은 근친상간과 여성 학대에서 부정이 하는 역할을 다루고, 에이즈 운동가인 더글러스 크림프Douglas Crimp와 그레그 보르도비츠Gregg Bordowitz, 로라 핀스키Laura Pinsky는 에이즈 위기 동안 발생한 일종의 부정의 방식을 논의한다. 오노 판 데르 하르트는 치료자가 내담자들의 해리에 무의식적으로 개입하게 되는 문제를 다루며, 애틀랜타 그레이디 병원의 니아 프로젝트Nia Project 임상가들은 아프리카계 미국 여성들 중 학대받고 자살 충동을 느끼는 저소득층 여성들이 자신이 속한 집단 내에서도 다른 이들에게 제대로 들리지 않는 방식을 논의한다.

16) 나는《역사의 재 속에서의 문학Literature in the Ashes of History》(Baltimore: Johns Hopkins University Press, 2013)의 5장〈역사의 재 속의 정신분석Psychoanalysis in the Ashes of History〉에서, 반복강박이 일종의 정치적·사회적 차원의 역사 지우기로 작동하는 방식을 논의한다.

적 선택을 피해자의 무력함과 불평등한 윤리적 위치와 동
일시하는 듯이 보인다는 점이다. 이것은 분명히 심각한 문
제이다. 하지만 이 문제가 "가해자와 피해자"—내가 지금
까지 읽은 관련 논의에서 반복적으로 등장하는 용어—라
는 문제로 환원되어 간략하게 정식화될 때, 그 논의는 암묵
적으로 기독교 십자군을 나치 범죄자들과 동일시하고 무슬
림 전사들을 희생자인 유대인들과 동일시하는 결과를 낳는
다. 그 결과, 이러한 동일시는 십자군전쟁의 역사적 특수성
과 십자군전쟁 이후에 제기된 고유한 정치적·윤리적 문제
들(예컨대, 11세기 기독교 내부의 정치적 갈등이나 교회의 권력
장악과 통합을 목표로 한 교황청의 십자군 활용)을 완전히 삭제
하게 된다.[17] "가해자와 피해자"라는 용어가 내포하는 단순

---

17) "가해자/피해자"라는 용어는 예를 들어 도미닉 라카프라Dominick LaCapra,
《역사 쓰기, 트라우마 쓰기Writing History, Writing Trauma》(2001; Baltimore:
Johns Hopkins University Press, 2014); 루스 레이스Ruth Leys, 《트라우마 계보학
Trauma: A Genealogy》(Chicago: University of Chicago Press, 2000), 그리고 데이비
드 밀러David Miller, 〈서사시 이후: 아도르노의 비명과 서정의 그림자After Epic:
Adorno's Scream and the Shadows of Lyric〉, 《홀로코스트 문학의 블룸즈버리
동반자The Bloomsbury Companion to Holocaust Literature》, 제니 애덤스Jenni
Adams 편저(London: Bloomsbury, 2014) 등에서 사용했다. 마이클 로스버그Michael
Rothberg는 《다중 방향적 기억: 해체 시대의 홀로코스트 기억Multidirectional
Memory: Remembering the Holocaust in the Age of Deconstruction》(Stanford:
Stanford University Press, 2009)에서 이 비판에 대해 반론을 제시하지만, 〈트라우

화된 유비는 또한《해방된 예루살렘》이 쓰이게 된 16세기의 여러 기묘한 상황 역시 삭제해 버린다. 이 시는 겉보기에는 타소가 반종교개혁 정치에 복무하기 위해 쓴 것처럼 보인다. 그러나 이 작품은 그 안에 담긴 종교적 정통성에 대한 타소 자신의 집요한 반신반의(그는 이 작품을 반복해서 검열관들과 종교재판소에 보냈다)와 얽혀 있고, 그의 광기 발현(이 작품은 그가 정신병원에 감금되어 있는 동안 자기 의사와 상관없이 출판되었다)과도 연결되어 있었다.[18] 결국 타소는 이 시의 비정통적 기독교 색채를 문제 삼아 전체를 다시 쓰게 된다. 그렇게 해서 더 정통적 교리에 부합하는《정복된 예루살렘Gerusalemme conquistada》으로 탈바꿈시키기에 이른다. (물론 우리는 이 이야기의 구체적인 서사도 잃어버리게 된다. 여기서 전사 클로린다는 결코 수동적인 '희생자'가 아니며, 오히려 전투에서 마주치는 남성들의 팔다리와 머리를 베어 내는 데서 특별

마 연구 탈식민화: 하나의 응답Decolonizing Trauma Studies: A Response〉, 《휴머니티스 4Humanities 4》(2015)에서 이 비판을 반복하는 듯하다.

18) 다부안Marie-Rose Davoine과 고딜리에르Jean-Max Gaudillière의 《역사 너머의 트라우마History beyond Trauma》는 광기를 "기록되지 않은 역사에 대한 탐구"의 한 형태로 다루면서, 개인의 과거와 더 큰 정치적·집단적 과거를 이 광기를 통해 연결한다. 다부안은 탄크레디와 클로린다의 이야기도 일종의 광기의 이야기로 읽을 수 있다고 제안한 바 있다(개인적인 소통, 2015년 10월).

한 즐거움을 느낀다. 탄크레디와의 장면에서도 그에게 계속 싸우라고 부추기는 모습으로 등장한다.)[19] 탄크레디와 클로린다의 입장에 내재된 복잡성과 모호함은 20세기의 "가해자"와 "피해자"라는 대립 구도와는 그다지 비슷하지 않다. 오히려 더 크고 강력한 정치적 또는 이념적 목적에 위해 배신당해 군부나 지배계급의 목표를 위한 도구가 되고, 더 강력한 자의 무의식적 도구가 될 수 있는 군인의 현대적 문제와 더 유사하다(혹은 반대로, 두려움이나 수치심 때문에 가족이나 사회와 같은 비수용적인 공동체 앞에서 그 폭력을 드러내지 못함으로써 의도치 않게 가해자의 목표를 수행하는 사람의 문제와 유사하다).[20] 따라서 이 두 입장 모두 순전히 '능동적'이거나 '수

19) 클로린다의 경우 대부분의 비평은 "피해자"의 목소리에 초점을 맞추지만, 일부에서는 오히려 "가해자"의 트라우마, 더 구체적으로는 "여성 가해자 트라우마female perpetrator trauma"의 발생을 탐구해야 한다고 주장한다. 탄크레디와 클로린다 이야기에서 누가 트라우마를 겪는지를 규정하려는 이 투쟁은, 결국 피해자나 가해자 중 한쪽의 트라우마로만 인식될 뿐, 얽혀 있는 역사들의 문제로는 받아들여지지 않는다. 예를 들어, 사이라 모하메드Saira Mohamed, 〈괴물과 인간: 가해자 트라우마와 대량학살Of Monsters and Men: Perpetrator Trauma and Mass Atrocity〉, 《컬럼비아 로 리뷰Columbia Law Review》 115(2015); 루스 글린Ruth Glynn, 〈이중의 상처: 트라우마와 테러리즘의 젠더화로Towards a Gendering of Trauma and Terrorism〉, 《프로이트와 이탈리아 문화Freud and Italian Culture》, 피에르 루이지 바로타Pierre Luigi Barrotta, 로라 렙시Laura Lepschy, 엠마 본드Emma Bond 편저(Bern: Peter Lang, 2008) 참조.

20) 프로이트는 《쾌락원칙을 넘어서》에서 죽음충동death drive을 분석하며, "가해

동적'이라고 규정할 수 없다. 왜냐하면 둘 다 '개인적' 행동과 '집단적' 행동이 얽혀 있는 복잡한 관계 속에서 형성되기 때문이다. 프로이트가 타소의 사례를 인용하는 것도, 마찬가지로 개인적 차원과 집단적 차원 사이의 움직임을 강조한다. 말하는 목소리의 비애—즉, 전장과 숲이라는 맥락 속에서 드러나는 순간들—와 반복되는 폭력적인 장면들 이면에 드러나는 차갑고 기계적인 죽음충동 사이의 관계 속에 있는 움직임 말이다.

누구의 역사인가?

더 나아가 개인적 차원과 집단적 차원 사이의 이러한 움직임이 타소의 텍스트 안에 나타나는 서사의 문학적 문제를

자/피해자"의 대립 구도와는 다른 현대적 모델을 제시한다. 더 넓은 종교적·제도적·정치적 과정과 십자군전쟁에 참여한 개인적 동기의 관계를 이해하기 위해서는, 예를 들어 토머스 애스브리지Thomas Asbridge, 《십자군: 성지전쟁의 권위 있는 역사The Crusades: The Authoritative History of the War for the Holy Land》(New York: HarperCollins, 2010) 참조. 피해자의 침묵 문제는 주디스 허먼Judith Herman의 《트라우마와 회복Trauma and Recovery》(1992; New York: Basic Books, 2015) 및 트라우마와 수치심에 대한 최근 연구 등에서 다루어지고 있는데, 허먼은 이 연구의 선구자이기도 하다. 피해자 침묵은 홀로코스트에 관한 연구에서도 공통적으로 제기되는 주제이다.

반영한다고 나는 생각한다. 그 서사적 문제 때문에 결국 이 시가—탄크레디와 클로린다 이야기라는 내포된 이야기 구조를 통해—결국 누구에 **관한** 이야기인지, 또는 이 시 전체가 궁극적으로 누구의 관점에 무게를 두고 있는지 쉽게 판단할 수 없게 된다. 그러므로 이제 이 문학 텍스트의 복잡성으로 다시 돌아가, 프로이트와 타소의 시, 그리고 타소의 텍스트를 통해 내가 시도한 트라우마 이론 읽기에서 제기한 유럽중심주의적 관점에 대한 여러 질문을 다른 방식으로 다뤄보는 것이 도움이 될 것이다.

사실《해방된 예루살렘》속 클로린다의 혈통 자체는 여러 역사가 얽힌 결합체다. 그래서 이야기 속 클로린다 자신에게도, 또 어느 정도는 독자에게도, 클로린다가 정확히 '누구인지'를 명확히 규정하기란 불가능하다. 클로린다는 무슬림이며 탄크레디와 싸울 때 검은 갑옷을 입었지만, 사실 그녀는 흑인 기독교도 에티오피아 여왕에게서 태어난 백인 여성이다. 그 여왕이 한 기사가 용으로부터 처녀를 구하는 장면이 그려진 벽화 앞에서 기도했는데, 그 기도가 이런 기이한 탄생을 불러온 것이다. 여왕은 자신의 딸을 "괴물mostro"('기이한 존재' 또는 '경이')이라 부르며, 흰 피부를 가진 딸을 보고 남편이 간통을 의심할까 두려워한다. 결국 그녀는 아이가 세례를 받기 전에 흑인 아기와 바꿔치기하고, 자신의 딸을 무슬림 내시 하인에게 맡긴다.[21] 그 내시는 한 마리 호랑이의 도움으로 클로린다를 무슬림으로 키우는데, 그 호랑이는 초기에 그녀에게 젖을 먹인다. 아마도 그런 이유로 그녀는 평소 입는 흰 갑옷에 사자 머리 모양을 장식하고, 무슬림을 위해 싸우는 전사적 사명에 헌신하며, 남성에게는 아무런 관심을 보이지 않는다. (많은 비평가들이 그녀를 "희생자"로 규정하며 부여한 그 단순화된 정체성과는 분명히 구별되는) 그녀는 흑인도 백인도 아니고, 기독교도도 무슬림도 아니며, 동물도 인간도 아니다.[22] 그리고 마지막에는 인간도 나무도 아니다. 텍스트 전체를 통해 그녀는 자신을 닮은 다양한 '모방물simulacra'과 여러 변장과도 연결되어 있다. 그래서 그녀가 원본인지 복제본인지 구별하기 어렵게 만든다. 부상을

---

21) 데이비드 퀸트David Quint는 클로린다를 세례받지 않은 에티오피아계 기독교 여성으로 묘사하는 것이 르네상스 유럽 가톨릭 사회에서 발견된 이단적 관행(예: 출생 이후 세례를 미루는 관습)에 대한 불안을 반영한다고 주장한다. 따라서 클로린다는 단순히 무슬림 '타자'일뿐만 아니라 기독교 '타자'로도 이해될 수 있다. 자세한 내용은 퀸트, 《서사시와 제국Epic and Empire》(Princeton: Princeton University Press, 1993)을 참조.

22) 이 시에서 나무들이 겪는 일에 관한 (현대 생태비평과 흥미롭게 연결될 수도 있는) 문제에 대해서는 트로이 타워Troy Tower, 〈타소의 해방된 예루살렘 속의 나무 이름 짓기Naming Trees in the Gerusalemme Liberata〉, 《로망스 연구 Romance Studies》 31, nos. 3-4 (November 2013) 참조.

입고 죽어 가는 그녀는 세례를 요청하고, 마침내 백인 기독교 여성으로 하나가 된 듯 보인다. 하지만 이 동일성마저도 숲속에서 이교도 마법사 이스메네가 불러낸 그녀의 유령 같은 귀환으로 도전받는다. 비평가들은 종종 클로린다의 기독교화 과정을 이 텍스트를 정화하고 백인화하는 시도로 해석한다. 즉, 그녀를 기독교 이야기 속에 편입시키는 과정으로 보는 것이다. 이 기독교적 서사는 이미 클로린다의 어머니가 기도했던 벽화 속 기사와 처녀, 그리고 용의 이미지 속에 암묵적으로 내포되어 있다고 여겨진다(대개 성 게오르기우스와 용의 이야기로 간주된다).[23] 그러나 마릴린 미기엘Marilyn

---

23) 사실, 이 그림 속 인물들에게는 이름이 주어지지 않았다. 타소의 텍스트에 나오는 이 이야기의 근거는 보통 3세기 헬리오도로스의 소설 《에티오피카》로 이해된다. 이 작품에서 에티오피아 여왕은 페르세우스가 안드로메다를 구출하는 장면의 이미지를 흡수한 것으로 나타난다. 이 맥락에서 안드로메다는 백인으로 간주되지만, 원래 안드로메다의 피부색이 검었다는 전승이 존재한다. 이 점은 어쩌면 소설 안에 암시되어 있을 수 있는데, 이후 여러 텍스트를 거치며 백인으로 바뀐 것이다. 헬리오도로스Heliodorus, 《에티오피카An Ethiopian Romance》, 모세스 헤이더스Moses Hadas 옮김(1957; Philadelphia: University of Pennsylvania Press, 1999)와 엘리자베스 맥그래스Elizabeth McGrath, 〈검은 안드로메다The Black Andromeda〉, 《워버그·코트울드 연구소 저널Journal of the Warburg and Courtauld Institutes》 55(1992) 참조. 인종과 《에티오피카》에 관해서는 엘리자베스 스필러Elizabeth Spiller, 《르네상스에서의 독서와 인종의 역사Reading and the History of Race in the Renaissance》(Cambridge: Cambridge University Press, 2011) 참조. 중세 시대의, 그리고 전근대 시대에 사용하기에 적절한 용어로서의 인종에 대해서는 제럴딘 헹Geraldine Heng, 〈중세에서 인

Migiel은 이 벽화가 불명확한 관점에서 두 인물 **모두의** 이야기를 전하는 장면으로 읽힐 수도 있다고 지적한 바 있다.[24] 예컨대, 탄크레디가 전투 중 클로린다를 죽일 때 **자신을** "괴물"이라 부르는데, 이는 그림 속 이야기에서 탄크레디와 클로린다의 자리를 뒤바꾼다.(그는 기사가 아니라 괴물이 되고, 또는 그녀가 기사에게 죽는 괴물이 되는 식이다.) "이것은 누구의 이야기인가?"라는 질문은 이미 타소의 텍스트 안, 바로 클로린다의 이야기 속에 새겨져 있다. 클로린다는 다양한 정체성을 품고 있을 뿐만 아니라, 그 역사 또한 기원조차 불확실한 한 그림을 중심으로 탄크레디의 역사와도 불가분하게 얽혀 있는 것이다. 그렇게 이 두 인물은 전장에서의 조우 속에서 온전히 자신들의 것이라고 할 수 없는 어떤 전쟁의 역사를 재연하거나 반복하고 있는 것처럼 보인다.

종의 발명: 1The Invention of Race in the Middle Ages: I〉, 《리터러처 컴퍼스 Literature Compass》 8, no. 2 (2011) 참조.

24) 메릴린 미지엘Marilyn Migiel의 《타소의 〈해방된 예루살렘〉 속 젠더와 계보 Gender and Genealogy in Tasso's "Gerusalemme Liberata"》(Lewiston, NY: Edwin Mellen Press, 1972)에 실린 《예루살렘 해방》에 대한 탁월한 해석, 〈클로린다의 아버지들Clorinda's Fathers〉 참조. 이 시에 대한 해석적 문제를 고민하는 데 미기엘이 준 도움과, 타소의 이탈리아어 사용의 성격에 대해 제시해 준 의견에 감사한다.

호소의 발생

그렇다면 우리는 문학 텍스트가 불러 온 이러한 관점의 흔들림이 지닌 함의를 어떻게 이해할 수 있을까? 타소는 '탄크레디와 클로린다' 이야기 속에서 서구 문학의 문화적·신화적 유산으로부터 물려받은 서사시 전통과 로맨스 전통을 다시 쓰고 하나로 결합한다. 로마를 건국한 아이네이아스의 영웅적 행위translatio imperii(제권전이, 즉 지배권의 이양을 통해 기독교 제국으로 계승될 이야기)와 로맨스 서사 속 인물들의 방랑을 하나로 엮은 것이다. 여기에는 아리오스토Ariosto의 《광란의 오를란도Orlando furioso》에서 비롯된 고난에 시달리는 기독교 기사들의 방황과 귀환뿐 아니라, 헬리오도로스Heliodorus의 3세기 작품 《에티오피카Aethiopica》에서 비롯된 흑인 에티오피아 공주 카리클레아의 방랑과 귀환도 포함되어 있다. 클로린다는 베르길리우스가 서사시에서 카밀라를 묘사한 것처럼 여성 전사로도 만들어졌지만,《에티오피카》는 그녀의 서사적 배경을 제공한다.[25] 인종과 제국주

---

[25] 클로린다가 등장하는 장면들은 다른 텍스트들과도 연결된다. 데이비드 퀸트는 클로린다가 전사하는 전투 장면을 퀸투스 스뮈르나이오스Quintus Smyrnaeus의 《포스트호메리카Posthomerica》와 연결한다. 나는 이 장면이《오

의 이데올로기에 관심 있는 대부분의 비평가들은 타소가 카리클레아 이야기를 변형한 것을 에티오피아 기독교를 백인화하고 기독교화한 것으로 읽으며, 이를 다시 진정한 교회에서 벗어나는 일종의 우회로이자 다시 돌아갈 가능성으로 해석한다. 그리고 프로이트가 암묵적으로 재구성한 클로린다 이야기는 원시적이고 에로틱하게 상상한 무슬림들을 유럽 정신분석의 병리와 회복 장면 속에 새겨 넣은 19세기 정신의학적 환상으로 본다.[26] 하지만 타소의 텍스트 안에서 탄크레디와 클로린다 이야기의 기이하고 해결되지 않은 귀환

디세이아》와 《아이네이스》에서 지하세계를 방문하는 서사와도 연관되어 있다고 본다. 숲 장면은 《아이네이스》의 폴리도로스 에피소드, 단테의 《연옥》 제13곡에 나오는 나무, 그리고 아리오스토의 《광란의 오를란도》로까지 거슬러 올라갈 수 있다.

26) 이 정신의학적 문헌에 대해서는 캐슬린 비딕Kathleen Biddick 흥미로운 에세이 〈트라우마Trauma〉, 《오디세이아중세주의: 핵심 비판 용어들Medievalism: Key Critical Terms》, 엘리자베스 에머리Elizabeth Emery, 리처드 우츠Richard Utz 편저 (Rochester, NY: D. S. Brewer, 2014) 참조. 흥미로운 점은, 여성 전사라는 형상이 단순히 '서구'에서만 기원한 것이 아닐 수 있다는 지적이다. 렘케 크룩Remke Kruk 은 이 형상이 중세 이슬람의 텍스트에서도 작동했다고 지적한다. 그녀는 타소의 시에 등장하는 클로린다라는 인물이 여성 전사를 (부분적으로) 무슬림 여성과 연결하고 있다는 점에서, 이슬람권의 민속적 인물이 유럽문학에 미친 영향을 반영할 가능성이 있다고 썼다. 물론 확실하다고 할 수는 없다.크룩Kruk, 《이슬람의 전사: 아랍 대중문학 속 여성 주체성The Warrior of Islam: Female Empowerment in Arabic Popular Literature》(London: I. B. Taurus, 2014). 이 분야의 학문적 동향에 대해 개인적으로 의견을 준 렘케 크룩에게 감사한다.

은, 다른 인물들의 이야기에서 볼 수 있는, 서사시로부터 벗어났다 다시 돌아오는 전통적인 로맨스 서사의 전개 방식을 일종의 반복이자 비판으로 드러낸다고 볼 수 있다. 마찬가지로, 타소의 시 또한 16세기와 20세기의 특정 비평 학파들이 받아들였던 더 어두운 시적 전통의 해석으로 읽을 수 있다. 그 전통 안에서 베르길리우스와 타소는 각각 자신들의 정치적 체계의 이데올로기적 이해관계를 단순히 지지하기보다는 오히려 그것에 의문을 제기하는 것으로 해석된다.[27]

27) 리날도Rinaldo는 더 전통적인 영웅적 인물로, 서사시의 세계에서 벗어나 낭만적 세계로 우회한 뒤 다시 돌아와 서사적 서사의 핵심적인 역할을 수행한다. 그는 결국 탄크레디가 클로린다를 만나는 숲을 베어 내는 인물이기도 하다. 따라서 탄크레디는 어느 정도 리날도의 기묘한 이중화double 혹은 보완물처럼 보인다. 《아이네이스》를 서사시와 그 이데올로기에 대한 특정한 추정을 비판하는 것으로 탁월하게 해석하는 글로는 존슨W. R. Johnson, 《보이는 어둠: 베르길리우스의 〈아이네이스〉 연구Darkness Visible: A Study of Virgil's "Aeneid"》 (Chicage: Chicago University Press, 1976)과 존슨, 《베르길리우스: 아이네이스Virgil: The Aeneid》 서문, 스탠리 롬바르도Stanley Lombardo 옮김(Indianapolis: Hackett, 2005) 참조. 존슨은 20세기에 이루어진 주요한 긍정적이거나 '비관적인' 해석 전통을 요약한다. 흥미롭게도 존슨은 시의 중요한 순간마다 시점이 '영웅'에게서 그가 가한 고통을 겪는 사람들 쪽으로 옮겨 가는 방식을 자신의 해석 한 부분에서 집중적으로 다룬다. 이 서사시에 대한 논쟁(예를 들어, 제국주의적 이데올로기를 지지하는 것으로 볼 것인지, 혹은 그것에 대한 비판으로 볼 것인지)은 단지 20세기만의 현상이 아니라, 르네상스 시기에도 있었던 논쟁이다. 크레이그 칼렌도르프Craig Kallendorf, 《또 다른 베르길리우스: 초기 근대 문화 속 〈아이네이스〉의 "비관적" 독법The Other Virgil: "Pessimistic" Readings of the "Aeneid" in Early Modern Culture》(Oxford: Oxford University Press, 2007) 참조. 타소의 작품에서 나타나는 복잡한 관점 역시 서사시의 해석과 그 정치적·철학적 함의의 성

프로이트는 글에 베르길리우스의 《아이네이스》를 인용하거나 암시하기도 했고, 그래서 일종의 자기만의 "서사시" 작가로 불리기도 한다.[28] 그런데, 그는 문학작품들이 자신들의 정치적 · 이데올로기적 틀(혹은 더 강하게는 모든 이데올로기적 내용)에 제기하는 질문들만큼이나,[29] 그 자신이나 다른 정신과 의사들의 사유 속에서 드러났을지도 모르는 무슬림과 기타 비유럽인에 대한 축소된 환상에 의존하는 듯하다. 실제로 한 중세 역사가가 주장하듯이, 프로이트는 타소를 인용하면서 두 개의 이데올로기적 역사가 얽히는 트라우마적 '얽힘'을 새겨 넣는다. 하나는 트로이인들에서 로마인들을 거쳐 기독교회로 권위와 권력이 이전되는 **제권전이** 전통이

격을 둘러싼 오랜 논쟁의 연속선상에서 이해될 수 있을 것이다. 특히 이 시에서, 알 수 없음not knowing 과 황혼twilight, 그리고 화자가 자주 사용하는 "무엇인지 모르겠다I know not what"라는 표현에 집중한 강렬한 해석으로는 콜린 버로우Colin Burrow, 〈나는 무엇을 모르는가I Don't Know Whats〉, 《런던 리뷰 오브 북스London Review of Books》23, no. 4(22 February 2001)이 있다. 이 '황혼' 해석과 관련해서 개인적으로 의견을 준 버로에게 감사한다.

28) 비딕Biddick, 〈트라우마Trauma〉, 247~253쪽은 타소와 프로이트의 "중세주의 medievalisms"가 얽혀 있는 지점을 추적한다. 논문에서 핵심적인 부분을 명확히 설명해 준 비딕에게 감사한다.

29) 베르길리우스에 관한 "비관적인" 독법은 그의 서사시를 동시대 정치 이데올로기를 비판하는 시도로 해석하지만, 다른 비평가들은 문학과 이데올로기의 관계 자체를 문제 삼았다.

고, 다른 하나는 트로이인들에서 터키인들과 그 후계 제국
들로 권위가 이전되는 무슬림 내 **제권전이** 전통이다. 이 역사
가는 무슬림 전통이 타소와 프로이트의 글에서 각각 다르게
"암호화되어" 있다고 주장한다.[30]

  프로이트가 인용한 이 문학작품은 탄크레디와 클로린다의
만남을 단지 두 가지 다른 역사의 충돌로만 보지 않고, 서로
맞선 두 전사의 이야기가 교차하는 순간으로 생생하게 제시
한다. 전투의 절정에서 십자군 기사와 이교도 전사는 특이하
게도 서로의 **속성을 교환**하고, 죽는 자와 살아남는 자의 위치
를 뒤바꾼다. 그래서 전투 중에 클로린다에게 치명상을 입힌
뒤 자신의 실수를 깨닫고 충격과 슬픔에 휩싸인 탄크레디는,
시에서 말하듯 "시체처럼 …… 핏기 없고, 피도 없고, 말도 없
이, 세상에 대해 죽은 자처럼 쓰러진다."[31] (12.70) "내가 살아 있
단 말인가? 내가 아직 숨 쉬고 있단 말인가?"(12.75)라고 외치는

---

30) 비딕, 〈트라우마〉, 그리고 비딕, 《만들고 죽게 하라: 시기적절하지 않은 주
    권들Make and Let Die: Untimely Sovereignties》(Earth, Milky Way: Punctum Books,
    2016) 참조.

31) 토르콰토 타소Torquato Tasso, 《해방된 예루살렘The Liberation of Jerusalem》, 맥
    스 위커트Max Wickert 번역(Oxford: Oxford University Press, 2009). 이 후기에 나오
    는 타소의 모든 인용문은 이 텍스트에서 가져왔다. 이탈리아어 인용문은 토르
    콰토 타소, 《해방된 예루살렘Gerusalemme liberata》, 안나 마리아 카리니Anna
    Maria Carini 편집(Milan: Gianguacomo Fektrubekku Editore, 1961)에서 가져왔다.

그는 이후 나무를 내리칠 때 다시 한 번 이 경험을 반복하게 되고, 다시 들려오는 클로린다의 목소리에 "정복되어" 침묵 속에 빠진다. 이렇게 탄크레디와 클로린다는 상처를 중심으로 얽히게 된다. 온전히 살지 못하는 존재(탄크레디)와 온전히 죽을 수 없는 존재(클로린다)로 말이다.[32]

더 나아가 바로 이 죽음과 삶 사이의 불가능한 지점들 속에서 탄크레디는 처음으로 클로린다에게 **말을 걸고**, 클로린다 역시 처음으로 탄크레디에게 **말을 건다**. 탄크레디는 전투가 끝난 후 클로린다의 시신을 향해 이렇게 외친다. "아, 너무나(Ahi troppo) 고귀한 제물이여! 아, 너무나(troppo) 달콤하고, 너무나(troppo) 귀한 존재여! 인간의 입맛에는 결코 어울릴 수 없는 너무도 귀한 향연이었소!"(12.78) 그리고 클로린다의 목소리는 나무 속에서 탄크레디를 향해 외친다. "아, 너무하군요(Ahi

---

32) 여기서 강조하고 싶은 점은, 프로이트가 타소의 두 구절을 반복강박 개념을 통해 읽으면서, 하나의 장면이 둘로 펼쳐지는 것으로 보았다는 것이다. "두 번째" 장면에서 되돌아오는 것은, 첫 번째 장면에서 완전히 이해되거나 표현되지 못했던 것이다. 그는 사건들의 연속으로 본 것이 아니라, 하나의 사건이 두 개의 장면으로 전개되는 것으로 본 셈이다. 나는 이 시의 관점이 "이야기story"로 읽히는지, 혹은 "말하기telling"로 읽히는지에 따라 달라진다고 주장하고 싶다. 왜냐하면 비유적 차원과 서사적 차원이 엄밀하게 일치하지 않을 수 있기 때문이다(시 속에서 반복적으로 등장하는 목소리의 형상과 반복되는 상처의 이야기는, 시의 서로 다른, 그러나 얽혀 있는, 층위에서 읽힐 수 있다고도 말할 수 있겠다).

troppo』 …… / 오 탄크레디, 당신이 나를 해쳤군요!"(13.42) 서로 얼굴을 마주 보고 말을 주고받는 일이 더 이상 불가능해지는 바로 그 순간, 곧 치명적인 칼날이 한 사람의 죽음을 다른 사람의 삶과 분리시키는 그 순간에, 그 상처를 가로질러 울려 퍼지는 하나의 호소가 발생한다. 그리고 그 호소는 완전히 살아 있지 못한 자와 완전히 죽지 못한 자를 서로 묶어 놓는다. 각 인물이 자신의 이야기를 상실하게 되는 그 외상적 (놓쳐 버린) 만남의 자리에는 동시에 어떤 새로운 것이 발생한다. 바로 **죽음과 삶 사이에서의 호소** 가능성이 나타나는 것이다.

삶과 죽음의 언어들

내가 보기에, 프로이트가 타소를 인용하는 것은 트라우마 개념—반복적으로 상처 입는 경험—과 (트라우마 내부로부터의) 증언의 가능성, 곧 **타인에게 외쳐 부르는 목소리**의 가능성 사이를 오가는 움직임을 극적으로 보여 준다.[33] 프로이

---

33) 이것은 '가능성' 또는 아마도 더 정확히 말하자면, 증언의 '조건'이지 반드시 이루어져야 하는 완결은 아니라는 점을 주목해야 한다. 내가 읽은 텍스트들에서 볼 때, 트라우마에서 증언으로의 전환은 일종의 만남이라는 성격과 관련된 것으로 보인다. 나는 이 문제를 프로이트가《쾌락원칙을 넘어서》에서 말

트는 이 관계를 직접 이론화하지는 않는다. 그러나 우리는, 상처라는 형상 자체가 사건의 각인을 새로운 발화 가능성의 출현과 연결하는 듯하다고 말할 수 있다. 이 발화는 삶과 죽음의 경계 위에서 태어나 타인에게 닿는 힘을 지닌다. 다시 타소의 시로 돌아가 보면, 그 각인과 목소리는 시 안에서 매우 신중하게 형상화되어 있으며, 더 나아가 탄크레디 앞에 놓인 질문인 '누가 말하는가?'로 제시된다. 사실 탄크레디는 숲속에서 **두 번**에 걸쳐 타자의 언어와 마주하게 된다. 처음

하는 "생명 충동life drive" 개념과 연결하고 싶다. 이 개념은 (형상화figuration와는 연결될 수 있지만) 상징이나 재현과 혼동해서는 안 된다. 우리는 트라우마적 서사를 말해지지 않은 채로 남아 있는 것이라고 생각할 수 있다. 그것은 어떤 의미를 가리키는 듯 보일 수는 있지만, 말해지지 않기에 실제로는 소통되지 않는다는 것이다. 나는 또한, 내가 초점을 맞추는 '호소' 개념을 라카프라 Dominick LaCapra가 강조하는 "통과하기working through"와 구분하고자 한다. 왜냐하면 라카프라의 용어는 《쾌락원칙을 넘어서》(또는 내가 아는 한 그 밖의 프로이트의 트라우마 텍스트들)의 언어와는 전혀 다르기 때문이다. 프로이트는 《쾌락원칙을 넘어서》에서 (트라우마적) 반복 개념을 자신이 "기억하기, 반복하기, 통과하기Remembering, Repeating and Working-Through"에서 논의하는 반복 개념과 명확히 구분한다(SE, 12권, 145-56쪽 참조). 또한 나는 타소의 숲 장면에서 발견되는 새겨진 글의 보관적archival 형상에도 주목하고 싶다. 그 나무에는 적어도 두 종류의 '흔적impressions'이 있다. 하나는 글자로 새겨진 흔적이고, 다른 하나는 탄크레디의 칼이 그 글자들을 가르며 혹은 그 위에 자신의 흔적을 새김으로써 만들어진 것이다. 이 두 번째의 칼자국은, 단정할 수는 없지만, 글자에 상처를 내면서도 동시에 목소리의 가능성을 열어 놓는 듯하다. 이 장면은 (탄크레디가 처음에 곱씹었던 "숨은 의미들[i sensi occulti]"처럼) 의미에서 의미로 옮겨 가는 번역의 장면이라기보다는, 그 번역을 가르는 순간을 통해 새김과 목소리의 장면을 만들어 낸다.

에는 나무에 새기는 글의 형태로, 그다음에는 그 나무를 (반복해서) 난폭하게 벨 때 흘러나오는 목소리의 형태로 말이다. 첫 번째 경우, 예루살렘에 대한 최종 공성전을 준비하기 위해 숲의 나무들을 베러 들어간 탄크레디는, 그 숲의 파괴를 막으려는 이교도 마법사 이스메네가 불러낸 환영으로 보이는 것들과 마주친다. 하지만 그 목소리가 실제로 누구에게서 비롯된 것인지는 분명하지 않다. 그는 본다, "나무줄기에 다양한 기호들이 새겨져 있는 것을, / 한때 고대 이집트의 신비한 신전들에서 / 문자 대신 사용되었던 상형문자와도 같은 것들을," 그리고 그것을 읽기 시작한다.

> 그 거칠고 낯선 글자들 속 몇 마디
> 그는 시리아어로 읽었으니, 잘 아는 말이었다:
> "아, 그대, 죽은 자들의 은밀한 이 안식처에
> 그 무모한 용기로 발을 들인 자여,
> 그대 힘만큼 잔인하진 말라. 아, 우리의 은밀한
> 고독을 방해하는 것을 두려워하라!
> 빛을 빼앗긴 영혼들에게 자비를 베풀라.
> 산 자는 죽은 자를 해쳐서는 아니 되리라." (13.39)

나무에 "새겨진" 그 "거칠고 낯선" 기호들은 아랍어와 섞여 있으며, 이로써 이집트인의 "것들과 비슷한(simili a quiei)" 어떤 알 수 없는 기호의 근원과 아랍어라는 이중의 기원을 만들어 낸다. 그리고 그 아랍어는 탄크레디(허구의 인물뿐 아니라 그가 기반한 실제 인물 모두)가 읽을 수 있는 것인데, 이는 (확실하지는 않지만) 앞선 알 수 없는 기호들의 번역본으로 보인다. 나무를 치지 말라는 그 간청(혹은 경고? 명령?)은 완전히 알려지지 않은 어떤 출처에서 비롯되는데, 그 출처에는 이교도 기사들과 기독교 기사들이 모두 포함되어 있다. 또한 그 말은 두 텍스트 중 하나 또는 둘 다 읽을 수 있는 독자들에게 하는 말이기도 하며, 따라서 그 독자들 역시 완전히 규정되어 있지 않다.[34]

그러나 탄크레디는, 그 글의 간청에도 불구하고 나무를 치고 그 후 자신에게 직접 말하는 익숙한 목소리를 듣기 전까지, 그 메시지를 완전히 받은 것이라고 할 수 없다.

---

[34] 린 엔터린Lynn Enterline은 이 장면을 섬세하게 분석함으로써 저자와 글쓰기에 대한 문제를 제기한다. 해당 논의는 《나르시스의 눈물: 초기 근대 글쓰기 속 멜랑콜리아와 남성성The Tears of Narcissus: Melancholia and Masculinity in Early Modern Writing》(Stanford: Stanford University Press, 1995), 제1장 〈글을 읽는 작가: '멜랑콜리한 기질을 가진 죄인'에 대한 이론들A Writer Reading: Theories of 'A Sinner with a Melancholic Humor'〉에서 다룬다. 타소 해석을 둘러싼 여러 문제에 대해 대화를 나누어 준 그녀에게 감사한다.

마침내 그는 칼을 뽑아, 힘껏 높이
자란 나무를 내리친다. 아, 놀라워라!
베인 껍질마다 핏덩어리들이 솟구쳐 올라
주변 온 땅을 선홍빛으로 물들인다.
그는 공포에 휩싸였지만, 후회 없이
더 힘껏 내리치고, 기다리며, 그대로 서서
깊이 베인 나무가 무덤처럼 비통해하고
숨죽인 신음 소리를 내는 것을 듣는다.

그리고 또렷한 목소리가 외친다, "아아! 너무해,"
"오, 탄크레디, 당신은 나를 해쳤어요! 이제 그만!
당신은 이미 내게, 나를 통해, 기쁨의 거처가 되었던
이 가지로부터 나를 내쫓았어요.
이제 잔인한 운명에 묶인 내가 깃들인
이 몸통마저 찢어 버리려 하나요?
무덤 속에서까지 (아, 잔인하고 고약해라!)
죽은 원수를 해치려 하나요?"

"내가 클로린다였어요. 이 거칠고 단단한
나무에 깃들인 영혼은 나만이 아니에요. 프랑크 기사든

이교도 기사든, 모두 다 이 거대한 전쟁의 희생자들⋯⋯"

(13.41-43)

이 끔찍한 말들은 본질적으로 나무에 새겨진 글귀를 반복하는 셈이지만, 그것은 탄크레디의 칼에 의해 반복해서 새겨진 상처들을 통해 발화된다. 그러므로 숲속에서 벌어지는 이 장면 자체가 반복의 장면이다. 여기에서 언어가 상처 입는 과정을 통해 트라우마의 목소리가 드러나고, 그 언어의 의미를 해석하려는 시도는 타인에게 호소하는 힘으로 대체된다. **그 목소리의 근원** 또한 나무에 새겨진 언어의 기원만큼이나 불확실하다. 탄크레디는 그 목소리가 환영일 수도 있다는 가능성을 인지하고 있기 때문이다. 그러나 탄크레디는 **그 목소리의 힘**에 눌려 결국 칼을 내려놓고 "패배한 채" 영영 떠난다.

타소의 예시를 통해 프로이트의 글 속에 새겨져 있는 트라우마의 목소리 역시 강력한 명령의 힘을 지니는데, 이는 강렬한 호소가 나타남으로써 전달된다. 이 명령의 가능성은 트라우마의 핵심에 자리하며, 역설적으로는 의식이나 이해가 트라우마로 인해 가려지는 과정을 통해 생겨난다. 이것이 바로 라캉이 프로이트의 '불타는 아이' 해석에서 설명하고 내가 라캉을 해석하며 덧붙이는 트라우마 경험의 '윤리적' 차원이다. 즉, 온전히 이해하거나 단순히 알 수 없는 상태와 함께 돌아오는 보고 들으라는 명령인 것이다. 더 나아가, 탄크레디가 나무 속 목소리를 듣고 칼을 내려놓는 경우에는, 개인에게 직접 전해진 명령이 단순한 청취를 넘어서 정치적 갈등의 맥락 속에서 **행동**의 변화를 불러오는 반응으로 이어진다. 따라서 트라우마적 반복 이론을 통해 전달되는 것은 어떤 경험이나 사건의 "재현 불가능성unrepresentability"(종종 내 작업에 잘못 적용되곤 하는 용어)이 아니다. 이러한 오해는 트라우마 이론 전반을 지배해 왔으며, 특히 트라우마 이론의 사회적·정치적 함의를 밝히려는 비판을 촉발해 왔다.[35] 또한 그것은 트라우마적 '침묵'이나

---

35) 도미닉 라카프라Dominick LaCapra는《역사 쓰기, 트라우마 쓰기Writing History, Writing Trauma》(2001; Baltimore: Johns Hopkins University Press, 2014), 107쪽에서 내 저작 속의 "재현 불가능성"에 대해 잘못 언급한다. 이러한 오해의 예로 (여러 저작들 중) 루스 레이스Ruth Leys,《트라우마: 계보학Trauma: A Genealogy》(Chicago: University of Chicago Press, 2000)와 존 매스터슨John Masterson, 데이비드 왓슨David Watson, 머릴 윌리엄스Merle Willams, 〈상처 치유? 치유, 극복, 혹은 트라우마 속 머물기: 서론Mending Wounds? Healing, Working through, or Staying in Trauma: An Introduction〉,《문학 연구 저널Journal of Literary Studies》29, no. 2 (1013): 1-5, 그리고 토머스 트레지즈Thomas Trezise,《증언을 증언하기: 홀로코스트 생존자 증언의 수용Witnessing Witnessing: On the Reception of Holocaust Survivor Testimony》(New York: Fordham University Press, 2013)와 앤 캐플런E. Ann Kaplan·반 왕Ban Wang,《트라우마와 영화: 문화 간 탐색Trauma and Cinema: Cross-Cultural Explorations》서문, 앤 캐플런E. Ann Kaplan·반 왕Ban Wang 편저(Hong Kong: Hong Kong University Press, 2004) 참조. 이 문제는 다음과 같이 다시 공식화할 수 있다. 트라우마라는 개념은 단순히 재현 자체를

'말할 수 없음'이라는 개념이 암시하는 단순한 언어의 부재도 아니다. 이러한 개념은 비평적 담론에서 자주 등장하지만, 아마도 더 생산적으로는 **침묵시킴**이라고 부를 수도 있을 것이다.[36] 반복은 결코 단순한 재현도, 재현의 부재도 아니며, 오히려 인식을 거부하는 어떤 역사의 재연이자 동시에 그 역사가 삭제될 가능성을 지닌 것이다.[37] 트라우마란 재현

부정하는 것이 아니라, 이러한 경험이나 역사를 이해하고 사유하는 방식으로서의 재현 모델을 부정한다는 것이다. 이는 곧 모델과 근거 자체에 의문을 제기하는 문제이며, 이러한 문제의식은 생존자들이 던지는 "왜 내가 살아남았는가?"와 같은 근본적인 철학적 질문에 잘 드러나 있다. 실제로 프로이트가 반복강박의 (비)기원을 삶의 시작점(곧 죽음충동의 시작점)까지 거슬러 올라가며 추적한 것은, 그 자신 또한 그 반복강박의 근본적인 성질을 이해하려 했다는 점을 보여 준다.(이와 관련해, 나는 다음을 지적하고 싶다. 프로이트는 이 시점에서 지연이나 반복이라는 반복강박의 '구조적' 성격과, 하나의 '사건'으로서의 상태를 구분하지 않는다. 라카프라는 이것을 구분했는데, 이는 트라우마가 본질적으로 역사성을 가진다는 프로이트의 강조를 완전히 포착하지 못한 것이다.)

재현과 자주 연결되는 또 다른 용어는 '서사narrative'이다. 때로 온전한 서사는 건강의 징후로, 깨진 서사는 트라우마의 징후로 간주되곤 한다. 이야기는 누구를 향해 말하지 않은 채로도 서술될 수 있다는 점을 기억해야 하며, 이런 경우 그것이 지시적 가치를 지니는 것처럼 보여도 반드시 전달되는 것은 아니다.

36) '침묵시킴silencing'이라는 개념은 트라우마 연구에서 잠재적으로 정치적이며 집단적인 분석의 가능성을 드러낸다. 트라우마나 강간에 대한 초기 연구에서 사용된 '침묵'이라는 말은, 이러한 강제적 침묵화를 가리키는 것으로 이해할 수 있을 것이다. 예를 들어, 산드라 버틀러Sandra Butler, 《침묵의 음모: 근친상간의 트라우마Conspiracy of Silence: The Trauma of Incest》(1978; Volcano, CA: Volcano Press, 1996) 참조.

37) 역사와 역사의 삭제에 관해서는 내 저서 《역사의 재 속에서의 문학Literature in the Ashes of History》, 제3장 〈거짓말과 역사Lying and History〉와 제5장 〈역사

이 있느냐 없느냐의 문제가 아니라, 역사가 (또는 역사의 가능성이) 존재할 수 있느냐 없느냐의 문제다. 트라우마 한가운데, 역사가 지워질 수도 있는 그 지점에서 나타나는 것 역시 재현의 형태가 아니라, 죽음과 생존 사이를 오가는 그 진동 속에 역사적으로 개입하는 **응답하라는 명령**이다.

어머니의 호소

이론의 언어와 문학의 언어는 함께, 프로이트의 글과 그가 인용한 타소의 시에서, 강력한 증언의 형식을 이루는 응답

의 재 속의 정신분석Psychoanalysis in the Ashes of History〉 참조. 두 글 모두 스스로의 삭제를 통해 구성된 사건들을 다룬다. 이러한 자기 삭제는 자신을 되돌려 무효화하는 역사로 이해될 수 있다는 점을 주목해야 한다. '역사'를 새로운 것을 창조하는 것으로 생각한다면, 전혀 다른 관점이 필요하다. 그래서 내가 《역사의 재 속에서의 문학》에서 생명 충동을 강조했던 것이다. 로버트 제이 리프턴은, 내가 보기에, 죽음충동 모델을 일종의 자기 삭제적인 역사(즉, "거짓 증언"의 역사)로 암묵적으로 전개한다. 이는 베트남전쟁을 분석하는 그의 저서 《전쟁에서 돌아오다: 베트남 참전군인들에게서 배우기Home from the War: Learning from Vietnam Vets》(New York: Simon and Schuster, 1973; New York, Other Press, 2005)에 드러난다. 그리고 다니엘 엘스버그Daniel Ellsberg, 〈수렁 신화와 교착 기계The Quagmire Myth and the Stalemate Machine〉, 《전쟁에 관한 문서Papers on the War》(1972; New York: Simon & Schuster, 2009)도 참조. 이 글은 전쟁 중의 개인적 결정들과, 그들이 무의식적으로 반복하는 더 큰 과정들 사이의 관계를 보여 준다. 리프턴과 엘스버그의 분석은 죽음충동에 대한 일종의 정치적인 해석을 가리킨다고 볼 수 있다.

을 구성한다고 할 수 있다. 이 후기의 결론으로서, 나는 잠시 타소의 글로 다시 돌아가고자 한다. 그 글은 탄크레디와 클로린다의 이야기를 통해 전해지는 뜻밖의 만남을 기묘하게 증언하기 때문이다. 이 만남은 또 다른 인물과 목소리를 등장시키고, 등장인물들 사이를 오가며 놀라운 방식으로 그들을 연결한다. 나무에 새겨진 글을 발견하고 목소리를 듣기 전, 탄크레디는 잠시 그 나무 앞에서 머뭇거린다.

> 그는 홀로 서서
> 그 알 수 없는 글의 뜻을 곱씹었고,
> 숲 뒤편 덤불과 나뭇잎 사이로
> 바람이 끊임없이 신음하는 소리를 들었다.
> 마치 슬픔에 잠긴 합창단이
> 애도 섞인 탄식(flebile concento)과 흐느낌,
> 그리고 비명을 노래하는 듯하여,
> 그것이 어찌된 일인지 그의 마음을 흔들었고,
>
> 연민과 슬픔, 두려움이 뒤섞인 감정을 그 가슴에 채웠다.

(13.40, 번역 수정)

매리언 웰스Marion Wells가 지적하듯이, 사람의 "탄식과 흐

느낌"처럼 들리는 그 바람 소리는 어린 시절 어머니에게 버림받은 기억에 관한 시에서 타소가 내뱉은 한숨과도 겹쳐 울려 퍼진다.[38] 그 시는 타소가 죽기 전에 자신을 떠난 어머니를 회상하며 쓴 것이다.

38) 매리언 웰스의 뛰어난 글 〈첫 번째 잘못: 〈해방된 예루살렘〉 속 사랑-우울증과 로망스Il Primo Error: Love-Melancholy and Romance in the Gerusalemme Liberata〉, 《비밀스러운 상처: 초기 근대 로망스 속 사랑-우울증The Secret Wound: Love Melancholy and Early Modern Romance》(Stanford: Stanford University Press, 2007) 참조. 웰스는 특히 제13곡 40행과 제12곡 40행(그리고 그 외의 행들)뿐 아니라, 오비디우스와 베르길리우스의 《농경시》에 나오는 구절들과의 공명을 논의한다. 나는 프로이트의 통찰을 바탕으로 이 시를 이해하기 위해, 웰스가 지적한 연관성뿐 아니라 내 저작의 텍스트적 연관성도 함께 참고했다. 웰스는 이 시에 나타나는 시적 인물상과 등장인물 묘사가 르네상스 시대의 멜랑콜리melancholy 개념(특히 타소가 묘사한 탄크레디의 성격)과 어떻게 관련되는지를 강조하며, 탄크레디와 클로린다 장면에서는 일종의 어머니와의 결합(타소 역시 갈망했던 결합)이 나타난다고 주장한다. 이는 시적 아버지와의 관계 속에서 가족 로망스를 말하거나, 문명과의 관계 속에서 초자아super-ego 역학을 강조하는 다른 프로이트식 해석과는 다르다. 이러한 해석의 예로는 마거릿 퍼거슨Margaret Ferguson, 《욕망의 재판: 르네상스 시학의 옹호Trials of Desire: Renaissance Defenses of Poetry》(New Haven: Yale University Press, 1983) 참조. 반대로 벨라미Elizabeth Bellamy는 이를 나르시시즘으로 설명한다. 《권력의 번역: 서사시 역사 속 자기애와 무의식Translations of Power: Narcissism and the Unconscious in Epic History》(Ithaca: Cornell University Press, 1992) 참조. 이 모든 해석은 흥미로운 통찰을 제공하며, 웰스는 정말 뛰어난 분석을 보여 준다. 주목할 점은 프로이트가 《쾌락원칙을 넘어서》에서 탄크레디와 클로린다의 이야기를 해석할 때, 이러한 여러 정신분석 모델에서 벗어나 반복강박에 초점을 맞춘다는 것이다. 그는 이전에 《어린 시절 신경증의 역사에서From the History of an Infantile Neurosis》(SE, vol. 17, p.86)에서 이 나무를 오이디푸스적 꿈과 연결했지만, 이후 저작에서는 외상적 관점으로 전환한다. 타소의 이 구절에 대한 해석만으로도 정신분석의 전 역사를 써낼 수 있을 듯하다.

사악한 운명이 나를, 어린아이였던 나를, 어머니의 품에서 앗아 갔다. 아, 나는 지금도 한숨 속에서 떠올린다. 그때 슬픈 눈물에 젖어 있던 어머니의 입맞춤 (Ah! Di que' baci, / Ch'ella bagnò dil lagrime dolente, / Con sospir mi rimembra), 그리고 바람에 흩어져 덧없이 사라진 간절한 기도들을 (e degli ardenti / Preghi, che se 'n portar l'aure fugaci), 이제는 더 이상 나를 단단히 감싸 주던 어머니의 팔에 안겨 그 얼굴을 바라볼 수 없다. 아아, 나는 아스카니우스처럼, 혹은 카밀라처럼 방황하는 아버지를 따라 불확실한 걸음으로 나아갔다. 이 쓰라린 망명 속에서, 가난과 슬픔의 땅에서 나는 자라났다. (Canzone al Metauro)[39]

타소의 한숨이 바람을 타고 흩어지는 장면은, 《해방된 예루살렘》의 해당 구절을 배경으로 울려 퍼지는 메아리처럼 읽힐 때, 어머니를 잃은 아이의 기억과 연결된다.

이러한 관점에서 보면, 탄크레디는 슬픔에 잠긴 아이의 자리에 놓이게 된다. 하지만 내가 보기에 《해방된 예루살렘》에서 탄크레디의 한숨은, 전투 직전 클로린다가 내시 아르세테

---

39) 엘리자베스 줄리아 하셀Elizabeth Julia Hasell의 번역본, http://www.bartleby. com/library/poem/ 5139.html 참조.

Arsete에게서 듣게 되는, 어린 시절 **자신의** 어머니에게 버려진 이야기 속에서 울려 퍼지는 **어머니의** 슬픔과도 공명한다.

> "그녀는 울며〔piagendo〕 너를 내게 맡겼단다.
>
> 멀리 떨어진 곳에서 키우라며 말이야.
>
> 그녀의 비탄, 그 절규를 어찌 다 말할 수 있을까?
>
> 몇 번이나 되풀이한 마지막 포옹, 눈물 젖은 입맞춤〔Bagnò i baci
>
>   di pianto〕,
>
> 흐느낌과 흐느낌 속에서 터져 나온 통곡,
>
> 마침내 그녀는 돌아서서 기도를 올렸지 ……" (12:26)

숲속 장면에서 타소 자신의 버림받음을 다룬 시를 거쳐 《해방된 예루살렘》의 이 장면으로 이어지는 연상의 사슬은, 새로운 관점의 전환을 암시한다. 이 전환은 살인을 저지른 기사에게서 슬픔에 잠긴 아이로, 그리고 다시 슬픔에 잠긴 어머니로 옮겨 가는 말하는 자이자 이야기하는 자의 목소리이다. 이 소리는 바람을 타고 전해지는 비탄의 목소리 속에서 울려 퍼지는 소리다.[40]

---

40)   웰스는 이 구절이 Canto 18에서 등장한다고 지적하는데, 이 구절에서 울부짖

정말로 어머니의 목소리는 탄크레디의 목소리를 통해 울려 퍼진다. 탄크레디는 시의 앞부분에서, 웰스가 지적하듯이, 숲속에서 들은 "슬픔의 노래flebile canto"를 시 속 여러 장면을 통해 메아리치는 존재로 그려진다.[41] 또 다른 중간 장면—사랑하는 이를 잃고 슬퍼하며 숲으로 들어가기 전에 서 있는 그 순간—에서는 직유를 통해 묘사된다. 새끼를 잃은 뒤 "비통한 노래miserabil canto"를 부르는 꾀꼬리에 비교되는 것이다.

> 저물녘부터 새벽이 밝을 때까지
> 그녀를 향해 탄크레디는
> 끊임없이 기도를 올리며 신음한다.
> 마치 어떤 거친 농부의 돌에
> 둥지의 어린 새끼들을 잃은 꾀꼬리처럼,
> 그는 밤새 홀로, 비통한 노래를 부르며[in miserabil canto]
> 숲의 고요를 울음으로 가득 채운다. (12.90)[42]

는 바람은 리날도가 숲을 베기 직전에 다시 돌아온다.

41) 웰스, 〈첫 번째 잘못Il Primo Error〉 166쪽 이하 참조.

42) 같은 책, 162쪽 이하 인용.

여기서 탄크레디는 아이가 아니라, 아이를 잃고 슬퍼하는 어머니에 비유된다. 이 목소리는 시 안에서 기사와 에티오피아 출신 어머니 사이를 오가며, 시의 관점, 그리고 나무에서 울려 나오는 그 호소의 관점을 정복자의 목소리에서 아이를 포기해야 했던 흑인 여성의 목소리로 전환한다. 다시 말해, 이는 어머니의 목소리, 아니 어머니들—허구와 현실 속 인물 모두, 유럽과 에티오피아의 어머니들—모두의 목소리다. 이 목소리들을 통해 트라우마적이며 시적인 그 호소의 이동하는 관점은 탄크레디와 클로린다 이야기 안의 단일한 시각을 해체한다. 동시에 시 속에 아들과 어머니라는 이중적 존재로 자신을 새겨 넣는 타소 자신의 이야기 또한 증언한다.

웰스가 정교하게 보여 주듯이, 《해방된 예루살렘》에서의 꾀꼬리nightingale 비유는 사실 베르길리우스의 《농경시 Georgics》 속 한 장면에서 가져온 것이다. 그 장면은 오르페우스가 자신의 행동으로 인해 아내 에우리디케를 두 번째로 잃은 뒤, 비탄에 잠긴 모습을 그리고 있다. 오르페우스의 머리는 술 취한 광란자들에게 찢긴 채 강물 위를 떠내려가며 울부짖는다.

슬픔에 잠긴 꾀꼬리 하나, 백양나무 그늘 아래 울부짖는다,

무정한 농부가 둥지에서 깃털도 나지 않은 새끼들을

잡아채 죽여 버렸기에. 그녀는 밤새도록 울고 또 울며,

나뭇가지 위에 앉아 슬픈 노래〔miserabile Carmen〕를 되뇌인다,

온 숲을 가득 채우는 탄식의 노래를.[43]

따라서 타소의 탄크레디는 꾀꼬리 비유를 통해, 슬픔에
잠긴 어머니이자 시인으로 그려진다. 단지 슬퍼할 뿐만 아
니라, 응답받을 수 없는 부름 속에서 "그녀," 곧 클로린다를
향해 노래를 한다. 슬픔에 잠긴 어머니가/어머니들이 **죽은
이에게 건네는** 그 말들을 통해, 시의 언어 자체가 우리에게 **말
을 거는** 것이다.

삶을 향한 호소

나는 시의 호소가 프로이트의 이론적 언어를 통해 그의 글
속으로도 스며든다고 본다. 이 이론은, 내가 이 책 어딘가에

---

43) 베르길리우스Virgil, 〈농경시Georgics 4.511-51〉, 수록:《베르길리우스: 목
　　가시Eclogues, 농경시Georgics, 아이네이스Aeneid 1-6》, H. R. 페어클라우H.
　　R. Fairclough 번역, G. P. 굴드G. P. Goold 개정,《로엡 고전 총서Loeb Classical
　　Library》(Cambridge, MA: Harvard University Press, 1999), 같은 책 162쪽에서 인용.

서 논의했듯이, 또 다른 아이와 어머니의 이야기에서 부분적으로 비롯된다. 곧 어머니의 부재 속에서 **포르트-다**fort-da 놀이를 하는 아이의 이야기이다.[44] 프로이트는 단지 아이의 이야기를 들려주는 데 그치지 않고, 아이가 **포르트**fort와 다da, 다시 **포르트**fort 사이를 오가는 움직임, 곧 '떠남'과 '돌아옴' 과 다시 '떠남'을 반복하면서, 그 장면을 서술하고 해석한다. 결국 프로이트의 이론 속으로 스며든 것은 바로 그 아이의 언어이다. 이 이론은 트라우마에 관한 강력한 이론적 체계화를 통해 우리에게 말을 건다. 즉, 트라우마란 마음이 충격적인 단절 이전의 순간으로 되돌아가려 하면서도 그 경험을 놓친 자리로부터 끝없이 떠나려는 시도라는 것이다. 하지만 아이의 언어는, 어머니의 떠남을 (단순히 알고 말하는 것이 아니라) 반복하는 한, 잃어버린 어머니의 목소리를 아이의 소리에 담아내는 것이기도 하다. 프로이트 역시 이 지점에서 자신의 이론적 텍스트의 증언에 어머니의 상실과 아이의 상실을 함께 새겨 넣는다. 그것은 손자 에른스트의 어머니이자 자신의 딸인 소피의 상실이다. 트라우마 이론의 언어와

---

44) 프로이트 이론과 연결 지은 아이의 놀이를 더 깊이 분석한 내용을 보려면 내가 쓴《역사의 재 속에서의 문학》, 제1장 〈작별의 말: 트라우마, 침묵, 생존 Parting Words: Trauma, Silence and Survival〉 참조.

관점—말로는 완전히 다 담기지 않는 그 호소의 힘—은 아이와 부모, 소년과 어머니, 프로이트와 그의 딸 사이를 돌고 도는 실제적인 상실에 대한 증언이라 할 수 있다. 프로이트의 글쓰기는 아이의 말로 다 표현되지 않는 언어에서 이론의 언어로 선회하면서, 동시에 죽음충동의 반복에서 **삶을 향한 호소**의 시작으로 방향을 돌리는 것이다.[45]

---

45) 3장에서 반복강박으로서의 트라우마가 삶의 기원에서 죽음충동과 얽혀 있음을 언급했다. 트라우마는 죽음과 조우하지 못한 경험, **그리고** 생존을 경험하지 못한 상황 둘 다와 항상 연결된다. 따라서 결코 단일하고 통일적인 것이 아니다. 《역사의 재 속에서의 문학》에서 나는, 프로이트가 아이의 놀이를 반복하면서도 죽음충동으로부터 이탈하는 생명 충동과 연결한다는 점을 언급한 바 있다. 이 후기에서는 그 분석을 호소 개념으로까지 확장하고자 한다. 프로이트의 트라우마 분석에서 다루어진 생존/생명/호소의 모든 측면은, 반복강박이라는 개념 안에서 트라우마와 그 대상을 구분해 낼 수 있는 가능성을 시사한다. 죽음과 생존, 죽음충동과 생명 충동, 트라우마와 증언, 역사의 삭제와 새로운 역사적 기원의 발생을 구분할 수 있는 가능성 말이다. 라카프라《역사 쓰기, 트라우마 쓰기Writing History, Writing Trauma》는 내가 모든 역사를 트라우마로 한정해 버리는 것이 아닌지, 혹은 내 글쓰기가 상처에 대한 증언이 아니라 상처 그 자체가 되어버리는 것은 아닌지 우려를 표한 바 있다. 그러나 나는 오히려, 트라우마 안에서의 역사의 '가능성'을 강조해 온 것이다. 결코 완전히는 보장되지 않는 가능성, 그리고 트라우마를 비역사적인 것으로 이해하는 것에서, 그것을 진정으로 역사적이거나 증언적인 행위라고 부를 수 있는 자리로 옮겨 가는 움직임의 가능성 말이다. 이 맥락에서, 생명 충동의 실천으로서 이론적 글쓰기(내 저서 《역사의 재 속에서의 문학》의 〈작별의 말Parting Words〉 참조)는 죽음충동이 역사를 삭제하는 것에 대한 일종의 역사적 개입으로 볼 수 있다.

잃어버린 언어

이러한 문학적이며 이론적인 호소의 증언 속에서, 어떤 실제적인 것, 즉, 잃어버렸지만 되돌아오는 것이 모습을 드러낸다. (우리가 아직 인식하지 못한) 또 하나의 언어가 등장하는 것이다. 끝으로 나는 다시 한 번 타소의 시, 숲속의 그 장면으로 돌아간다. 탄크레디가 글귀가 새겨진 나무를 마주하는 순간으로.

> 그는 그쪽으로 발걸음을 옮기고,
> 이윽고, 마치 고대 이집트의 신전에서
> 문자 대신 쓰이던 상형의 표식들처럼
> 나무줄기에 새겨진 기묘한 기호들을 본다. (13.38)

탄크레디가 읽는 그 신비한 언어는 일반적으로 이집트 상형문자의 한 형태로 해석되어 왔으며, 이는 16세기에 사람들의 흥미를 끌었던 주제이기도 하다.[46] 하지만 이 시구들은

---

46) 위커트Max Wickert는 시 번역본의 나무 장면에 대한 주석에서 상형문자에 대한 관심을 언급한다. 앤서니 M. 에솔렌Anthony M. Esolen은 자신의 번역본인 《해방된 예루살렘》(Baltimore: Johns Hopkins University Press, 2000)에서 "그림문

사실 클로린다 혈통의 기원이 되는 텍스트인 헬리오도로스
의《에티오피카》를 상당히 밀접하게 연상시킨다. 구체적으
로는 피부가 하얗게 태어난 에티오피아의 아기 공주 카리클
레아를 어머니가 남에게 맡기기 전에 아기를 감쌌던 리본을
묘사하는 대목이 그렇다.

그 텍스트는 말한다. "문자들은 에티오피아 문자였으나,
통속적인 종류가 아니라 왕실에서 쓰는 문자로, 이집트의
상형문자 중 히에라틱hieratic이라 불리는 문자와 비슷한 것
이었다."[그리스어로 ἃ δὴ τοῖς Αἰγυπτίων ἱερατικοῖς καλουμένοις ὁμοίωντα][47]
이 문자는 타소의 텍스트에서 구체적으로 명명되지 않는다.
내가 알아본 바로는, 헬리오도로스의 경우 이는 '메로에 문
자Meroitic'를 가리키는 것으로 보이는데, 현재 언어학자들이
해독하지 못하는 고대언어이다.[48]

자pictography"라는 단어를 덧붙여 이러한 문자를 설명한다.

47)　《에로틱 그리스 작가집Scriptores Erotici Graeci》에서 《에티오피카》의 그리
　　스어 및 라틴어 판본을 참고했다. https://archive.org/stream/scriptore
　　serotic02achi /#page/n273/mode/2up.

48)　프린스턴대학교 아프리카어학 부교수인 웬디 벨처Wendy Belcher에게 감사한
　　다. 그녀는 《에티오피카》의 해당 구절에서 지시했을 가능성이 가장 높은 언
　　어를 규명하는 데 도움을 주었다. 또한, 미국자연사박물관American Museum
　　of Natural History 아프리카 민속학 조큐레이터인 드 보흐트Alex de Voogt에게
　　감사한다. 그는 메로에 문자가 언급되었을 가능성을 확인해 주었다. "제가 보

그렇다면 타소의 텍스트에서 울려 퍼지는 메아리는 ("고대 이집트의 신전에서 …… 쓰이던 상형의 표식들처럼), 나무에 새겨진 글이 사실상 (타소 자신도 알지 못한 채) 사라진 에티오피아 언어로 쓰였다는 암시일 수 있다. 이것은 어머니의 상

기에 《에티오피카》의 이 구절은, 이후 지시되는 언어의 문자 체계인 메로에 문자를 암시하는데, 이 문자는 누비아 여왕이 사용했으며, 고대 이집트 문자와 유사합니다."(개인적인 소통). 또한 클로드 릴리Claude Rilly · 알렉스 드 부흐트Alex de Voogt, 《메로에 문자와 언어 체계The Meroitic Language and Writing System》(Cambridge: Cambridge University Press, 2012) 참조. 보흐트는 또한 메로에 문자가 19세기에 이르러서야 재발견된 언어이므로, 타소가 이 언어를 직접적으로 알 수 없었을 것이라고 지적한다. 나는 타소의 구절이 헬리오도로스의 구절을 반향한다고 주장한다. 그렇게 함으로써, 스스로 의식하지 못한 채 한때 사라졌으며 아직 재발견되지 않(고 오늘날까지도 해독되지 않)은 언어를 텍스트 안으로 불러들였다는 것이다. 주목할 점은, 헬리오도로스 역시 자신이 지시한 언어가 정확히 어떤 것이었는지 알지 못했을 가능성이 있다는 것이다. 그는 그 언어의 이름을 밝히지도 않는다. 이에 대한 예로 로버트 윌리엄 그로브스 4세Robert William Groves IV, 〈헬리오도로스의 〈에티오피카〉 속 언어 간 소통Cross-Language Communication in Heliodorus's Aethiopica〉(diss., UCLA 2012) 참조.

헬리오도로스와 메로에 언어에 대해 라슬로 퇴뢰크László Török는 이렇게 말한다. "헬리오도로스가 《테아게네스와 카리클레이아 이야기Aithiopian Story about Theagenes and Chriclea》, 즉 《에티오피카》의 무대로 이곳을 선택한 것은 겨우 10년, 20년 전의 일이었음에도, 사람들은 메로에 왕국에 대해서도 거의 언급하지 않는다." 라슬로 퇴뢰크László Török, 《두 세계 사이: 기원전 3700년~기원후 500년 고대 누비아와 이집트 사이의 변경 지역Between Two Worlds: The Frontier Region between Ancient Nubia and Egypt 3700 BC-500 AD》(Leiden: Brill 2009), 516쪽 참조. 헬리오도로스는 소설에서 수도 이름을 메로에로 밝히고, 그곳에 대한 묘사를 대부분 허구적으로 제시한다. 내게 퇴뢰크를 소개해 준 보흐트에게 감사한다.

실된 언어—클로린다의 어머니가 아닌, (비기독교도였던) 에티오피아 여왕이자 카리클레아의 어머니의 언어—의 흔적이다. 그녀는 리본 위에, 훗날 딸이 읽을 수 있도록, 딸에게 보내는 글을 수놓는다.

우리의 종족을 처음 낳은 태양을 증인으로 삼아 맹세한단다. 내가 너를 태어나자마자 버린 것은 내 잘못이나 죄 때문이 아니었어. …… 하지만 만약 네가 살아남는다면 …… 딸아, 나는 너에게 이렇게라도 변명을 전하고 싶구나. 네가 살아남는다면 …… 이 글이 우리가 서로를 알아볼 수 있는 징표가 될 거야. 하지만 내가 차마 듣고 싶지 않은 운명을 네가 맞게 된다면, 이 글은 너의 수의가 되고, 네 어머니인 나의 눈물은 너의 애도가 될 거야.[49]

어머니가 왜 딸을 떠나보낼 수밖에 없었는지를 들려주는 이 리본 위의 글, 즉 타소의 시에서 클로린다 이야기의 바탕이 되는 이야기는 결국 살아남기를 바라는 딸에게 보내는 어머니의 호소이다. 나는 이것이, 결국 타소의 시 속에서 해

---

49) Heliodorus, *Aethiopika*, 95.

독 불가능한 언어로 나무에 새겨진 또 하나의 호소라고 말하고 싶다. 이것은 실제 언어이지만, 여전히 우리에게는 해독되지 않은 채 남아 있다. 나무에서 솟아나 숲속을 울리고, 또 시의 서사를 감싸며, 멀리 프로이트의 글 속에서도 메아리치는 그 '목소리'는 문자 그대로이면서 동시에 비유적으로, 상실된 언어이기도 하다. 그것은 어머니의 언어이자 한 민족의 언어로, 잃어버린 언어이다. 그리고 그 언어의 호소는, 분명히 발화되었지만 해석될 수 없는 바로 그 발화의 자리에서 발생한다.

이 언어는 정확히 어느 한 개인의 소유라고 말할 수 없다. 숲속의 그 호소는 시 속에서 한 전환적 순간, 즉 단순한 바람 소리나 신음에서 막 목소리로 드러난 **직후**이면서도, 아직 완전히 분명한 말로 자리잡기 **직전**에 발생하기 때문이다. 타소는 여기서 단테의 〈지옥편Inferno〉에 나오는 특정한 장면을 다시 쓴다. 이 장면에서는 시인과 안내자가 나무에 갇힌 한 영혼을 만나게 되는데, 시인이 나뭇가지를 꺾으며 그 영혼에게 상처를 입힌다. 단테는 시인이 나무에게 이야기를 들려 달라고 청했을 때, 그 나무에서 말소리가 흘러나오는 장면을 이렇게 그렸다.

그러자 그 줄기는 세찬 바람을 내뿜었고, 그 바람은 곧 목

소리로 변해 울렸다. "간략히 대답해 주겠다." (13.91)

타소의 이 장면 각색은, 특히 바람에서 말로 넘어가는 바로 그 전환의 순간에 초점을 맞춘다. 그는 단테의 묘사를 되살리면서, 그 순간을 다음 연으로 넘어가는 경계에 배치해 강조한다.

그는 공포에 휩싸였으나, 후회 없이
더 힘껏 내리치고, 기다리며, 그대로 서서,
깊이 베인 나무가 무덤처럼 비통하고 숨죽인
신음을 내뱉는 것을 듣는다.

그러자 또렷한 목소리가 외친다. "아아! 너무하군." (13.41-2)

들어 주고 응답해 달라는 호소의 목소리는, 숨결이나 바람, 혹은 신음 같은 소리가 또렷한 말소리로 변해 가는 바로 그 지점에서 나온다. 즉, 목소리가 말을 **막 시작하는** 그 순간이다. 그 목소리는 죽음과 삶, 바람과 말소리 사이를 오가며, 누구에게도 소유되지 않은 그 순간에 호소의 힘을 얻는다. 아직 존재하지 않았던 것과 아직 완전히 말이 되지 못한 것 사이, 전해지길 갈망하지만 아직 이야기가 되지 못한 것 사이에서 전환하는 그 순간에 말이다.

트라우마적 호소는 때로 우리의 과거에서 오고, 때로는 우리가 알지 못하는 과거에서 온다. 때로는 우리의 목소리이고, 때로는 타인의 목소리이기도 하다. 때로 우리는 우리보다 먼저 주어진 목소리로 말을 한다. 그 목소리는 우리의 것이 아니지만, 우리의 상처에서 터져 나오는 언어를 통해서만 비로소 열릴 수 있는 목소리이다. 그리고 때로는 우리가 결코 이해할 수 없는 타인의 언어를 거쳐서만 우리의 언어가 길을 찾아가야 할 때도 있다.

타소의 텍스트는 묻는다. 우리는 어떻게 들어야 할 것인가? 우리가 결코 완전히 알 수 없는 언어의 호소를, 그 목소리를 어떻게 귀 기울여 들어야 할 것인가? 프로이트의 텍스트 역시 묻는다. 서로 교차하는 역사들의 상처를 통해 우리에게 다가오는 트라우마적 현실의 도전에 우리는 어떻게 응답해야 할 것인가? 이러한 질문은 생존자들의 목소리 속에서든 이론의 개념적 언술 속에서든, 우리가 트라우마의 언어를 마주할 때마다 제기된다. 그 질문도, 그 대답도 하나의 목소리로만 규정될 수 없고, 하나의 언어로만 표현될 수도 없다. 또한, 말하는 이나 듣는 이 역시 호소하고 응답하는 그 복잡한 행위가 이루어지기 전에는 쉽게 구분될 수 없다. 그러나 이 과제에 열려 있고, 그것에서 발생하는 불확실함을 용인

하는 것이 중요하다. 이 불확실성의 자리에서, 그리고 그 문
학적 공명의 힘 속에서, 트라우마 이론은 궁극적으로 우리
에게 삶의 가능성으로 말을 건넨다고 나는 본다. 다만 그 목
소리는 우리가 늘 식별할 수 있는 것이 아니며, 수수께끼 같
으면서도 깊게 울리는 언어로 우리에게 말을 건넨다. 우리
가 여전히 듣는 법을 배워야 할 그 언어로 말이다.

찾아보기

트라우마,
소유하지 못한 경험

2025년 11월 20일   초판 1쇄 발행

지은이 | 캐시 캐루스
옮긴이 | 김성훈 · 나익주
펴낸이 | 노경인 · 김주영

펴낸곳 | 도서출판 앨피   출판등록 | 2004년 11월 23일
주소 | (01545) 경기도 고양시 덕양구 향동로 218(향동동, 현대테라타워DMC) B동 942호
전화 | 02-710-5526   팩스 | 0505-115-0525   블로그 | blog.naver.com/lpbook12
전자우편 | lpbook12@naver.com

ISBN 979-11-92647-75-3 93190